COLOR IS SOUL

색즉소울

색채심리 안내서

주리애 저

학지사

저자 서문

색채에 대한 관심은 제게 오래된 주제입니다.

저는 대학원에서 석사를 두 번 했고, 그다음에 박사 학위를 받았습니다. 대개 논문의 주제는 자신에게 가장 의미 있는 것으로 선택한다고 하지요. 저의 첫 번째 석사 논문은 무채색에 관한 것이었고, 박사 논문은 색채에 관한 것이었습니다. 물론 둘 다 심리적인 요인과 관련해서 색을 공부하고 연구했습니다. 그러면서 색과 심리가 얼마나 밀접하게 관련되어 있는가에 대해 조금 더 이해하게 되었습니다.

색과 심리가 연결되는 고리는 '감각', 그리고 '정서'입니다. 세상에는 감각이 예민한 사람이 있고, 상대적으로 둔감한 사람이 있습니다. 감각이 예민한 사람들 중에서 어떤 감각, 이를테면 시각이 상당히 발달해서 활성화되어 있는 반면, 다른 감각(예를 들어, 미각)은 보통 이하로 둔감한 경우도 있습니다. 시각이 예민하게 발달한 사람에게 색채가 어느 만큼 영향을 미치는가 하는 점은 두말할 나위가 없겠지요. 그런데 시각보다 청각이 더 예민하게 발달한 사람이라 하더라도 색채는 영향을 줄 수 있습니다. 간혹 청각 자극도 색채 감각을 일깨워 주거든요.

인간의 감각 영역들 중 시각이 차지하는 부분이 워낙 크기 때문에, 감각이 발달한 사람 치고 시각이 둔감한 경우는 거의 없습니다. (그에 비해 시각이나 청각은 예민한데, 미각이나 후각은 덜 발달한 사람이 있습니다.) 만약 '난 다른 감각에 비해 눈으로 보는 것에 좀 둔

해.'라고 느끼신다면, 그것은 감각 능력의 부족이나 처리 용량이 부족해서라기보다는 후천적인 경험의 질과 빈도가 부족하기 때문일 것입니다.

감각이 발달하지 못한 사람에게도 색채가 영향을 주는가 하는 점이 궁금할 텐데요, 대답은 '영향을 준다'입니다. 다만, 영향을 자각하지 못하거나 인과관계를 분명하게 인식하지 못할 수는 있겠지요. 그러나 영향을 받는 것은 분명합니다. 색광에 대한 신체적 반응을 조사한 연구에서나 혹은 특정 장소의 색채 변화가 미친 영향을 조사한 연구들에서 사람들이 색의 영향을 받는다는 것은 거의 일관된 결과입니다. 평균적으로 사람이 볼 수 있는 색상이 천만 가지쯤 된다고 하니, 어찌 색의 영향이 적겠습니까.

정서와 색에 대해서도 잠깐 이야기를 나누고 싶습니다. 일반적으로 '마음이 어떠하다'라고 할 때, 그 마음에는 감정과 기분을 포함한 '정서'가 큰 부분을 차지합니다. 정서가 안정되고 건강하면 삶이 평온합니다. 희로애락이 있는 삶에서 어떻게 건강한 정서를 유지하는가 하는 것은 비단 상담/임상 분야 사람들뿐 아니라 우리 누구나 생각하고 고민하는 물음일 것입니다. 그리고 그에 대한 답으로 다음과 같은 과정들을 생각해 볼 수 있겠습니다. 먼저, 자신의 정서를 잘 표현하고, 표현된 정서를 알아차리고 이해하며 수용합니다. 그다음은 정서가 성숙할 수 있도록 좋은 환경을 조성해 나가는 것입니다. 색과 심리에 대해 공부를 하면서 알게 된 것은 정서를 표현하는 데 있어서 색깔만큼 솔직한 것이 없다는 점입니다. 그림으로 표현했을 때 그 사람이 선택하고 사용한 색을 통해서든 혹은 일상적인 생활에서 선택한 옷과 물건 색깔에서든, 색은 그 사람의 마음을 반영합니다. 이처럼 마음이 출발점이 되어 색을 선택하기도 하지만 거꾸로 색 때문에 마음이 영향을 받기도 합니다. 그러므로 색과 심리에 대해 알아 가고 경험하는 것은 건강하고 좋은 삶을 위해서 필요한 것이라고 할 수 있습니다. 그것은 제가 이 책을 쓰게 된 동기이기도 하며, 이 책의 방향이기도 합니다.

색채에 관한 책을 써야겠다고 결심하고 자료를 모으면서 여러 해를 보냈습니다. 준비를 하면 할수록 부족한 것이 눈에 들어와서 거대한 산 앞에 서 있는 느낌이 들곤 했습니다. 지나치게 완벽주의적인 기대를 내려놓더라도, 색채에 대한 책들이 많은데 거기에 저도 하나 더 보태려면 뭔가 의미 있는 부분이 있어야 했거든요. 고심 끝에 저만의 색깔로 전달하려고 한 것에 대해 말씀드릴까 합니다. 무엇보다 이 책은 독자들에게 색채를 좀 더 생생하게 전달하려고 애썼습니다. 작품을 소개하든 일상생활 속의 색깔을 소개하든 구체적이고 현실적이면서 저 자신이 직접 경험했던 것들로 전달하고자 애썼습니다.

그런 결심을 했던 배경에는 제가 색채 관련 책들을 읽고 공부하면서 줄곧 의아하게 생각했던 것이 있었기 때문입니다. 다름이 아니라, 색채의 역사를 다룰 때 소개되는 여러 자료들은 지금 현재의 색깔과 너무 동떨어져 보인다는 것이지요. 고대 사람들이 사용한 빨강이라 소개되는 것은 제가 보기에는 어두운 갈색이거나 적갈색 정도이지, 빨강이라고 하기에는 너무 광범위한 색 개념으로 보였습니다. 마치 세상의 색을 빨강, 파랑, 녹색 정도로만 나누었을 때 그 색이 빨강에 해당되는 것 같은 느낌이었습니다. 빛깔이 바래서 그런 것인지, 고대의 염료 부족 탓인지, 혹은 제가 직접 보지 못해서 그런 것인지는 모르겠습니다.

그래서 저는 우리가 사는 세상의 현재 색깔, 그리고 직접 경험하는 색깔에 초점을 맞추고 싶었습니다. 단순하게 분류된 색깔들이 수백 가지로 다시 나뉠 때, 실생활에서 알면 도움되는 색깔들을 정리하고 싶었고, 많이 알려져 있지 않은 작가들의 작품도 아울러 소개하고 싶었습니다. 색깔과 얽힌 이야기들(과거의 이야기로서 역사든 다른 나라 이야기든)도 곁들이기는 했지만, 그보다는 개인적인 색깔 경험이 중요하다는 것에 초점을 맞추고 싶었습니다.

이 책에서 지면의 상당 부분을 할애한 미술작품과 일상 소품, 풍경 사진 등에 대해 잠깐 설명을 드리겠습니다. 자료로 제시하는 미술작품들은 제가 직접 본 것 중에 색채를 느끼는 작품으로 소개하면 좋겠다고 여겨서 선택한 것들입니다. 제가 직접 찍은 것들이 많습니다만, 부족한 자료는 무료로 사용 가능한 이미지를 제공하는 pixabay에서 가져왔습니다. 그리고 저작권 문제로 사진을 싣지 못한 작품들은 본문에서 글로 풀어 소개해 두었고, 미술관 정보는 부록에 실었습니다. 자료 사진의 대부분을 제가 찍은 것으로 쓴 이유는 사진 기술이 부족하더라도 직접 선택한 대상의 사진이 나름의 이야기를 가지고 있어서 스토리텔링하듯이 색깔을 잘 전달한다고 믿기 때문입니다. 제품들의 이름을 가리지 않은 이유는 일상 속에서 흔히 볼 수 있는 것들이기 때문이며, 홍보 의

도는 없습니다. 굳이 이야기하자면, 일상 속의 색깔들에 좀 더 관심을 두는 계기가 되기를 바라는 정도가 제 의도입니다.

색깔에 대해 다루는 장마다 첫머리에 매우 개인적인 이야기를 담았습니다. 개인적인 색깔 에피소드를 넣은 것은 사람마다의 색깔 경험에 대한 관심을 환기시키고 각자의 색깔 경험을 찾아가자고 하는 초대라고 받아들여 주시면 좋겠습니다.

괴테는 색이 빛의 행위이자 고통이라 말했지요. 슈타이너는 색 체험을 통해서 인간이 가진 내면의 가능성을 더 진보시킬 수 있다고 하면서 색의 영적인 체험을 중요시했고요. 이 두 분의 주장에 동의하면서, 저 역시도 색이 사람의 소울이라고 말하고 싶습니다. 평소에는 잘 느껴지지 않더라도, 중요한 순간에 본질적인 색깔을 드리내게 된다는 점에서 색과 소울은 닮았습니다. 사람의 가장 깊은 심연에는 언어가 닿는 것이 아니라 빛이 닿는 것이라고 생각합니다. 그 빛은 사람들의 마음 깊은 곳에 있는 특정 시기의 기억들과 경험, 여러 층의 감정들을 밝혀 주는 것 같습니다. 빛은 색을 품고 있으니, 우리 소울도 색과 무관할 수는 없다고 봅니다.

누구에게나 자신의 소울 컬러가 있습니다. 그 색이 항상 한 가지일 필요는 없습니다. 대체로 변하지 않고 안정적인 경우도 있지만, 특정 시기에 따라서 그 사람에게 도움이 되고 마음을 풍요롭게 해 주는 색은 바뀌게 됩니다. 제 경우에는 한창 힘들었던 30대 중반에 노랑이 도움이 되었습니다. 그 시기를 지난 뒤엔 밝은 주황과 연두색이 소울 컬러로 제 곁에 함께 있었습니다. 색을 어렵게 생각하지 않는다면, 그리고 색깔에 조금 더 관심을 기울여 준다면 자신에게 끌리는 색을 느낄 수 있습니다. 색에 담긴 느낌 때문이든 그 색이 자극하는 연상과 상징 때문이든 색깔과 마음은 서로를 느끼고 끌어당기게 됩니다. 바라기로는, 이 책이 독자 여러분들에게 각자의 소울 컬러를 찾아가는 여정의 길라잡이가 되었으면 합니다. 그래서 삶이 더 따뜻하고 풍요로워지시기를 빕니다.

마지막으로 지면을 빌려 감사 인사를 드리고 싶은 분들이 계십니다. 먼저, 작품을 찍은 사진을 이 책에서 쓸 수 있도록 허락해 주신 나인주 선생님과 김영갑 갤러리 두모악, 제주 방주교회, 그리고 전혁림 미술관의 전영근 관장님께 감사드립니다. 또 비엔나의 프로이트 박물관과 포르쉐 박물관, 벤츠 박물관, 멜버른 주립도서관, 캐나다 국립미술관에도 사진을 사용할 수 있는지 문의했는데, 흔쾌히 허락해 주셔서 감사드립니다(I would like to give thanks to the following institutions for allowing me to use the images of their buildings; Freud Museum in Vienna, The Porsche Museum, Mercedes-Benz Museum, State Library of Victoria, and National Gallery of Canada). 책에 사용된 자료 그림들을 깔끔하게 정리해서 그려 준 임정혁 선생에게도 고마움을 전합니다. 이 책이 출판되기까지 적극적으로 도움을 주신 학지사 김진환 사장님과 섬세하고 깔끔한 편집으로 책을 완성해 주신 유가현 님께도 진심으로 감사의 말씀을 전합니다.

2017년 연두와 초록의 중간 길목에서
저자 주리애

차례

Chapter 1

색의
정의와 특성

색의
정의와 특성

색의 정의

색이란 무엇인가?

위키피디아에서 정의하는 '색(色)'은 '빛 파장을 시지각한 것(visual perception of light wavelengths)'이다.

색은 가시광선을 볼 수 있는 사람에게 감각된 대상의 특성이다. 색을 가진 대상이 항상 그 색깔로 보이는 것은 아니다. 빛이 최소화된 어두운 곳에서는 어둡게 보일 것이고, 붉은 불빛 아래에서는 붉게 보일 것이다. 또 그것을 보는 사람이 색맹이거나 색약인 경우에는 지각되는 색이 다를 수 있다. 이처럼, 색깔은 빛을 받은 물체가 어떤 색광을 반사하느냐에 따라 반사광으로 지각되는 것인데, 그것을 지각하는 사람의 감각 영역 내에서 처리된 결과를 일컫는다.

빛 파장은 자외선, 가시광선, 적외선으로 이루어져 있는데, 파장의 길이가 매우 짧기 때문에 나노미터(nm)[1]라는 단위를 쓴다. 가시광선은 380~780nm의 빛 파장이며 사람

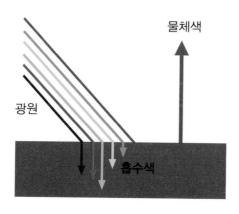

1-1 물체의 색

---

1) 1nm = 10억 분의 1m = 100만 분의 1mm

이 시감각으로 지각할 수 있는 영역이다. 자외선은 380nm보다 짧은 빛 파장 영역이고, 적외선은 780nm보다 긴 빛 파장 영역이다.

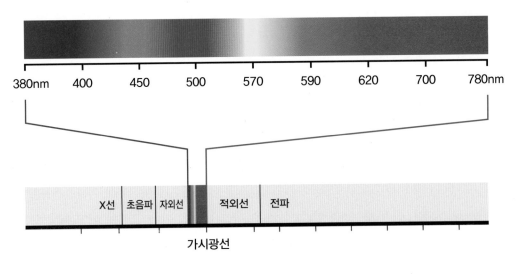

1-2 **파장과 가시광선**

가시광선은 파장의 길이에 따라 빨강부터 보라까지 무지개 색상으로 구성이 된다. 파장이 긴 빨강은 '장파장'에 해당되며, 보라는 파장이 짧은 '단파장'이다. 단파장은 공기층이나 물, 혹은 인체에 깊숙이 파고들지 못하고, 장파장은 깊숙이 파고든다. 적외선 온열 치료기는 사람의 몸에 적외선이 깊숙이 들어와서 열을 전달할 수 있다는 성질에 근거한다.

색의 3속성과 색입체

색은 몇 가지 성질을 가지고 있는데, 대표적인 세 가지 속성은 명도, 채도, 색상이다.

- 명도(value): 색의 밝고 어두운 정도. 명도가 높을수록 밝은 색이다. 흰색이 명도가 가장 높고, 검정의 명도가 가장 낮다.
- 채도(chroma, saturation): 순수한 색상에 얼만큼 무채색이 섞였는가에 따라 채도가 달라진다. 채도는 순도, 강도, 농도라고도 할 수 있다. 원래의 순색에 무채색이 섞이는 정도가 많으면 많을수록 채도는 낮아진다. 섞인 것 없이 순수한 색일 때에 '순색(full color)'이라 부르고, 채도는 가장 높다. 예를 들어, 빨강에 흰색을 섞으면 분홍이 되는데, 순색인 빨강의 채도는 높고 분홍의 채도는 낮다.
- 색상(hue): 명도나 채도와 상관없이 각각의 색이 다른 색과 구별되는 성질이나 특성을 말한다. 이를테면 붉은 계열인지 파란 계열인지 보라 계열인지, 혹은 무지개색이나 색 스펙트럼에서 보이는 빨강, 주황, 노랑, 녹색, 파랑, 보라 등의 특징이 색상에 해당된다.
- 무채색(achromatic color): 흰색과 검정, 회색 등 색상과 채도가 배제되고 명도만 있는 색을 무채색이라 한다.
- 유채색(chromatic color): 무채색을 제외한 모든 색은 유채색이며, 명도와 채도, 색상을 가지고 있다.

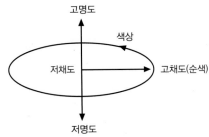

a. 색입체의 구성

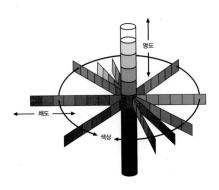

b. 색입체

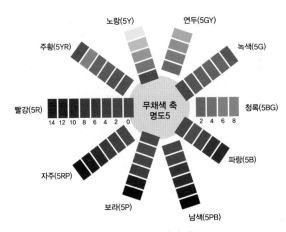

c. 색입체의 수평단면도

1-3 색입체

색입체(color tree)는 색의 3속성을 입체적으로 보여 주는 도형이다. 세로축은 명도를 나타내며, 중심에서 바깥으로 나오는 가로축은 채도를 나타낸다. 그리고 중심축을 기점으로 360도 각 방향마다 색상환을 이룬다. 만약 색입체를 수평으로 자른다면, 1-3-c에서 보는 바와 같이 나타난다. 즉, 절단된 면은 똑같은 명도를 가진 색들로 구성되어 있고, 채도와 색상에서 차이를 보이게 된다. 그리고 색입체를 수직으로 자른다면, 잘린 면의 색상은 같고(중심축을 기준으로 좌우로 각각 한 개씩, 두 개의 색이 보이게 된다), 명도와 채도는 차이를 보인다.

먼셀 색체계

색입체는 먼셀(Munsell)[2]이 만든 것으로 색상, 명도, 채도를 축으로 하는 입체도형이다. 먼셀 색체계에서는 색을 표기하는 방법으로 '색상 명도/채도 H V/C'의 방식을 사용하며, 이렇게 표기한 것을 '먼셀 값'이라 부른다. 예를 들면, 빨강은 '5R 5/14'가 된다. 5R은 색상, 중간의 5는 명도, 맨 뒤의 14는 채도를 뜻한다.

먼셀 색체계의 색상은 10가지 색을 기본으로 하는데, 빨강(R), 주황(YR), 노랑(Y), 연두(GY), 녹색(G), 청록(BG), 파랑(B), 남보라(PB), 보라(P), 자주(RP) 등이다(이 중 영어 대문자 한 글자로 이루어진 색은 기본색, 두 글자로 이루어진 색은 기본색들 사이에 위치한 중간색이다). 이 열 가지 색상에 대해서 각각의 색상마다 다시 10개로 나누고, 색상환에서 1부터 10까지의 번호를 부여한다. 그러면 색깔마다 수치 5가 중심에 있는 색이므로, 해당 색의 중심색이 된다(예: 순수한 빨강은 5R이 된다).

---

2) Albert H. Munsell(1858~1918). 미국의 화가, 미술교육자.

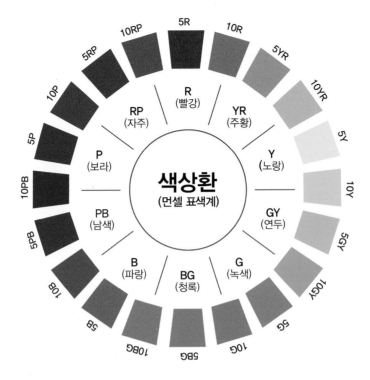

1-4 먼셀 색상환

명도의 값이 높을수록 밝기가 밝은 것이다. 완전한 흰색을 10, 검정을 0으로 잡고 그 사이에 밝고 어두운 무채색 단계들을 둔다. 실생활에서 완전한 흰색은 보기 어렵기 때문에 흰색은 명도 9로 표기한다. 색상과 채도가 없는 무채색의 경우에는 N을 쓰고 명도만 표시한다(N은 중성색 neutral color의 첫 글자를 사용한 것이다). 예를 들어, 중간 정도 밝기의 회색은 N5.0으로 표기할 수 있다.

채도도 값이 높을수록 채도가 높은 것이다. 무채색이라면 채도가 없으므로 값은 0이 된다. 색상마다 최고 채도값은 다르다. 앞서 예를 들었던 빨강의 경우 채도가 높은 색으로 14의 최고 채도값을 가지고, 청록의 경우 가장 높은 채도값이 8이다.

기본색

기본색은 크게 두 종류로, 색의 3원색과 빛의 3원색이 있다. 여기서 말하는 원색이란, 다른 색을 혼합해서 만들어 낼 수 없는 색을 말한다. 그리고 원색을 혼합하면 다른 색상을 만들 수 있다.

색의 3원색

색의 3원색은 빨강, 파랑, 노랑이지만, 색을 구현하는 매체가 무엇이냐에 따라 좀 더 세밀하게 나뉠 수 있다. 물감의 경우에는 우리가 흔히 아는 빨강, 파랑, 노랑이지만, 인쇄에서 사용하는 3원색은 빨강은 마젠타, 파랑은 시안, 노랑은 그대로 노랑을 쓴다.

- 색의 3원색(물감, 안료의 경우): 빨강, 파랑, 노랑
- 색의 3원색(인쇄, 컬러 프린트의 경우): 시안, 마젠타, 노랑, + 검정

＊ 감산 혼합(색료 혼합): 색을 더했을 때 원색에 비해서 명도가 감소한다는 뜻에서 감산 혼합이라 부른다.

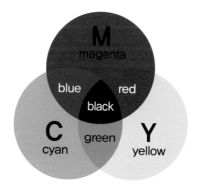

1-5 색의 3원색

빛의 3원색

* 가산 혼합(색광 혼합): 색광을 더하게 되면 원래의 색광에 비해서 더 밝아지며 명도
가 높아진다는 뜻에서 가산 혼합이 된다.

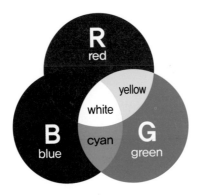

1-6 빛의 3원색

색의 3원색과 빛의 3원색 간의 관계는 1-7과 같다. 색깔들이 순차적으로 배열되었을
때, 각각은 색의 3원색과 빛의 3원색을 이루는 요소들이 된다.

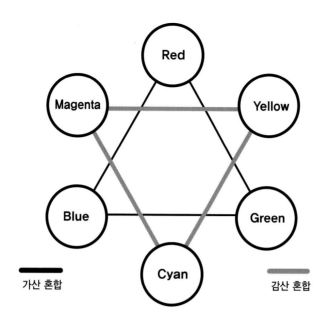

1-7 색의 3원색과 빛의 3원색

빛의 3원색은 왜 빨강, 녹색, 파랑인가?

그것은 사람의 광수용체세포 특성 때문이다.

유기체에 따라서 색을 지각하는 방식은 각기 다르다. 인간은 빨강, 녹색, 파랑의 세 가지 광수용기를 가지고 색을 인식한다. 그러나 인간을 제외한 대부분의 포유류는 두 가지 종류의 광수용기로 색을 지각한다.

만약 사람이 빛을 볼 때 빨강, 녹색, 파랑의 광수용기를 쓰지 않고 다른 색 광수용기를 쓴다면, 빛의 3원색도 다른 색이 되었을 것이다.

일차색, 이차색, 삼차색

- 일차색: 일차색은 색의 3원색인 빨강, 노랑, 파랑이다. 이 세 가지 색깔은 가장 기본적인 색깔이며, 이 색을 조합해서 다른 색을 만들어 내는 '일차색'이 된다.
- 이차색: 이차색은 일차색을 혼합해서 만든 색이며, 주황, 녹색, 보라다.
  - 빨강 + 노랑 = 주황
  - 노랑 + 파랑 = 녹색
  - 파랑 + 빨강 = 보라
- 삼차색: 삼차색은 일차색과 이차색의 혼합으로 만들어지는 여섯 개의 색이다. 일차색과 혼합되는 이차색은 원래의 일차색이 함유된 이차색만 사용한다.
  - 빨강 + 주황 = 빨간주황
  - 빨강 + 보라 = 자주
  - 노랑 + 주황 = 노란주황
  - 노랑 + 녹색 = 연두
  - 파랑 + 녹색 = 청록
  - 파랑 + 보라 = 남보라

1-8의 위쪽 a의 색 동그라미를 보자. 원 가장자리를 따라서 나열된 동그라미들 중에서 가장 큰 동그라미가 일차색(빨강, 노랑, 파랑)에 해당되고, 중간 크기 동그라미는 이차색(주황, 녹색, 보라), 그리고 제일 작은 동그라미는 삼차색이 된다. 다음 그림은 각각 일차색-이차색(b)과 삼차색(c)을 따로 보여 준다.

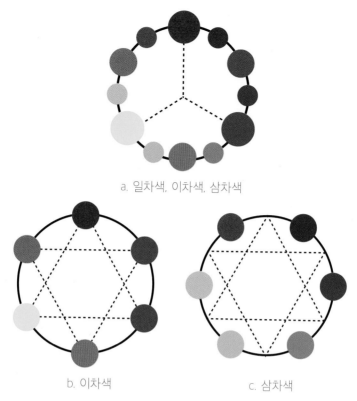

a. 일차색, 이차색, 삼차색

b. 이차색

c. 삼차색

1-8 일차색, 이차색, 삼차색

기본 색이름

색의 이름은 크게 두 가지 종류의 규칙을 따른다. 하나는 계통 색이름이고, 다른 하나는 관용 색이름이다.

계통 색이름

계통 색이름은 색을 나누는 기준에 따라 체계적으로 분류하고 이에 맞추어 명명하는 방식이다. 계통 색이름은 색상에 관한 수식어와 명도/채도 차이를 표현한 수식어를 조합하여 만들어진다.

> 계통 색이름 = 기본 색이름, 형용사 + 기본 색이름 조합

나라마다 계통 색이름을 결정하는 것은 달라진다. 기본 색이름의 가짓수만 하더라도 우리나라나 일본은 10가지를 기본으로 하는데 미국은 13가지를 기본으로 한다.

- 우리나라와 일본의 기본색 10개: 빨강, 주황, 노랑, 연두, 녹색, 청록, 파랑, 남색, 보라, 자주
- 미국의 기본색 13개: red, orange, yellow, green, blue, violet,[3] purple, pink, brown, olive, white, black

우리말 계통 색이름

기본 색이름	계통 색이름	기본 색이름	계통 색이름	기본 색이름	계통 색이름
빨강	선명한 빨강 밝은 빨강 진한 빨강 흐린 빨강 탁한 빨강 어두운 빨강 회적색 어두운 회적색 검은 빨강	연두	선명한 연두 밝은 연두 진한 연두 연한 연두 흐린 연두 탁한 연두 노란 연두 선명한 노란연두 밝은 노란연두 진한 노란연두	청록	밝은 청록 진한 청록 연한 청록 흐린 청록 탁한 청록 어두운 청록 흰 청록 밝은 회청록 어두운 회청록 검은 청록

---

3) 영어에서 무지개색을 언급할 때 사용하는 '보라'는 'violet'이며, '남색'은 'indigo'다.

주황	선명한 주황 밝은 주황 진한 주황 흐린 주황 탁한 주황 빨간주황 선명한 빨간주황 밝은 빨간주황 탁한 빨간주황 노란주황 선명한 노란주황 밝은 노란주황 진한 노란주황 연한 노란주황 흐린 노란주황 탁한 노란주황	연두	연한 노란연두 흐린 노란연두 탁한 노란연두 녹연두 선명한 녹연두 밝은 녹연두 연한 녹연두 흐린 녹연두 탁한 녹연두 흰 연두 회연두	파랑	선명한 파랑 밝은 파랑 진한 파랑 연한 파랑 흐린 파랑 탁한 파랑 어두운 파랑 흰 파랑 회청색 밝은 회청색 어두운 회청색 검은 파랑
		초록	선명한 초록 밝은 초록 진한 초록 연한 초록 흐린 초록 탁한 초록 어두운 초록 흰 초록 회록색 밝은 회록색 어두운 회록색 검은 회록색	남색	밝은 남색 흐린 남색 어두운 남색 회남색 검은 남색
노랑	선명한 노랑 진한 노랑 연한 노랑 흐린 노랑 흰 노랑 회황색 밝은 회황색			보라	선명한 보라 밝은 보라 진한 보라 연한 보라

색깔을 가리키는 한자어 이름에 두 개의 색깔 한자가 사용된 경우 앞의 글자가 뒷글자를 수식하는 것으로 본다. 따라서 '녹황색'은 녹색을 띤 황색이 되고, '황록색'은 누런 빛깔을 띤 녹색이 된다. 전자는 황색 계열, 후자는 녹색 계열인 셈이다.

유채색의 수식 형용사는 7개인데, 그 종류는 다음과 같다. 이 형용사들 중에서 *표가 있는 '밝은, 어두운' 형용사는 무채색에 사용되는 2개의 수식 형용사다.

유채색의 수식 형용사

수식 형용사	해당 영어	기호
선명한	vivid	vv
흐린	soft	sf
탁한	dull	dl
밝은*	light	lt
어두운*	dark	dk
진한	deep	dp
연한	pale	Pl

명도와 채도에 따른 유채색의 수식 형용사 위치를 그림으로 나타내면 다음과 같다.

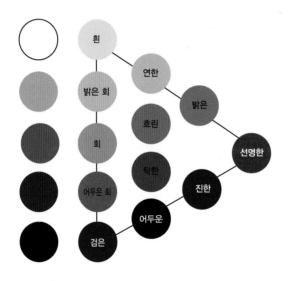

관용 색이름

관용 색이름은 동물, 식물, 광물 등에서 사람들이 이름을 따서 일상적으로 부른 명칭이 굳어진 것을 일컫는다.

관용 색이름과 계통 색이름

계열	관용 색이름	계통 색이름	계열	관용 색이름	계통 색이름
빨강 계열	카민	빨강	파랑 계열	바다색	파랑
	토마토색	빨강		코발트 블루	파랑
	딸기색	선명한 빨강		시안	밝은 파랑
	선홍색	밝은 빨강		물색	연한 파랑
	다홍색	밝은 빨강		하늘색	연한 파랑
	연지색	밝은 빨강		파스텔 블루	연한 파랑
	홍색	밝은 빨강		박하색	흰 파랑
	장미색	진한 빨강		프러시안 블루	진한 파랑
	꼭두서니색	진한 빨강		인디고 블루	어두운 파랑
	진홍색	진한 빨강		사파이어색	탁한 파랑
	루비색	진한 빨강		비둘기색	회청색
	크림슨	진한 빨강		피콕 그린	청록
	자두색	진한 빨강	녹색 계열	수박색	초록
	사과색	진한 빨강		상록수색	초록
	석류색	진한 빨강		에메랄드 그린	밝은 초록
	와인레드	어두운 빨강		옥색	흐린 초록
	마룬색	어두운 빨강		백옥색	흰초록
	팥색	탁한 빨강		대나무색	탁한 초록
	꽃분홍	밝은 자주		청포도색	연두
	산호색	분홍		어린 풀색	연두
	카네이션 핑크	연한 분홍		잔디색	진한 연두
	복숭아색	연한 분홍		풀색	진한 연두
	베이비 핑크	흐린 분홍		키위색	진한 연두

빨강 계열	새먼 핑크	노란 분홍	녹색 계열	국방색	어두운 녹갈색
	살구색	연한 노란분홍		올리브색	녹갈색
	호박색 (채소)	노란 주황		올리브 그린	어두운 녹갈색
	호박색 (광물)	진한 노란주황		카키색	탁한 황갈색
	계란색	흐린 노란주황		쑥색	탁한 녹갈색
	적황	진한 주황	노랑 계열	병아리색	노랑
	감색 (과일)	진한 주황		바나나색	노랑
	벽돌색	탁한 적갈색		레몬색	노랑
	캐러멜색	밝은 갈색		노른자색	진한 노랑
	구리색	갈색		해바라기색	진한 노랑
	코코아색	탁한 갈색		베이지	흐린 노랑
	커피색	탁한 갈색		금발색	연한 황갈색
	밤색	진한 갈색		겨자색	밝은 황갈색
	고동색	어두운 갈색		크림색	흰노랑
무채색	시멘트색	회색		상아색	흰노랑
	쥐색	어두운 회색	보라 계열	라일락색	연한 보라
	세피아	흑갈색		라벤더색	연한 보라
	먹색	검정		모브	연한 보라
	목탄색	검정		오키드	연한 보라
	흰눈색	하양		창포색	보라
	우유색	노란 하양		붓꽃색	보라
	–	–		가지색	어두운 보라
	–	–		자감색	어두운 보라
	–	–		포도주색	어두운 자주

전통색상과 색 이름

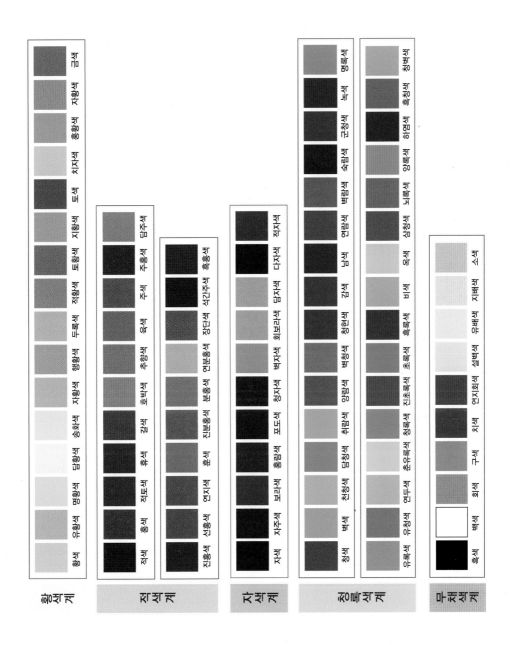

황색계   적색계   자색계   청록색계   무채색계

색의 성질

색의 강약

색이 강하게 느껴지거나 약하게 느껴지는 느낌을 일컫는다. 대체로 검정에 가까운 색은 강하게 느껴지고, 흰색에 가까우면 약하게 느껴진다. 그래서 명도가 높은 색이 약한 색, 명도가 낮은 색은 강한 색이 된다. 채도에 있어서도 강약의 차이가 있는데, 채도가 높을수록 강한 색으로 느껴진다.

색의 무게

색이 어느 만큼 가볍게 느껴지거나 무겁게 느껴지는가? 무게는 색의 명도에 따라 영향을 받는다. 즉, 명도가 높은 밝은 색일수록 가볍게 느껴진다. 그림에서 위쪽 색상들은 아래쪽 색상들에 비해 명도가 높고 훨씬 더 가볍게 느껴진다.

◀ 가벼운 색

◀ 무거운 색

색의 온도

색상에 따라 차갑게 느껴지는 색과 따뜻하게 느껴지는 색이 있다. 이 성질은 명도나 채도보다는 색상 자체에 영향을 받는다. 따뜻한 느낌을 주는 '난색'은 붉은 계열과 노랑을 포함하며, 차가운 '한색'은 파란 계열 색상이다. 녹색과 보라는 차갑지도 따뜻하지도 않은 중성색이다.

◀ 가벼운 색

◀ 무거운 색

색의 대비

두 가지 이상의 색채에서 느낄 수 있는 감각의 차이를 색채대비라고 한다. 색채대비는 색상대비, 명도대비, 채도대비, 보색대비, 한난대비, 면적대비, 동시대비 등이 있다.

● 색상대비

색상이 다른 색끼리 인접해 있을 때 서로 영향을 받아서 실제 색과 다르게 보이는 현상이다. 각각의 색은 색상환에서 더 멀리 위치한 색으로 보인다. 색상대비가 가장 크게 느껴지는 색 조합은 아무래도 삼원색이다. 삼원색은 서로 함께 있으면서 각각 더 뚜렷하게 보이게 해 준다. 색상대비가 크면, 그 조합은 활발하고 강하게 보인다.

● 명도대비

밝기가 다른 두 가지 색을 대비했을 때 명도 차이가 더 커 보이는 현상을 말한다. 상호 영향을 받아서 밝은 색은 더 밝게 보이고 어두운 색은 더 어둡게 보인다.

● 채도대비

채도가 다른 두 가지 색을 대비시켜서 채도 차이가 더 커 보이는 현상이다. 채도가 낮은 색이 높은 색과 함께 있으면 원래 채도가 낮은 색은 더 낮게 보이고, 채도가 높은 색은 더 높게 보인다. 그림에서 노랑 안의 주황색과 회색 안의 주황색 중 어느 쪽이 더 선명하게 보이는가? 마찬가지로, 노란 분홍색이 빨강 안에 있을 때와 적갈색 안에 있을 때 어느 쪽이 더 선명하게 보이는가?

● 보색대비

색상환에서 서로 마주보는 위치에 있는 색, 서로 반대되는 색을 '보색'이라고 한다. 빨강과 초록, 노랑과 보라, 주황과 파랑이 보색관계를 이루는 대표적인 색깔 짝이다. 이러한 보색끼리 배치되면 각각의 색이 더욱 뚜렷하고 채도도 높게 보이는데 이를 보색대비라 한다.

보색대비는 아무것도 섞이지 않은 순색끼리 배치했을 때에도 각각의 색깔을 선명하고 생기 있게 만들어 주고, 채도가 낮은 색끼리 배치했을 때에도 역시 각각의 색이 생기 있게 보이도록 한다. 그래서 실제 순색끼리의 배치에서 보색대비를 쓰는 경우보다 채도가 낮은 탁한 색을 사용할 때 보색대비를 쓰는 경우가 많다.

● 한난대비

따뜻한 느낌을 주는 색과 차가운 느낌을 주는 색이 인접해 있을 때, 차가운 색은 더욱 차갑고 따뜻한 색은 더욱 따뜻하게 보이는 현상을 말한다. 따뜻한 색은 주황과 빨강이 대표적이며, 차가운 색은 청록과 파랑이 대표적이다. 명도만 비교해 보면, 명도가 높은 색이 더 차갑게 느껴진다. 그래서 흰색이 검정보다 더 차게 느껴진다.

● 면적대비

면적에 따라 색의 명도나 채도가 다르게 보이는 현상이다. 면적이 넓으면 명도도 높고 채도도 높아 보인다. 어두운 색을 좁은 면적에 배치하면, 그 색은 더욱 어둡게 보인다.

● 동시대비

둘 이상의 색을 동시에 놓고 보았을 때 서로 영향을 받아서 색의 속성이나 감각이 다르게 보이는 현상이다. 앞에서 설명한 명도대비, 채도대비, 색상대비, 보색대비, 면적대비, 한난대비 등도 기본적으로 둘 이상의 색을 동시에 보는 경우 그 영향을 받는 것이므로 동시대비라고 할 수 있다.

동시대비를 더 두드러지게 보려면, 동일한 색깔을 각각 다른 색 위에 얹어서 어떤 느낌인지를 살펴보면 된다.

색의 조화

색을 조화시켜서 배치하는 것을 '배색'이라 한다. 배색은 비슷한 색을 배치하는 유사배색과, 차이가 큰 색을 배치하는 대조배색으로 나뉜다.

- 유사배색: 명도가 유사한 것끼리 배색할 수도 있고, 색상이 유사한 것끼리 배색할 수도 있다.
- 대조배색: 색상의 차이가 크게 나도록 배색하거나 명도 차이가 크게 나도록 배색하는 것이다.

다음은 '톤(tone)'을 중심으로 배색하는 방법 두 가지다. 톤은 색조를 말하는 것으로 색의 인상을 일컫는 개념이며, 명도와 채도를 아울러서 전체 인상을 말하는 것이다.

- 톤인톤(tone in tone)배색: 색조(tone)의 차이는 작고, 색상의 차이는 큰 배색이다. 색조 차이가 작기 때문에 명도나 채도는 서로 비슷한 색끼리 배열된다. 예를 들어, 파스텔 컬러로 다양하게 배색한 것은 명도나 채도에서 비슷하고 색상만 차이가 나므로 톤인톤배색이 된다.

- 톤온톤(tone on tone)배색: '톤 위에 톤을 겹쳐 둔다'라는 의미가 된다. 이 배색은 색상에서 유사한 색을 사용하면서 명도 차이가 나도록 배치하는 것이다. 이를테면 어두운 파랑과 밝은 파랑을 배색하는 것이다. 패션에 신경을 쓰지만 어떻게 입어야 할지 모르는 경우에 시쳇말로 '깔맞춤'을 하는 경우(예: 청바지에 하늘색 남방을 입고, 어두운 파랑 양말 신기)가 있는데, 그것을 다르게 표현하면 톤온톤배색으로 옷을 입은 것이다.

색채이론

Chapter 2
색채이론

색 경험의 피라미드

국제 색채 컨설턴트와 디자이너 연합회의 회장을 지낸 프랭크 만케(Frank H. Mahnke)는 색채를 경험하는 것에 있어서 몇 가지 수준이 있다고 주장했다. 의식적인 수준에서의 요인도 있고 무의식적인 수준에서의 요인도 있는데, 이것을 도형으로 표현하면 다음 피라미드와 같다.

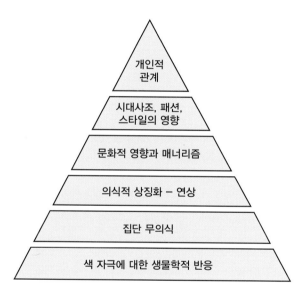

색 경험의 피라미드

출처: 최승희 외 공역(2002: 17).

맨 아래쪽의 '생물학적 반응' 단계의 색 경험은 생물이 자신의 생존을 위해 색 자극을 사용하는 것인데, 종의 생존과 유지, 번식에 필수적인 신호로서 색을 인식하고 사용하는 것을 말한다. 먹을 수 있는 나무 열매와 설익은 열매는 색으로 구분할 수 있으며, 번식기의 동물은 구애의 표시로 신체의 표면 색을 변화시킨다. 동물의 피부색이 주변 환경과 비슷하게 되는 보호색이라든가 주변과 대조를 이루는 색이 되는 것도 모두 생존과 유지를 위한 생물학적 반응에 해당된다. 이러한 생물학적 반응은 사람이 색에 대해 가지는 집단 무의식과도 연계된다.

색 경험의 '집단 무의식' 단계는 색을 개인적으로 체험하는 것과는 구별되며, 조상들이 색채 환경에 대해 반응한 방식으로 색채에 반응하는 것이다. 집단 무의식은 칼 융(Carl Jung)이 제안한 개념이다. 사람의 무의식은 프로이트가 설명한 것처럼 의식으로부터 억압되어 생기거나, 혹은 억압되지 않았지만 단순하게 잊어버린 것들도 있거나, 혹은 의식에 주는 영향이 크지 않아서 분명하게 의식되지 못한 것들도 있다. 이러한 무의식은 출생 이후 개개인의 경험에 따라 가지게 되는 것들이므로 '개인 무의식'이라고 부르는데, 이에 반해 선천적으로 존재하는 무의식도 있다. 그것은 집단 무의식으로 시간과 공간을 초월해서 모든 사람들에게 존재하며 보편적인 성격을 가지고 있는 무의식이다.

그다음 단계의 색 경험인 '의식적 상징화'란, 색채에 대해 어떤 연상을 가지는 것이다. 연상에는 일차적 연상과 이차적 연상이 있다. 일차적 연상은 초록에서 자연을 떠올린다든가 빨강에서 태양이나 불을 떠올리는 것과 같은 구체적인 대상에 대한 연상이다. 이차적 연상은 추상적인 것에 대한 연상이며 빨강에서 정열을, 초록에서 평화를 떠올리는 연상과 같은 것들이다. 색의 인상과 상징성에 대한 경험은 학습된 반응일 수도 있다.

색채의 상징성은 종교, 신화, 의식, 문학 등 다양한 분야에서 사용되고 경험된다. 특정 문화나 지방에 따라 색 경험이 영향 받는 것은 '문화적 영향과 매너리즘'에 해당된다. 우리나라의 오방색도 이 단계의 색 경험에 해당한다.

아래부터 다섯 번째 단계의 색 경험은 '시대사조, 패션, 스타일의 영향'이다. 시대사조는 특정한 시기의 정신이라 할 수 있다. 이에 따라 주된 색채가 변화하며 사람들의 색 선호도 함께 달라지게 된다. 패션과 스타일도 마찬가지여서 동시대를 살아가는 사람들에게 광범위하게 영향을 미친다.

색 경험의 피라미드에서 가장 상위에 위치한 '개인적 관계'는 어떤 색에 대해 각 개인이 가지고 있는 좋고 싫음을 의미하는데, 이러한 선호는 개인의 취향인 동시에 다른 단계의 색 경험과 관련이 있다.

아른하임의 색채조화론

루돌프 아른하임(Rudolph Arnheim)은 색채가 조화롭게 보이는 원리를 설명하기 위해서 주요 색을 삼각형 배열로 둔다. 먼저, 삼각형의 각 꼭짓점은 색의 3원색을 사용한다. 노랑과 빨강, 파랑이 꼭짓점의 색이 되며 일차색으로 부른다. 두 꼭짓점 사이의 중간색은 일차색을 혼합한 이차색이 된다. 그리고 이차색과 꼭짓점 사이 색은 다시 삼차색이 된다(그림 참조).

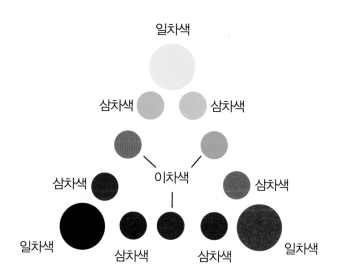

삼각형에 있는 여러 점들 중에서 두 색을 선택했을 때, 그 두 색을 이은 선이 삼각형의 변과 평행을 이루면 조화로운 것으로 본다. 왜냐하면 원색인 꼭짓점으로부터 떨어져 있는 거리가 동일하기 때문이다. 평행을 이루지 않거나 두 색깔 중 하나만 꼭짓점의 일차색인 경우는 조화롭지 않은 것이다. 왜냐하면 원색으로부터 떨어져 있는 거리가 동일하지 않기 때문이다.

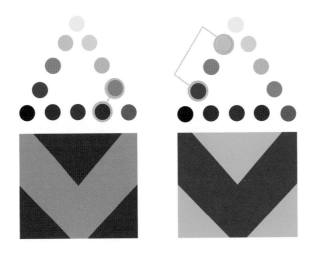

선택된 두 색이 조화로운 예

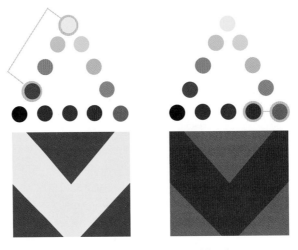

선택된 두 색이 조화롭지 않은 예

차크라와 색

차크라는 사람이 가진 에너지 센터라고 할 수 있다. 차크라는 산스크리트어로 '바퀴' '원형'이라는 의미이며, 회전하는 공 모양의 에너지 센터다.

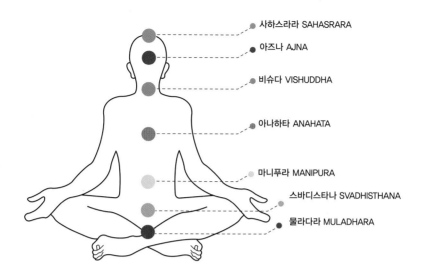

사하스라라 SAHASRARA
아즈나 AJNA
비슈다 VISHUDDHA
아나하타 ANAHATA
마니푸라 MANIPURA
스바디스타나 SVADHISTHANA
물라다라 MULADHARA

차크라의 종류와 그 특징

명칭	차크라 위치	색깔	해당 기능
사하스라라 차크라	정수리	보라	영성, 현명함, 영적인 에너지, 인간 완성
아즈나 차크라	미간	남색	신성의 자각, 직관, 통찰, 정신집중
비슈다 차크라	목	밝은 파랑	종교적 영감, 정화, 순수, 창조성, 언어, 의사소통
아나하타 차크라	심장	녹색	인간 본질의 성품, 사랑, 동정, 용서, 이해, 개방
마니푸라 차크라	명치	노랑	지식, 지적 능력, 의지
스바디스타나 차크라	하복부	주황	육체의 성장, 움직임, 정서
물라다라 차크라	회음부	빨강	육체의 탄생, 생명, 재생

차크라는 색채치료를 하는 사람들이 매우 중요시하는 개념이자 기능이다. 사람의 신체에 위치한 에너지 센터인 차크라를 색깔에 매치했기 때문에, 색을 잘 사용하면 그 에너지 센터를 활성화하는 데 도움이 된다고 가정한다. 위의 표에서와 같이, 대표적인 일

곱 개의 차크라에서 각각 담당하는 기능이 있다. 그리고 어떤 기능에 문제가 생겼을 때 해당 색깔을 그 차크라 부위에 갖다 대면 도움이 된다고 한다.

차크라가 얼마나 신빙성이 있는지, 혹은 차크라의 색이 가지는 의미가 어느 정도로 실제적인 효과가 있을지에 대한 검증은 쉽지 않다. 하지만 색이 가지는 보편적 의미와 상징이 차크라의 기능과 긴밀하게 연결된 것을 다시 한 번 확인할 수 있다. 이를테면 빨 강이 육체의 탄생과 생명, 재생에 연결된 것은 차크라가 아니라 하더라도 이미 보편적인 상징에서 다루는 의미다. 또한 맑은 하늘을 닮은 색인 파랑이 종교적 영감, 정화, 순수, 창조성을, 어두운 파랑이 신성의 자각을 나타낸다는 것은 우리가 충분히 이해할 수 있다.

음양오행설과 색

음양오행설(陰陽五行說)에 기초를 둔 색 개념을 오방색(五方色)이라 부른다. 음양오행설 은 원래 '음양설'(우주 만물의 현상을 음과 양 두 원리로 설명함)과 '오행설'[만물의 생성과 소멸 을 목(木), 화(火), 토(土), 금(金), 수(水)로 설명함]이 각각 개별적인 것이었는데, 중국의 전국시 대에 하나의 사상체계로 통합되었다. 이후 중국의 음양오행설이 우리나라에 전해져서 문헌에 처음 기록된 것은 『삼국사기』와 『삼국유사』다. 음양오행설에서 색은 동서남북 방 위를 나타내기 위한 관념적인 개념에 가깝다. 오방색이란 다섯 개의 방위를 나타내는 색 이라는 뜻이며, 다섯 개의 방위는 각각 동, 서, 남, 북, 중앙이 된다. 이것은 중국에서 만 들어진 이론이므로 중국을 중앙으로 두며, 중국에서 신성시하는 황색이 중앙색이 된다. 그다음, 동서남북을 돌아가면서 좌청룡, 우백호, 남주작, 북현무의 색을 부여한다. 즉, 중앙에 사람이 서서 남향을 보고 있다고 가정하면, 왼쪽은 동쪽, '청(靑: 푸를 청)'룡, 청색 이 되며, 오른쪽은 서쪽, '백(白: 흰 백)'호, 백색이 된다. 남쪽은 '주(朱: 붉을 주)'작, 적색이고, 마지막으로 북쪽은 '현(玄: 검을 현)'무, 흑색이다.

　　우리나라 말에 '오색찬란하다'라는 표현이 있다. 찬란한 색채를 다섯 가지로 일컫고 있는데, 이러한 표현 역시 오방색에 기반을 둔 것이다.

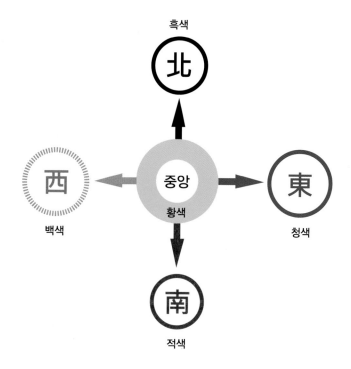

방위에 따른 오방색

　　오방색은 오방정색과 오방간색으로 나뉠 수 있다. 정색(正色)은 말하자면, '주된, main, 바르다, 정(正)하다'는 뜻이며, 간색(間色)은 '중간의, sub, 사특하다, 사람이나 생각이 요사스럽고 간특하다'는 뜻이다. 따라서 간색은 정색보다 우위를 점해서는 안 되는 것으로 본다. 앞서 언급한 적, 청, 황, 백, 흑은 오방정색이며, 오방간색은 녹(綠: 초록빛 녹), 홍(紅: 붉을 홍), 벽(碧: 푸를 벽), 자(紫: 자줏빛 자), 유황(硫黃: 유황 유, 누를 황)이다.

五方正色
赤青黄白黑

오방정색

五方間色
碧綠硫黃紫紅

오방간색

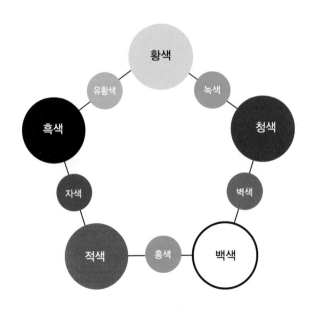

오방정색과 오방간색

오정색(五正色)

색명	색표본	색상(Hue)		명도(Value)		채도(Chroma)	
적색		6.9R	(7.0R)	3.4	(3.5)	11.4	(12)
청색		8.3PB	(8.0PB)	2.2	(2.5)	10.1	(10)
황색		7.5Y	(7.5Y)	8.7	(8.0)	9.1	(9.0)
흑색		N1		단청흑 4.1Y 2.6/0.3 (4.0Y 2.5/0.3)			
백색		N9.5		단청백 7.2Y 8.7/0.8 (7.0Y 9.0/0.8)			

오간색(五間色)

색명	색표본	색상(Hue)		명도(Value)		채도(Chroma)	
홍색		2.8R	(3.0R)	4.2	(4.0)	15.1	(15)
벽색		2.6PB	(2.5PB)	4.9	(5.0)	9.8	(10)
녹색		0.9G	(1.0G)	3.5		3.9	(4.0)
류색		1.5Y		6.3	(6.0)	5.8	(6.0)
자색		8.3RP		2.2	(3.0)	6.1	(6.0)

음양오행설 이론을 바탕으로 색깔과 음양, 방위, 계절, 원소, 천체, 신체기관 등을 서로 연결지어 개념화할 수 있는데, 이를 정리하면 다음과 같다.

음양오행설에 따른 색깔별 특징

	적(빨강)	청(파랑)	황(노랑)	백(흰색)	흑(검정)
음/양	양	양	양	음	음
방위	남쪽	동쪽	중간	서쪽	북쪽
계절	여름	봄	늦여름	가을	겨울
원소	火	木	土	金	水
천체	화성	목성	태양	금성	달
신체기관	심장	간	비장(脾臟)	허파	신장

. . . . . .
기질과 색깔

고대 그리스 시대에 의사였던 히포크라테스(Hippocrates)는 사람들에게 기본적인 네 가지 기질이 있다고 보았다. 원래 이 이론은 고대 이집트 혹은 메소포타미아 지방에서 유래된 것인데, 이를 체계화해서 정리한 사람이 히포크라테스다. 그는 사람들의 정서와 행동이 체액의 과다 혹은 부족에 따라 영향을 받는다고 보았다. 그렇게 영향을 주는 체액은 피, 황담즙, 흑담즙, 점액 등이다. 네 가지 기질은 따뜻하고 차가운 것, 건조하고 습한 것의 조합으로 나누어지며 이에 따라 각각의 특징을 지닌다. 사람들은 네 가지 중에 하나일 수도 있고 혹은 두세 개 기질이 복합되었을 수 있다. 색깔과 연관을 짓는 경우, 다혈질은 빨강, 담즙질은 노랑, 점액질은 하양, 우울질은 검정이다.

기질과 그 특징

	다혈질 (sanguine)	담즙질 (choleric)	점액질 (phlegmatic)	우울질 (melancholic)
색깔	빨강	노랑	하양	검정
체액	혈액	황담즙	점액	흑담즙
성질	온습	온건	냉습	냉건
특징	낙천적, 활동적, 사회적	쉽게 화를 내는, 빠른, 짜증이 많은	평온한, 관망자	분석적, 현명함, 조용함

색채론의 역사

색에 대한 연구는 오랫동안 철학과 과학의 영역이었다. 색은 무엇인가?

이 질문에 대답한 역사를 살펴보면, 서양의 역사에서 가장 중요한 인물은 아이작 뉴턴(Issac Newton)과 요한 볼프강 폰 괴테(Johann Wolfgang von Goethe)다. 뉴턴은 색깔이 빛의 특성에 기인한 것이라는 것을 밝혔다. 그는 1666년에 암실을 만들어서 거기에 둥글고 조그만 구멍을 냈다. 그리고 그 구멍으로 들어온 빛이 유리 프리즘을 통과하도록 했고, 프리즘을 투과한 빛이 무지개색으로 나뉘는 것을 발견했다. 뉴턴은 이를 바탕으로 백색광이라 불리는 태양 광선에 다양한 색이 포함되어 있다고 추론했다. 뉴턴의 발견은 빛 광선이 실제로 존재한다는 것을 증명했고, 색은 빛 광선의 일부라는 것을 밝혔다. 그 결과, 색은 빛의 전달작용이라는 일반적인 인식이 강해졌다.

또한 뉴턴은 프리즘을 통과해서 나뉜 색광 중에서 하나의 색광만으로는 다시 색이 더 나뉠 수 없다는 것을 증명했다. 즉, 첫 번째 프리즘을 통과해서 나뉜 색광 중에서 한 가지 색광이 두 번째 구멍과 두 번째 프리즘을 통과하도록 한다. 그러나 두 번째 프리즘을 통과한 단색광[1]은 더 이상 다른 색으로 나뉘지 않았다. 또 다른 실험에서는 단색광끼리 섞었을 때 특정 색을 만들 수 있다는 것을 프리즘 실험으로 증명했다. 그 결과, 더 이상 나뉘지 않으면서 다른 색으로 혼색할 수 있는 '기본색'인 '원색'에 대해 사람들의 관심이 커졌다.

한편, 뉴턴은 무지개색이 일곱 빛깔이라고 정의했는데, 이러한 정의는 과학적인 것이라기보다는 7이라는 숫자에 대한 서양 문화권의 선호를 반영한 것이다(서양 음악의 음계가 도레미파솔라시도의 7음계인 것을 생각해 보자). 그래서 파랑과 보라 사이에 남색을 더함으로써 완전한 숫자 7을 만들었다. 참고로 무지개색의 '보라'는 purple이 아니라 violet이다. purple은 스펙트럼 색이 아닌 빛의 혼합에 의해 생성된 색을 지칭하며, violet은 스펙트럼 색을 지칭한다(그래서 자외선은 ultraviolet ray다).

빛과 색에 대해 뉴턴이 발견한 또 다른 중요한 사실은 색깔에 따라 굴절률이 다르다는 것이다. 즉, 프리즘을 통과했을 때 빨간색 빛은 조금 굴절하지만 보라색은 많이 굴절한다.

뉴턴 이후 19세기 초에 물리학자 토마스 영(Thomas Young)은 빛의 파장 이론을 제시하였고, 빛의 3원색이 빨강, 초록, 파랑인 이유가 사람의 수용감각기에 빨강, 초록, 파랑 빛을 감지하는 세 종류의 수용기가 있기 때문이라는 것을 밝혔다. 이러한 발견은 우리가 일상적으로 보고 있는 색깔이 물체 그 자체에 있는 특성이 아니라 사람의 뇌에서 처리된 감각 정보의 결과라는 관점으로 인식이 바뀌게 하는 토대가 되었다.

이후 색에 대한 가장 큰 입장 변화는 괴테로부터 비롯되었다. 괴테는 빛과 색의 객관적 실체보다 색을 지각하는 주체의 주관성에 더 주목했다. 뉴턴이 관찰자와 상관없는 객관적 실체로 색채를 다루었던 것에 반해, 괴테는 인간의 감각과 무관하게 존재하는 색채란 있을 수 없다고 보았다. 괴테에게 색채는 인간의 눈에 들어온 감각적인 현상이었다. 그러면서 색채를 다음과 같이 밝음과 어둠의 양극적 대립 현상으로 보았다.

---

1) 단색광은 한 가지 파장의 빛만 가진 색이다.

괴테가 주장한 색채의 양극적 대립

+	−
밝음, 빛, 힘, 열기, 가까움 밀침, 작용, 황색, 산성과 인척 관계	어둠, 그림자, 약함, 냉기, 멈 끌어당김, 탈취, 청색, 알칼리성과 인척 관계

괴테는 색채 현상의 원리로 양극성, 상승, 총체성 등 세 가지를 들었고, 색을 생리색, 물리색, 화학색으로 분류했다. 화학색은 특정 물체에서 나오는 색깔이며 지속되는 특징이 있다. 물리색은 그 색이 발생하기 위해 매개체(medium, 매질)가 있어야 나타나는 색으로 이를테면 반투명한 표면을 통과한 빛의 색이 바뀌는 것이라든가 굴절색 등이 이에 해당한다. 생리색은 다름이 아니라, 사람의 눈에 들어와서 인식된 색깔을 일컫는다. 생리색, 즉 생리적 색채는 사람의 눈에서 경험되는 주관성을 보여 준다. 괴테는 생리색에서 잔상 현상을 비롯하여 여러 대비 현상을 서술한다.

괴테는 색조를 크게 세 가지 범주로 분류하여 체계화했는데, 강함/강렬함, 부드러움/온화함, 다채로움/화려함으로 묶었다. 첫 번째 강함과 강렬함은 능동적인 영역이 우세한 경우로서 빨강, 주황, 노랑 등으로 나타나는 효과다. 두 번째 부드러움과 온화함은 수동적인 영역이 우세할 때이며 파랑, 남보라, 보라 등이 주는 효과다. 세 번째는 여러 색이 어우러지면서 균형을 이룰 때 나타난다. 이와 같은 괴테의 색채론은 감성학으로서 색채에 접근했다는 데 의의가 있다. 괴테는 『색채론』(장희창 역, 2003)의 머리말에서 "색채는 빛의 행동, 다시 말해 빛의 행위이자 고통이다."라고 말하면서 자신의 감성론적 색채학을 시작하고 있다.

괴테의 색채론을 이어받아 한 걸음 더 나아간 색채론을 펼친 사람은 루돌프 슈타이너(Rudolf Steiner)다. 슈타이너는 『색채의 본질』(양억관, 타카하시 이와오 공역, 2000)에서 색의 체험이 사람의 내면에 있는 영적인 요소를 개발해 줄 수 있음을 역설했다. 색채는 물리학과 심리학의 접점에 있는 분야인데, 슈타이너는 색채가 '에테르(ether)'[2] 운동과

---

2) 에테르는 동양의 '기'와 비슷한 개념이다. 그리스어로 '빛남'이라는 뜻을 가지고 있으며 '광휘체' '생명체'라고도 부른다.

관련되어 있다고 보았다.

각각의 색채는 본질적인 요소를 가지고 있다. 이를테면 녹색은 죽어 가는 생명의 영상이고, 살색이란 혼의 살아 있는 영상, 흰색은 영(靈)의 혼적인 영상, 그리고 검정은 죽음의 영적인 영상이다. 슈타이너는 이들 색채 외에 다른 색깔들에 대해서도 그 색깔만으로 둘러싸인 공간을 머릿속에 떠올려 보면 색채의 본성이 어떤 감각과 느낌을 불러일으키는지 체험할 수 있을 것이라고 했다. 온통 노랑으로 칠해진 공간을 생각해 보면, 노랑이 어느 만큼 주위로 뻗어 나가고 방사하려 하는 성질을 가지고 있는지 느낄 수 있다. 만약 파랑으로만 칠해진 공간을 떠올린다면 바깥에서 안쪽을 향해 응축되며 흘러들어오는 느낌을 받는다. 이렇듯 노랑과 파랑은 서로 반대되는 성향을 지녔다. 슈타이너는 노랑이 영의 빛남, 파랑은 혼의 빛남, 빨강은 생명의 빛남이라고 보았다.

슈타이너의 궁극적 관심은 색채 세계의 체험에 깊이 몰입함으로써 그 색채가 연결된 에테르체를 각성하는 것이었던 것으로 보인다. 영계 입문, 영학적 관점에 관심을 두었던 슈타이너는 인간이 가진 내면의 가능성을 진보시키는 것으로서 색채 체험을 다룬다. 예를 들면, 강렬하게 빛나는 빨강을 보면서 그 빨강을 감각하고 느끼는 체험에 오롯이 집중했을 때, 그 색깔에 담긴 영적인 체험을 할 수 있다고 한다. 그래서 끝없는 빨강의 공간 속에서 빨강이 악에 대한 신의 분노라는 것을 경험하게 해 주며, 궁극적으로 기도하는 것과 같은 체험을 하게 된다는 것이다. 다른 색깔들에 대해서도 각각 경험할 수 있는 영적 체험들이 있는데, 파랑의 경우 이기주의를 극복하고 대우주적인 존재가 되고 싶은 욕구를 느끼게 되며 신의 자비에 감싸인 경험을 할 수 있다.

슈타이너는 색채에 깊이 몰입하게 되면 색채의 내적 본성을 인식하게 되며, 이를 색채의 도덕적 체험이라 부를 수 있다고 했다.

색채의 치료적 효과에 대한 관심

빛에 대한 관심이 커지던 19세기에 접어들면서 빛 속의 색채가 치료적 효과를 가지고 있다고 주장하는 사람들이 등장했다. 이들은 주로 의사였는데, 단순한 염증 치료와 마비, 결핵 등을 치료하는 데 빛을 사용하기 시작했다. 19세기 중·후반, 1870년대에는 색광을 치료적으로 사용하는 것을 주장하는 대표적인 인물들이 등장하는데, 아우구스투스 플리잔톤(Augustus Pleasanton), 세스 판코스트(Seth Pancoast), 에드윈 배빗(Edwin Babbitt) 등이다.

플리잔톤은 『청색과 태양광(Blue and Sun-lights)』(1876)을 저술했다. 그는 특히 청색광이 지닌 치료적 효과에 주목했는데, 사람과 동물, 식물 모두에게 도움이 된다고 보았다. 사람의 경우, 통증이 있는 질병을 치료하는 데 청색광이 도움이 되고, 동물에게 청색광을 비추면 질병 치료나 성장 촉진, 다산에 도움이 된다고 했는데, 그 이유는 청색광이 신경계와 선 분비를 자극하기 때문이다. 또한, 청색 유리를 끼운 온실에서 포도를 키우면 포도의 크기나 품질, 생산량에 있어서 향상된다고 주장했다.

판코스트는 『청색과 적색광: 또는 빛과 의학으로서의 광선(Blue and Red light: or Light and Its Rays as Medicine)』(1877)이라는 저서를 통해서 색광의 효과를 역설했다. 그는 빛이야말로 생명의 근원이며 유일한 원천이라고 보았고, 태양의 빛을 통해서 자연에 있는 모든 것들이 생명력을 얻을 수 있으며, 빛은 질병을 치료하는 힘도 있다고 했다. 판코스트는 광선치료(phototherapy 혹은 light therapy)를 주장했는데, 빛을 색유리에 투과시켜 특정 색깔 빛을 만들고 그 빛을 쬐었을 때 어떤 효과가 있는지 정리했다. 즉, 신경이 해이해졌을 때는 적색광을 쬐어서 신경계를 다시 긴장할 수 있도록 하며, 반대로 과도하게 신경이 긴장되었을 때는 그러한 긴장을 풀어 주는 청색광을 사용해야 한다고 주장했다. 판코스트는 빛의 색깔마다 특징적인 심리적 효과가 있다는 점에 주목했다. 그는 흰색을 빛의 가장 순수한 본체라고 보았고, 활동의 균형을 잡아 주는 색이라고 했다. 활동을 불러일으키는 색은 노랑과 빨강인데, 빨강은 노랑보다 더 많은 활동을 촉진하는 색으로 생명 활동을 부른다고 했다. 그에 비해 파랑은 휴식과 수면을 이끌어 내며, 완전한 휴식과 영면을 부르는 색은 검정이라고 했다.

판코스트와 비슷한 시기에 활동한 배빗은 내과의사이면서 예술가이자 수필가였고, 과학자이자 신비주의자였다. 그는 『빛과 색의 원리(Principles of Light and Color)』(1878)를 저술했는데, 이 책은 전 세계적인 명성을 얻었고, 사람들이 색의 심리적·신체적 영향에 주목하게끔 영향을 미쳤다. 배빗의 또 다른 저술인 『배빗 박사의 색채치료(Dr. Babbitt's

Color Therapy)』도 7개 국어로 번역될 만큼 널리 읽혔는데, 이후 배빗의 색채치료는 color therapy, colorology, chromotherapy 등으로 불리면서 대체요법의 하나로 여겨지게 되었다.

배빗은 태양광의 에너지가 모든 동식물이 생명력을 유지시켜 주는 근원적인 활력이라 보았다. 더 나아가 빛은 질병의 치료와 정신의 순화를 돕고, 인류에게 행복을 가져다 줄 수 있다고까지 언급했다. 배빗은 치료에 적용되는 원색으로 빨강, 파랑, 노랑을 중요시했다. 빨강은 따뜻하며 열의 중심이 되고, 거의 모든 질병 치료에 도움이 되는 색상이다. 빨강은 육체적인 피로를 겪는 사람들뿐 아니라 (배빗의 관점에서) 중풍과 결핵, 만성 류머티스를 치료하는 데에도 사용된다. 파랑은 차갑고 수축적인 성질이 있으므로 진정시켜 주는 작용을 한다. 그래서 염증이 있거나 신경성 질환에 걸린 경우에 특히 치료적 효과가 있다. 배빗은 파란 빛을 신경성 두통, 신경과민, 일사병, 좌골신경통, 류머티스, 신경쇠약, 탈모증 및 뇌진탕 등에 사용하면 치료적 효과가 있다고 주장했다. 노랑은 빛의 중심이 되는 색이면서 신경계를 자극하고 뇌를 자극하는 요소다. 배빗의 색채치료에서 노란 빛은 변비, 기관지 질환의 치료와 배뇨 촉진에 사용되었다.

배빗은 색광의 치료적 효과에 대한 이론에서 더 나아가 크로모디스크(Chromodisc)라 불리는 색요법 설비를 만들고, 여러 종류의 색깔 물약이 지닌 치료적 효과에 대해 역설했다. 그러나 오늘날 미국의 경우 이런 종류의 컬러테라피나 색요법적 설비의 판매는 금지되어 있다.

20세기 색채 연구

색채의 심리적 · 신체적 효과에 대한 연구는 20세기에도 지속되었다. 그중에서도 심리학 분야에서 실험을 통한 다양한 연구가 진행되었다.

1942년 커트 골드스타인(Kurt Goldstein)[3]은 색이 신체 기능에 미치는 영향을 조사했다. 파킨슨병을 앓는 환자들을 대상으로 한 연구에서 빨강은 오히려 환자들의 증세를 악화시켰고, 녹색은 개선시켰다. 뇌손상 환자들에게는 반대 결과를 얻었는데, 빨강에는 활발한 반응을 했지만, 녹색은 반응이 별로 없었다.[3]

빨강과 파랑 광선은 신체 반응에 미치는 영향에서 두드러진 차이를 보였는데, 랠프 제라드(Ralph Gerard)[4]는 빨강이 파랑보다 눈 운동과 자율신경계의 기능에 더 많은 자극을 준다는 것을 발견했다. 제이콥 넉시안(Jacob Nakshian)[5]은 뇌파전위기록을 분석해서 빨간 빛이 파란 빛보다 더 자극적이라는 것을 보여 주었다. 하인리히 프릴링(Heinrich Frieling)[6]도 색깔 빛을 사용해서 그에 대한 생리적인 반응 및 심리적인 반응을 연구했다. 빨간 빛은 교감신경계의 자극과 비슷해서 혈압이 불규칙하고 심장 박동이 더 빨라지게 만들었고, 노란 빛은 운동신경의 움직임을 증가시켰는데 긴장과 해소를 동시에 주는 측면이 있었다. 파란 빛은 집중하는 데 도움을 주고 평온함을 주었으며, 불쾌감이나 자극적인 반응은 나타나지 않았다. 초록빛은 이질적인 성향을 균형 잡아 주는 효과가 있었고 대체로 즐겁고 온화한 반응을 이끌어 냈다.

이러한 연구들은 모두 색광을 사용하여 신체의 변화 혹은 심리적 반응을 조사한 것으로서 과학적 연구방법으로 색의 영향과 효과에 대해 실증하고자 한 것이다.

3) Goldstein, K. (1942). Some experimental observations concerning the influence of colors on the function of the organism. *Occupational Therapy and Rehabilitation*, *21*(3), 147–151.
4) Gerard, R. W. (1958). Color and emotional arousal. *American Psychologist*, *13*, 340.
5) Nakshian, J. S. (1964). The effects of red and green surroundings on behavior. *The Journal of General Psychology*, *70*, 143–161.
6) Frieling, H. (1975). The Color Mirror: The Quicktest for Character Diagnosis with the Colors of the Frieling-Test. Musterschmidt.

색맹과 색약

색맹과 색약은 색깔을 잘 변별하지 못하는 것으로 후천적인 경우(사고 등으로 발생)와 선천적인 경우가 있다. 유전적인 색맹은 간상체나 추상체의 일부가 결여되어 색을 구분하지 못한다. 가장 많은 색맹은 적녹색맹인데, 빨강과 녹색을 구별하지 못한다. 적녹색맹은 X 염색체의 영향으로 나타나는데, 여성의 경우 보인자도 있으므로 실제 발생율은 여성보다 남성에게 더 많다. 청황색맹은 파랑과 노랑을 구별하지 못하며 단파장의 빛을 잘 보지 못한다. 청황색맹의 비율은 성별에 따른 차이가 없다.

간상체(rod cell, 막대 세포)와 추상체(cone cell, 원뿔 세포)는 눈에 분포하는 시세포다. 간상체는 흑백의 명암을 지각하므로 빛이 약하더라도 형태를 구분할 수 있고, 추상체는 주로 색깔을 구분한다. 우리 눈에는 약 1억 2천만 개의 간상체와 650만 개의 추상체가 분포한다.

추상체에는 세 가지 종류의 색 감지 세포가 있는데, 각각 빨강을 감지하는 세포와 녹색을 감지하는 세포, 파랑을 감지하는 세포다. 마치 모니터의 RGB 시스템처럼, 사람의 눈도 이들 세포의 조합으로 색깔을 감지하게 된다. 빨강 감지 세포는 장파장에 예민하고, 녹색 감지 세포는 중파장에, 그리고 파랑 감지 세포는 단파장에 예민하다.

- 적록색맹: 적색과 녹색을 구분하지 못하는 색각 이상이다.
- 청황색맹: 청색과 황색을 구분하지 못하는 색각 이상이다.
- 색약: 채도가 낮은 색이나 멀리 떨어진 곳에 있는 색을 식별하지 못하고, 단시간 내에 색을 변별하는 능력이 부족한 경우를 말한다. 대개 녹색약이거나 적색약이다.

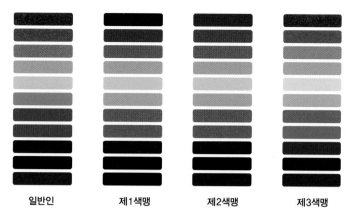

일반인   제1색맹   제2색맹   제3색맹

일반인과 색맹의 시야에 나타난 색채 비교

별자리와 색깔

별자리	해당 생일	색깔	행성	탄생석
물병자리	1.20.~2.18.	검정	천왕성	다이아몬드
물고기자리	2.19.~3.20.	보라	해왕성	자수정, 진주
양자리	3.21.~4.20.	빨강	화성	루비
황소자리	4.21.~5.20.	녹색	금성	사파이어
쌍둥이자리	5.21.~6.21.	보라	수성	자수정
게자리	6.22.~7.22.	은색, 흰색	달	진주, 은
사자자리	7.23.~8.22.	금색, 노랑	태양	금
처녀자리	8.23.~9.22.	파랑	수성	사파이어
천칭자리	9.23.~10.21.	녹색	금성	사파이어
전갈자리	10.22.~11.21.	빨강	화성	루비
사수자리	11.22.~12.21.	파랑	목성	다이아몬드
염소자리	12.22~1.19.	검정	토성	다이아몬드

Chapter 3
빨강

Chapter 3
빨강

빨강 *Episode*

시댁이 이사를 가게 되었을 때의 일입니다. 집안 인테리어를 하면서 벽지 색깔을 골라야 했
는데, 어머님께 여쭤 봤더니 "빨간색이 좋다."라고 하셨습니다. 전 내심 어머님의 색깔 취향
에 깜짝 놀랐지요. 저도 안방 벽지를 진한 황토색으로 했는데, 그때 벽지를 판매하시던 사
장님이 "이렇게 진한 색깔 원하는 분 거의 안 계십니다."라고 하셨던 기억이 났습니다. 그런
데 빨간색이라니요! 그래서 남편과 이야기하면서 "어머님 감각 있으시다. 빨간색 원하시는
줄은 몰랐는데, 대륙적인 취향이신 걸!"(중국인들이 빨간 벽지를 좋아하니까요.)이라고 했었
습니다. 나중에 시댁에 갔는데 웬걸요, 방 벽지는 연한 핑크색이었습니다. 저는 걱정도 되고
한편 의아하기도 해서 빨간 벽지가 없었냐고 남편에게 물었습니다. 그랬더니, 저 벽지 색깔
을 어머님께서 고르신 거라고 답하는 게 아니겠습니까. 이해가 되지 않아서, "아니, 빨간색
벽지 원하지 않으셨어?"라고 되물었습니다. 약간의 동문서답 같은 대화가 오가고 난 다음에
야 어머님께서 말씀하셨던 '빨간색'은 다름 아닌 연한 핑크를 의미했던 것이라는 것을 알았
습니다. 빨강을 순색 빨강으로 생각해서 빨간 벽지를 발라 놨으면 어찌 되었을까 싶습니다.
정말이지 빨강 같은 주요 색깔은 폭이 매우 넓다는 것, 그리고 빨강이라는 이름이 얼마나 오
래되고 익숙한 이름인지 새삼 느꼈던 경험이었습니다.

빨강

빨강은 색을 이야기할 때 가장 먼저 떠올리는 색깔이며, 모든 유채색 중에서 맨 먼저 이름이 붙여진 색깔이다. 빨강은 주된 색깔 세 가지(삼원색: 빨강, 노랑, 파랑)를 꼽을 때 첫 번째로 언급되는 이름이며, 원색 중 가장 확고한 위치를 지닌 색이다.

빨강은 눈에 쉽게 띄는 색이며 가시광선의 색 중에서 파장이 가장 긴 색깔로서 파장의 길이는 약 620~750nm이다.

빨강의 이름과 종류

국어사전에서 '빨강'을 찾아보면 '피와 같은 빛깔 또는 그러한 빛깔의 물감'이라고 정의한다. 일반적으로 '빨강'이라고 부를 때에는 선명하고 다른 색이 섞이지 않은 순수 원색으로서의 빨강을 지칭하지만, '붉다'라는 말은 빨강의 범위를 훨씬 더 넓혀 준다. 실제로 두 단어(빨강-붉은) 사이에 뚜렷한 구분은 없지만, 심정적으로 혹은 관용적으로 사용할 때 '붉은색'이 보다 넓은 범위의 색을 포괄한다.

국가표준인증 통합정보시스템에서 색 표준[1]을 찾아보면 빨강의 종류는 다음과 같다.

- 선명한 빨강, 밝은 빨강, 진한 빨강, 흐린 빨강, 탁한 빨강, 어두운 빨강, 회적색, 어두운 회적색, 검은 빨강

---

1) '물체색의 색이름'으로 검색하면 찾을 수 있음.

여기서 제시된 빨강의 종류는 9가지 정도이지만, 조금씩 느낌이 다른 빨강을 모두 찾아보면 빨강에 해당하는 색은 훨씬 더 많다. 갈색에 가까운 빨강, 자줏빛 빨강, 주황에 가까운 빨강, 분홍과 비슷한 빨강까지 포함하고 그 각각의 변용까지 고려한다면, 실제 색깔로 구현해 낼 수 있는 빨강은 100가지가 넘는다. 현대 이전의 시기, 즉 근대나 중세, 고대에 사용된 빨강은 대체로 지금보다 더 어두운 빨강이 많고, 갈색에 해당되는 색도 빨강으로 분류하는 것이 대부분이다.

관용 색이름으로서의 빨강은 매우 다양하다. 카민(carmine)과 토마토색이 빨강을 말하며, 밝은 빨강을 일컫는 이름으로 다홍색, 선홍색, 연지색, 홍색이 있고, 진한 빨강은 장미색, 진홍색, 루비색, 자두색, 사과색, 석류색, 꼭두서니 색 등이 있다. 어두운 빨강에 마룬(maroon)색, 버건디(burgundy)색, 와인레드색이 있다. 빨강의 영문은 red이지만, scarlet과 crimson도 빨강을 가리킨다. scarlet은 진한 주황에 가깝고, crimson은 자주색에 가깝다. 그리고 turkey red는 밝은 빨강, oxblood는 거무칙칙한 진한 빨강을 말한다.

선홍색	진홍색	벽돌색	장미색	토마토색
홍색	카민	와인레드색	마룬색	버건디색

명칭으로서 빨강을 살펴보자.

- 빨강, 빨간색, 빨갛다, 새빨갛다, 시뻘겋다, 뻘겋다, 발갛다, 붉다, 검붉다, 불그스름하다, 발그레하다, 불그죽죽하다.

빨강이 사용된 어휘나 표현 용례는 다음과 같은 것들이 있다.

'새빨간 거짓말'이란 누가 보더라도 확연하게 거짓말인 것을 알 때 쓰는 표현이다. 거짓말이 왜 붉을까? 분명하고 두드러지기 때문일 것이다. 사실인지 거짓인지 어슴푸레하게 알 수 없는 경우에는 '새빨간' 거짓말이라고 하지 않는다. 분명하고 확실한 경우에만 그렇게 말한다. 빨강이 분명하고 두드러지는 것처럼 말이다.

이번에는 빨강의 느낌이 생생한 시를 살펴보자. 빨간 산수유 열매로 부성애를 느끼게 해 준 김종길 시인의 〈성탄제〉이다.

성탄제

김종길

어두운 방 안엔
바알간 숯불이 피고,

외로이 늙으신 할머니가
애처로이 잦아드는 어린 목숨을 지키고 계시었다.

이윽고 눈 속을
아버지가 약(藥)을 가지고 돌아오시었다.

아, 아버지가 눈을 헤치고 따 오신
그 붉은 산수유 열매

나는 한 마리 어린 짐승,
젊은 아버지의 서늘한 옷자락에

열로 상기한 볼을 말없이 부비는 것이었다.

이따금 뒷문을 눈이 치고 있었다.
그 날 밤이 어쩌면 성탄제의 밤이었을지도 모른다.

어느 새 나도
그 때의 아버지만큼 나이를 먹었다.

옛 것이란 찾아볼 길 없는
성탄제 가까운 도시에는
이제 반가운 그 옛날의 것이 내리는데,

서러운 서른 살 나의 이마에
불현듯 아버지의 서느런 옷자락을 느끼는 것은,

눈 속에 따 오신 산수유 붉은 알알이
아직도 내 혈액 속에 녹아 흐르는 까닭일까.

빨강의 의미

긍정적 의미	부정적 의미
피, 생명 열정, 정열, 활력 힘, 에너지, 운동 젊음, 정력, 적극성, 능동적, 외향적 행복, 기쁨, 환희 사랑, 섹스, 에로스 태양, 불, 열 유혹, 욕망 권력, 권위 영원 진취적, 애국적 자유	증오, 분노 고통, 상처 위험, 금지, 경고 흥분, 충동적, 공격성 시끄러움, 소음, 광란 혁명, 전쟁 공산당, 사회주의, 노동운동

빨강은 첫눈에 강렬하다. 빨강은 뜨겁고, 두드러지며, 생기가 있고, 열정적이다. 빨강은 뒤로 물러나는 색깔이 아니라 앞으로 돌진하는 색깔이기 때문에 그 주변의 다른 색으로부터 자신을 돌출시키는 특징이 있고, 주목 받으며 사람들의 이목을 끌 수 있다. 그래서 빨강은 매력적이면서 감각적인 색이지만, 동시에 부담스럽거나 질린다는 느낌과 촌스럽다는 느낌을 불러일으킨다.

국어사전에서 빨강을 '피의 색깔'이라고 할 만큼, 빨강의 의미와 상징에서 핵심은 빨강이 피의 색이라는 것이다. 그래서 빨강은 생명의 색이라는 이미지를 가진다. 빨강에서 느끼는 생기와 온기는 피에서 비롯된 것이다. 적십자의 상징에 빨강이 쓰인 것도 생명의 색으로서 사용된 것이다. 또한 피에서 연상된 것으로 빨강은 희생 및 위험이라는 의미도 가진다.

빨강은 적극적이며 역동적인 색이다. 다른 어떤 색보다도 빨강이 역동적이다. 아무런 형태가 없더라도 빨갛게 칠해진 표면은 뭔가 두근두근하는 느낌, 움직이는 것 같은 역

3-1 눈에 쉽게 띄는 공중전화 부스

동성을 느끼게 한다. 왜 산타클로스는 빨간 옷[2]을 입고 나타나는 것일까? 몰래 선물을 주는 것이 주된 목표라면, 좀 더 눈에 덜 띄는 색을 입어야 하지 않았을까? 마찬가지로, 루돌프 사슴 코는 왜 빨강인데 빛이 나는 걸까? 정말로 앞을 비추는 밝은 빛이 나려면 전구처럼 흰색이거나 노란색이라야 하지 않을까? (전구의 색은 주광색과 전구색, 즉 흰색과 노란색 두 가지가 대표적이다.) 이에 대한 대답은 빨강이 전달하는 적극적인 즐거움에 있다. 사뭇 색깔이 죽어 버린 무채색 겨울에 홀로 즐거이 빛나는 빨강을 보라. 움츠러들었던 마음에 수만 개의 전구가 켜지듯, 수천 개의 종이 울리듯 즐거운 느낌을 가지게 되기

---

2) 산타클로스의 옷이 빨간 이유에 대한 또 다른 설명은 산타클로스의 원형이라 할 수 있는 성 니콜라스(Saint Nicoals, 270~343)가 4세기의 그리스 정교회 주교였기 때문이다. 이 당시의 주교들은 주로 붉은색 사제복을 입었다.

때문이다. 색깔이 전반적으로 줄어드는 겨울에 빨강을 사용하면 그 느낌이 더욱 강력해
진다. 여름에 입은 빨간 원피스보다 겨울의 빨간 원피스가 더 두드러지는 것은, 겨울철
색깔이 여름보다 담담하기 때문이다.

빨강은 열정의 색이고, 사랑에서 증오까지 강렬한 감정을 상징한다. 사랑과 증오는 동
전의 앞뒷면과 같은 것이라서 색깔에서도 유사하게 사용될 수 있다. 대체로 갓 시작된
열정적인 사랑을 채도가 높은 순수 빨강, 혹은 빨강에 흰색이 섞여서 명도가 높아진 진
분홍과 연분홍 등으로 나타낸다. 사랑에 빠진 연인들이 가장 많이 선물하는 꽃의 색깔
을 떠올려 보면 쉽게 이해할 수 있다. 빨간 장미 다발과 선물은 고백의 정석에 나오는
소품들 아닌가 말이다. 그에 비해 증오는 빨강에서 톤 다운된 검붉은색으로 표현할 수
있다. 색깔을 조합해서 사용한다면, 증오는 빨강, 검정 그리고 노랑을 섞어 주는 조합으
로 상징한다.

3-2 찾기 쉬운 소화전

빨강은 뜨거운 느낌을 가지고 있
다. 뜨거운 난색계열은 빨강과 주황,
노랑까지 이어지며, 차가운 한색계
열은 파랑과 보라, 청록을 들 수 있
다. 뜨거운 느낌은 일상생활의 물건
에서도 통용된다. 수도꼭지에서 빨
강은 뜨거운 물을 의미한다.

또한 빨강은 불의 이미지를 가지
고 있다. 엄밀히 따지면 불꽃의 실
제 색깔은 불꽃의 온도에 따라 달라
지며 푸른색으로부터 노란색에 이
르기까지 다양한 색으로 나타난다.
그러나 사람들이 불꽃을 묘사할 때
흔히 사용하는 색은 빨강, 주황, 노
랑이다. 빨강과 불의 연상으로 인해

3-3 레드카펫이 깔린 앨라배마 주지사 관저

소방서와 소방차, 소화전은 모두 빨강을 사용한다. 이렇게 사용된 빨강은 멀리서도 쉽게 알아볼 수 있고 한눈에 들어온다는 장점이 있다.

빨강은 유혹과 욕망의 의미로도 사용된다. 섹시한 느낌을 주는 관능적인 치장에 빨강이 빠질 수는 없다.

빨강은 권위와 권력에 대한 상징이기도 해서 귀한 자리에서 접대하고 환영할 때 레드카펫을 깐다. 레드카펫은 해외 사절이 방문하거나 공식 행사에 입장하는 공인과 유명인을 환영하는 보행로에 깔린다. 레드카펫의 유래를 찾아보면, 그리스의 극작가인 아이스킬로스가 쓴 비극 '아가멤논'에서 나왔다고 한다. 그 이야기에 따르면, 그리스의 도시국가 아르고스의 왕 아가멤논이 트로이전쟁에서 마침내 승리하고 10년만에 귀환할 때, 부인은 그를 환대하기 위해 '신의 길'을 상징하는 붉은 카펫을 깔고 맞이했다고 한다.

필자에게 빨강이 인상적이었던 장소 중에 오스트리아의 프로이트 박물관(Sigmund

3-4 오스트리아 프로이트 박물관 외관

Freaud Museum)이 기억난다. 프로이트 박물관은 프로이트가 제2차 세계대전 이후 영국으로 이주하기 전까지 살았던 집을 박물관으로 공개한 곳이다. 바깥 외벽에 'FREUD'라고 쓴 빨간 간판부터 인상적이다. 박물관 내부는 대부분 그의 유물과 출판물들이 전시되어 있다. 대기실에는 예전 프로이트 시절에 사용하던 빨간 소파가 있었다. 색이 바랜 것을 감안한다면 실제 사용되던 당시에는 좀 더 분명한 색이었을 듯하다. 물론, 그 당시에 가구가 선택의 폭이 넓지 않았을 것으로 생각되지만, 그래도 여러 색깔들 중에 빨강을 선택했던 이유가 있을까? 권위와 권력의 상징으로 읽힐 수도 있고, 접대와 환영의 의미도 있을 듯하다. 프로이트에게 분석받기 위해 찾아온 환자들은 그의 권위와 권력을

3-5 빨강 커튼이 드리워진 곳은 함부로 들어가기가 어렵다

믿고 자신의 내면을 들여다볼 용기를 얻지 않았을까? 더욱이 그 당시 사회적 분위기 때문에 억압이나 억제에 익숙해져 있던 환자들은 빨간 소파 위에 앉아 기다리면서 자신의 내면에 잠든 힘과 열정을 일깨웠을 수도 있다. 결국 정신분석에서 하려고 하는 것은 인간의 참된 진실을 찾아가는 것일 테니 말이다.

한편, 빨강은 정지, 위험, 경고의 의미도 가지고 있다. 만국 공통으로 신호등에서 '정지'를 의미하는 색은 빨강이다. 그리고 빨강은 위험물을 가리킬 때에나 출입금지 표시, 사용 불가를 나타낼 때 사용되고, 운동 경기에서 퇴장을 의미하는 레드카드에도 사용된다.

빨강은 사람들의 마음을 흥분시키는 효과가 있기 때문에 충동적이거나 공격적인 뉘앙스를 가지게 된다. 또한 혁명이나 전쟁을 의미할 때 빨강을 쓰기도 한다. 특히 빨강은 정치적인 변혁기나 새로운 운동을 일으킬 때 의미 있는 색으로 사용되었다. 1834년 프랑스 리옹에서 비단 직조공들이 노동자 운동을 주도하였고, 그때 사용한 깃발이 빨간 자유의 깃발이었다. 1907년 러시아혁명이 일어났을 때 빨간 깃발은 사회주의와 공산주의를 상징하는 깃발이 되었다. 빨강은 마르크스-레닌주의를 상징하는 정치적인 의미도 띠고 있다. 그래서 우리나라 사람들이 공산주의자를 가리킬 때 '빨갱이'[3]라고 부르는 것도 색깔에 담긴 의미가 있다.

다양한 문화권에 사용된 빨강

중국은 빨강을 상당히 좋아한다. 붉을 홍(紅), 붉을 적(赤), 붉을 주(朱) 등의 세 글자를 사용한 용례만 보더라도 그러하다.

- 홍장(紅裝): 아름다운 여성의 화장
- 홍안(紅顏): 아름다운 여성의 얼굴
- 홍인(紅人): 중요하고 높은 사람
- 홍성(紅星): 연예계의 최고 스타
- 홍가수(紅歌星): 유명한 가수
- 홍포(紅包): 홍빠오. 특별 상여금. 명절 때 아이들에게 주는 돈인데 빨간 봉투에 넣

---

3) '빨갱이'의 어원에 대해서는 '빨치산'에서 유래했다는 설명이 있다. 빨치산은 정당의 당원을 뜻하는 '파르티잔 (Partisan)'을 거칠게 발음한 데서 생긴 말이며 빨강이라는 색과는 상관이 없다.

어서 준다.[4] 특별 상여금이 홍빠오가 된 이유는 경사가 있는 집에서 요리사 등의 고용인에게 주는 돈을 빨간 천 혹은 종이에 싸서 줬기 때문이다. 이렇게 빨간 천에 싸서 주는 돈은 건강과 행운을 기원하는 의미도 담고 있다. 이후에 의미가 변용되어 뇌물이라는 뜻으로도 사용되고 있다.

- 개문홍(开门红): 사업의 순조로움
- 홍광만면(紅光滿面): 얼굴에 붉은빛을 띠고 있다는 뜻으로, 사람의 얼굴색이 좋고 건강하다는 것을 의미
- 적자(赤子): 중국 백성을 이르던 말로서 임금이 백성을 갓난아기처럼 여겨 사랑한다는 뜻으로 사용됨
- 주작(朱雀): 중국설화에 등장하는 하늘의 4신(청룡, 백호, 현무, 주작) 중 하나이며, 동서남북에서 남쪽의 수호신을 의미

중국은 황금색(혹은 노랑)과 빨강을 가장 고귀하게 여기는데, 황금색은 황실에서만 쓸 수 있으므로 그 외의 사람들은 행운과 부귀, 기쁨을 표현하기 위해 빨강을 사용하였다.

현대 중국 사회에서도 여전히 빨강이 압도적으로 많이 사용된다. 플래카드나 깃발을 만들면 거의 예외 없이 빨간색이다. 빨간 바탕에 흰 글자, 혹은 빨간 바탕에 노란 글자를 사용한다. 민간에서 주도하는 모임이든 정부기관에서 주도하는 행사든 거리에 걸리는 플래카드는 모두 빨간색을 쓴다. 특별한 행사가 있는 날이면 크기와 숫자에서 압도적인 양을 선호하는 중국인들은 '온통 붉은 거리'를 만든다. 그것은 수많은 사람들이 동시에 빨간 깃발을 들고 흔들어서 그런 것일 수도 있고, 모두가 빨간 모자를 썼거나 빨간 옷을 입어서 그런 것일 수도 있다.

해외에 있는 차이나타운도 빨강과 금색(노랑)으로 쉽게 알아볼 수 있다. 3-6의 빨강과 노랑은 중국 거리라는 것을 보여 주는 확연한 색깔 상징이다.

---

4) 중국에서는 돈을 봉투에 넣어 줄 때 흰 봉투에 넣지 않는다. 흰색 봉투에 넣은 돈은 죽은 사람에게 주는 것이라고 여긴다.

3-6 차이나타운의 빨간 깃발

　중국에서 큰 명절인 설날과 춘절이 되면 길거리는 모두 빨강으로 덮인다. 시장과 노점상은 빨간색 물건으로 가득 찬다. 속옷과 양말, 겉옷까지 온통 빨강으로 된 옷을 쉽게 볼 수 있고, 폭죽도 많이 파는데 모두 빨간색이다. 문 앞에 붙이는 글귀(춘리엔. 우리나라에서 봄이면 '입춘대길'이라고 써서 문에 붙이는 것과 비슷하다.)도 빨간색에 적힌 것들 일색이다. 공예품을 파는 곳에 가득한 홍등과 빨간 양초, 빨간 띠 등은 중국인들이 가진 빨강에 대한 애정을 보여 준다. 중국에서 빨강은 귀신을 몰아내며 행운을 가져다준다고 여겨질 뿐 아니라 재물을 불러오고, 경사스러운 일을 상징한다. 그래서 설날에 빨간 띠와 황금색 글씨로 한 해의 안녕과 행운을 빌고 아이들에게는 홍빠오를 준다. 그리고 허리에는 자신이 태어난 해에 해당하는 띠를 둘러서 액땜을 하는데, 이 역시 빨간색으로 만든다.

　전통 결혼식 복장 역시 빨간 옷이며, 가마도 빨간색이다. 오늘날 사용하는 청첩장 역

3-7 중국의 춘절 거리

3-8 중국 춘절의 빨강 공예품

시 빨간색이다. 결혼식이 끝난 뒤 하객들에게 선물하는 답례품은 대개 사탕인데, 역시 빨간 포장지에 싸인 사탕을 선물한다.

빨강이 들어간 인테리어도 유난히 많아서 벽지와 벽면 색깔, 커튼 색깔, 이불 색깔 등에 진하고 담대한 빨강을 자주 사용하며, 전통적으로 집 대문과 기둥 역시 빨강을 사용한다. 우리에게는 낯선 풍경이지만, 중국에서는 침대와 커튼 색이 전부 빨강인 것을 종종 볼 수 있다. 빨간 침대보와 빨간 커튼은 특히 여인들이 출산을 할 때 악으로부터 보호해 준다는 믿음 덕분에 더 많이 사용되었고, 빨간색 침대를 사용하는 것은 부의 상징이기도 했다.

이렇듯 빨강에 대한 강력한 선호가 있어서, 중국의 국기가 빨간색인 것이 하등 이상한 일이 아니다.

물감 회사로 유명한 신한물감에서 제작한 빨강 유화물감의 이름은 'Chinese red(중국의 빨강)'이다. 선명하고 아름다운 빨강이다.

중국과 인접한 지역에서도 빨강을 선호한다. 중국에서 발달한 이론 중에 동서남북 방위와 색깔을 결합한 오방색 이론에서 빨강은 남쪽이다. 베트남은 남북으로 긴 나라인데, 베트남의 북서부에 위치한 고원도시 사파(Sa Pa)에는 레드 자오족(Red Dzao)이라는 소수민족이 산다. 이들은 '홍'이라는 붉은 모자 혹은 두건을 쓰고 비단실을 이용해서 만든 자수 공예품을 판매하며 살아간다. 그리고 이들은 결혼을 하면 눈썹과 머리를 뽑아내는 풍습이 있고, 나이가 들수록 더 큰 빨간 모자를 쓴다고 한다. 사파가 지리적으로 중국과 매우 인접해 있는 것을 생각해 보면, 빨강에 대한 선호는 중국의 영향일 수 있다.

인도 북부에서도 힌두교를 믿는 여성들은 헤나[5] 염색으로 손을 치장하는데, 그러한 치장은 특히 결혼식을 앞두고 행복을 염원하는 의미로 한다. 이 염색은 문신처럼 영구적인 것이 아니며 한번 하게 되면 대략 1~3주가량 유지되는데, 손을 얼마나 자주 씻느

---

5) 헤나(Henna)는 인도를 비롯해서 파키스탄, 네팔, 스리랑카, 이집트 등에 자생하는 부채꽃과의 열대성 관목이다. 일반적으로 그 잎을 말려서 가루로 만들어 머리카락 염색과 바디페인팅, 손톱관리 등의 미용 목적과 피부병 치료를 위한 의료 목적으로 사용한다.

3-9 행복을 염원하는 헤나 염색

냐에 따라 더 빨리 지워지기도 한다. 천연 헤나 염색은 무늬가 붉은색을 띠는데, 빨강이나 주황, 혹은 적갈색 정도로 나타난다. 만약 손에 검은색으로 헤나 염색이 된 경우라면 천연 염색제가 아니라 화학적인 염색제를 사용한 것이다. 헤나 염색으로 손이나 발등의 신체 부위에 무늬를 그려 넣은 전통적인 미술을 '멘디(Mehndi)'라고 부른다. 오늘날에는 인도뿐 아니라 서양에서도 패션의 하나로 헤나 염색을 하곤 한다. 특히 가수 마돈나를 비롯한 연예인들이 헤나 염색을 한 이후로 널리 알려졌고, 대중에 전파되었다.

　우리나라에서 빨강의 사용은 왕의 용포와 신부의 혼례복에서 두드러진다. 동양 문화권에서는 전통적으로 신부들의 혼례복이 빨강인 경우가 많다. 우리나라를 비롯하여 중국, 베트남, 인도네시아, 북인도 등 아시아의 여러 나라들에서 결혼하는 신부는 빨간 혼례복을 입었다. 악귀를 물리치고 행복한 결혼 생활을 염원하는 마음을 담은 색깔이다. 결혼하는 신부의 얼굴에 빨간 연지곤지를 찍은 것도 같은 의미다. 빨강이 액운이나 나쁜 기운을 물리쳐 주기를 염원하는 마음과 새 신부가 건강하게 결혼 생활을 하기를 바라는 마음에서 건강한 혈색과 같은 빨간 연지곤지를 찍는 것이다.

빨강은 사악한 악령으로부터 사람들을 보호해 주는 색이라고 믿었으므로, 부적을 쓸 때에는 빨간 글씨로 쓴다. 특히 부적은 닭의 피로 썼다고 하는데, 닭은 새벽을 알리는 동물이고 새벽은 어둠과 밤을 끝내는 시간이기 때문이다. 귀신을 쫓아내고 건강을 기원하는 빨강은 '옻칠'이라는 우리나라 전통 공예를 통해서도 전승되어 왔다.

그리고 우리나라에는 동지섣달에 팥죽을 먹는 풍습이 있는데, 이 또한 빨강의 사용으로 이해할 수 있다. 동지는 1년 24절기 중에서 밤이 가장 길고 낮이 가장 짧은 날로 음의 기운이 가장 강한 날이다. 사악한 힘으로부터 사람들을 보호하기 위해 귀신들이 무서워하는 색인 붉은 팥죽을 끓여 먹고 건강과 안녕을 빌었다. 조선 후기 정조 때의 학자 홍석모가 열두 달 행사와 풍속을 정리한 『동국세시기』에도 동짓날에 팥죽을 먹으면서 귀신을 물리쳤다는 내용이 기록되어 있다.

금관가야(가락국)의 건국 신화에도 빨강이 사용되었다. 삼국유사에 적힌 내용을 보면, 금관가야의 아홉 추장들이 김해 구지봉에 모였을 때 하늘에서 붉은 보자기에 싸인 금합이 내려왔고, 그 안에는 황금알 여섯 개가 있었다. 그중 가장 먼저 알에서 나온 사람은 김수로였고, 이후 왕이 되었다. 붉은 보자기의 빨강은 새로운 권력과 나라의 시작을 상징하며, 재앙을 물리치는 의미도 있다.

서양에서 빨강은 남자의 색깔이며 왕의 색이다. 찬란한 금색을 제외하면, 빨강만큼 확고하게 군림하는 색도 없다. 이러한 빨강의 의미는 위대한 왕을 그린 인물화에서 그 인물이 걸치고 있는 빨간 옷을 통해 볼 수 있는데, 루이 14세의 초상화나 나폴레옹의 초상화에도 종종 등장한다. 혹은 종교화에서 예수가 걸친 빨간 겉옷에서도 볼 수 있다. 기독교에서 빨강은 예수의 피를 상징한다. 중세부터 그 이후에 이르기까지 기독교인들에게 빨강은 예수의 사랑과 수난, 순교의 의미를 보여 주는 소중한 색이다. 기독교 사제들의 옷 중에 빨강이 있는 것도 비슷한 맥락으로 이해할 수 있다. 상징적으로 보았을 때, 예수의 피를 둘러 쓴 사제들에게는 악한 영들이 범접하지 못할 것이기 때문이다.

서양의 역사에서 여성은 빨간 옷보다는 파란 옷을 입은 것으로 묘사된다. 특히 종교화에서 그러한데, '마리아의 파랑'이라고 부르는 말이 있을 만큼 여성에게는 파랑을 사용했다. 만약 여성이 빨간 옷을 입은 것으로 묘사된다면 대부분 어두운 빨강으로 그려졌다.

근대 이전의 시기에 빨강은 귀하고 중요한 색이었다. 그 이면에는 순수한 빨강을 구현해 내는 염료를 얻기가 어려웠던 점이 크게 작용했다. 빨강이 부자의 색, 권력의 색이 된 데에는 그만큼 빨간 색소가 비쌌던 까닭도 있다. 합성염료가 개발되기 이전에는 동물이나 식물에서 염료를 얻어야 했는데, 빨강은 연지벌레(kermes)라는 아주 작은 벌레에서 얻었다. 연지벌레는 코치닐 선인장이라는 식물의 즙을 빨아 먹고 산다. 이 벌레에서 얻은 색소가 '카르민산'을 주성분으로 하는 빨간 '코치닐 색소'다. 벌레가 워낙 작다 보니 한 마리에서 나오는 색소의 양도 적어서, 빨강 염료 1g을 만드는 데 연지벌레가 155마리나 필요할 정도였다. 따라서 빨간 천의 가격은 비싸질 수밖에 없었다. 연지벌레의 빨강 염료는 오늘날에도 여전히 다양하게 쓰인다.

연지벌레로 인한 해프닝을 하나 소개해 볼까 한다. 한때 우리나라에서 '딸기 우유에 벌레가 들어간다.'라는 소문 아닌 소문이 돌았다. 바로 연지벌레의 빨강 색소를 딸기 우유에 넣는 것 때문에 생긴 말이었다. 엄밀하게 말하면, 벌레가 들어간 것이 아니라 연지벌레에서 추출한 착색물질이 들어간 것이다. 딸기우유의 원재료명 및 함량 표시에 적힌 '코치닐 추출색소'가 바로 그것이다. 어쨌거나 벌레를 그대로 넣는 것이 아닌데도 불구하고 '벌레가 들어간다.'는 말에 기겁했다면, 근대 이전의 염색 과정에 대해 우리가 너무나도 무지하기 때문일 것이다. 조금만 생각해 보면 식용이라 하더라도 화학적 합성물질이 들어가는 것보다는 벌레(든 벌레의 추출물이든)가 들어가는 게 몸에는 더 좋지 않을까?

우리나라에서 전통적으로 추출한 빨간 염료는 '꼭두서니'라 불리는 식물에서 추출한다. 옷을 붉게 물들이는 염료로 손쉽게 구할 수 있는 식물이 꼭두서니인데, 이것으로 염색한 경우 탈색이나 변색이 별로 없어 쓰임새가 좋다.

세계 여러 나라의 국기 색깔

전 세계적으로 250여 개 나라가 있는데, 부분적으로 빨강을 사용한 것까지 포함하면 거의 대부분의 국기에서 빨강이 사용된다. 빨간 바탕에 흰색 십자가가 있는 스위스 국기와 덴마크 국기, 빨간 단풍잎이 있는 캐나다 국기, 흰 바탕에 빨간 동그라미가 있는 일본 국기, 빨간 바탕에 노란 별이 있는 중국 국기 등은 빨강이 압도적으로 사용된 대표적인 경우다.

• 아시아 국기에서의 빨강

우리나라 태극기에서 빨강은 음양의 양(陽)을 상징하고, 존귀의 의미로 사용된다. 일본 국기에서 빨강은 태양을 의미한다. 중국과 북한, 베트남 등은 모두 공산국가이므로 국기에 사용된 빨강은 공산주의 혁명과 승리를 의미한다. 중국의 국기인 오성홍기는 이름 그대로 다섯 개의 별이 있는 빨간 깃발이다. 다섯 개의 별이 상징하는 바는 큰 별(중국 공산당)의 인도 아래 있는 4개의 작은 별(4계급-노동자, 농민, 소 부르주아, 민족 부르주아)을 뜻하며, 붉은색은 혁명을 상징한다. 북한의 국기는 파란색과 빨간색이 흰색 줄로 구분되어 있고 그 중간에 흰 동그라미 속에 빨간 별이 있다. 베트남 국기는 금성홍기라고 하는데, 빨간 바탕에 커다란 노랑 별이 있다. 여기에서도 별은 공산당을 의미한다.

• 유럽 국기에서의 빨강

유럽의 국기에는 대부분 빨강이 들어 있다. 스위스 국기는 빨간 바탕에 하얀 십자가가 있다. 덴마크 국기 역시 빨간 바탕에 하얀 십자가인데, 십자가의 위치가 조금 더 좌측으로 위치했으며 십자가 팔의 길이가 가장자리까지 이어져 있다. 이러한 덴마크 국기는 1219년부터 사용되었다고 하며 세계에서 가장 오래된 국기다. 노르웨이 국기는 덴마크 국기와 유사한데, 빨간 바탕에 흰 십자가가 길게 있고, 그 안에 다시 파란 십자가가 있다. 아이슬란드 국기는 노르웨이와 형태가 동일하고 색깔이 다른데, 파란 바탕에 흰 십자가, 그리고 그 안에 빨간 십자가가 있다. 영국 국기는 유니언기(Union Flag)이며 파랑 바탕에 두 개의 십자가가 겹친 모양이다. 똑바로 선 십자가와 비낀 십자가가 겹쳐져 있으며 모두 흰 줄 안에 빨간 줄이 있다. 프랑스와 이탈리아는 모두 세 가지 색깔을 사용한 3색기다. 프랑스 국기는 세로로 파랑, 흰색, 빨강이 있다. 이탈리아 국기는 세로로 녹색, 흰색, 빨강이 있다. 가로로 삼색기인 국기를 가진

나라로는 유럽에서 독일과 네델란드, 룩셈부르크, 리투아니아, 크로아티아, 슬로바키아, 불가리아, 헝가리 등이 있다. 이들 국기는 모두 세 가지 색 중 하나에 빨강이 사용되었다. 세 줄의 띠를 사용했지만, 두 가지 색으로 된 국기 중에서 오스트리아(빨강 두 줄, 흰색 한 줄)와 스페인(빨강 두 줄, 노랑 한 줄)의 국기는 모두 빨강을 사용하였다. 두 줄로만 이루어진 국기 중 폴란드 국기는 위쪽에 흰색 줄과 아래쪽에 빨간 줄이 있다. 포르투갈 국기는 세로로 두 줄이 있는데 초록과 빨강을 사용한다.

• 아프리카 국기에서의 빨강

아프리카 국기의 특징은 녹색을 사용한 국기가 많다는 점이다. 빨강과 노랑, 녹색을 혼합하여 사용한 경우가 대부분이다. 아프리카에서 거의 유일하게 독립을 유지했던 에티오피아의 경우 녹색, 노랑, 빨강으로 바탕이 구성되었다. 그 외의 다른 아프리카 국가들의 국기가 비슷비슷해 보이는 것에 대한 한 가지 설명은, 유럽 여러 나라들에 종속되었던 나라들이 독립 이후에 국기를 만드는 과정에서 에티오피아의 국기를 아프리카의 정체성을 보여 주는 것으로 여겼고 자신들의 국기를 만드는 데에 참고했다는 것이다.

• 아메리카 국기에서의 빨강

미국의 성조기는 파랑, 흰색, 빨강을 기본 색으로 사용하고 있다. 캐나다 국기는 흰색과 빨강을 사용하는데, 단풍나무 잎과 그 주변의 세로줄이 빨강이다. 멕시코 국기는 세로로 된 삼색기로 녹색, 흰색, 빨강을 사용하고 중앙에 아즈텍 제국의 건국 신화(독수리가 뱀을 물고 앉아 있는 곳에 도읍을 세우라)를 상징하는 문양이 있다. 남아메리카의 국가들 중에는 세로줄이나 가로줄 국기를 가진 국가들이 꽤 있는데, 이 중 빨강을 사용한 나라는 볼리비아, 에콰도르, 콜롬비아, 베네수엘라, 수리남, 페루, 칠레 등이 있다. 빨강을 사용하지 않은 나라는 브라질과 아르헨티나, 우루과이가 대표적이다.

중국   북한   베트남

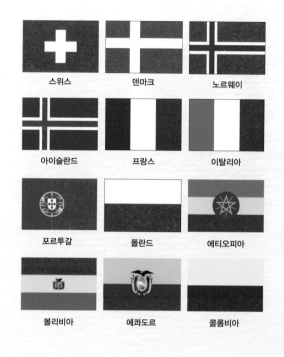

스위스	덴마크	노르웨이
아이슬란드	프랑스	이탈리아
포르투갈	폴란드	에티오피아
볼리비아	에콰도르	콜롬비아

일상생활에서 만나는 빨강

일상에서 만나는 빨강의 대표적인 예는 피와 살이다. 살이 붉게 보이는 것은 피 때문인데, 피와 살을 분리하지 않는 다음에야 살도 붉은색이다(셰익스피어의 『베니스의 상인』에서 샤일록이 피 없는 살을 가져가지 못했던 것을 떠올려 보자). '살점'이라거나 '고깃덩어리'라는 단어를 들었을 때 떠오르는 색이 붉은색이라는 것은 의심의 여지가 없다. 선혈에서 보이는 선명한 빨강은 시간이 흐르면 탁하고 어두운 자주색으로 바뀐다. '빨강'과 '생명'을 연관 짓게 되는 것은 이러한 변화와도 일맥상통한다.

생기를 잃은 사람에게 다시금 활력을 되찾도록 도울 때 빨강을 쓸 수 있다. 눈에 띄는 빨강이 부담스러울 경우 속옷으로 빨강을 사용할 수 있다. 우리나라 풍습에서 첫 월급을 받은 자식이 부모를 위해 빨간 내의를 선물로 사 오는 것은 간접적으로 색채의 효과를 누리고 있었음을 보여 준다.

빨강은 무지개의 첫 번째 색이고, 빨강 스펙트럼 옆에는 적외선이 있다. 적외선은 치료에 사용되는 광선으로 살균과 소독 작용이 뛰어나다. 빨강 색소에 치료의 효과가 있다고 믿었던 중세 및 근대의 믿음은 적외선에 가까운 가시광선의 색이라는 점에서 의미가 있다.

빨강은 항산화 작용[6]을 하는 식품의 색깔이기도 하다. 항산화 성분은 델피니딘, 펠라르고니딘 등의 안토시아닌계 색소이다. 앞서 〈산수유〉 시를 통해 잠시 소개했지만, 붉은 나무 열매 중에는 건강과 장수를 돕는 것들이 많다. 석류, 산수유, 오미자, 복분자 등이 이에 해당한다. 과일 중에서도 붉은 과일(토마토, 사과, 체리, 딸기 등)은 그 껍질에 붉은 색소가 있어서 항산화 작용을 한다. '빨간 무'[7]라고 불리는 비트도 건강식품으로 사랑받는다.

일반적으로 빨강과 주황 등 붉은 계열의 색은 식욕을 왕성하게 한다. 이는 따뜻하거나 뜨거운 음식에서 연상된 것이기도 하다. 식당의 인테리어에서 빨강 계열 색을 사용하거나, 혹은 식당의 전구 불빛을 주광색[8] 대신 전구색으로 하는 것도 그러한 이유에서다.

빨강은 자극적인 속성도 있다. 고춧가루(태양초)와 고추장의 색이며, 향신료로 사용되는 칠리 소스, 케첩, 타바스코 소스 등도 빨간색이다. 이들 빨간 소스류는 그게 없이는 음식이 심심해지는 느낌을 준다. 흥미로운 사실 한 가지는, 요리에서 음식의 색이 빨갛게 되면 보다 더 구미를 당기는 음식이 된다는 점이다. 그래서 어떤 요리에서 고춧가루를 넣는 이유가 고춧가루의 맛 때문이 아니라 단지 색깔을 빨갛게 하기 위함일 때가 있다. 즉, 색깔로 맛을 느끼게 하는 것이다. 색상으로는 빨강이 식욕을 돋우고 배고픈 사람들의 마

---

6) 우리 몸에 해로운 산화작용을 억제하는 것. 활성산소의 활동을 억제함으로써 노화를 방지하고 각종 질환의 발생을 억제한다.
7) '빨간 무'는 경우에 따라서 당근을 지칭하기도 하지만, 최근에는 주로 비트를 가리킨다.
8) 전구의 불빛은 오렌지 빛을 띠는 '전구색'과 흰색 빛의 '주광색', 아이보리색의 '백색' 등이 있다.

음을 강렬하게 사로잡는다는 것을 부인할 수 없다. 참고로, 매운 것은 '맛'에 해당되지 않지만 매운 것을 사랑하는 우리나라 사람들의 입맛은 '매운 맛'에 격하게 반응한다.

식품을 담는 용기로 빨강을 쓰는 것도 전통적으로 많이 사용하는 방법이다. 장수식품이라 해도 되는 새우깡을 비롯해서 꿀꽈배기, 꼬깔콘, 꽃게랑, 짱구 등의 과자봉지라든가, 코카콜라와 같은 탄산음료의 용기와 로고는 빨강으로 우리 뇌리에 각인되어 있다. 이처럼 빨강은 음식물 자체의 색이 아닌 경우에도 그 식품의 포장에 사용되었을 때 효과적으로 노출을 유도하고 소비자들의 시선을 끈다. 로고에서도 마찬가지 효과가 있는데, 실제 콜라 색깔은 빨강이 아니지만 광고 이미지 덕분에 코카콜라는 빨강의 속성, 즉 강렬함과 짜릿함을 가지게 되었다. 빨강 음식물에 빨간 포장지라면 더 말할 나위 없다. 신라면과 너구리의 빨간 라면 봉지는 너무도 유명하다(삼양라면과 안성탕면은 주황색, 참깨라면은 노란색 봉지다). 신라면 봉지가 연두색이라거나 파랑이라고 상상해 보라. 그렇게 많이 구매했을까 싶다.

팝 아트의 거장 앤디 워홀(Andy Warhol)의 작품 중 〈마릴린 몬로(Marilyn Monroe)〉만큼이나 유명한 작품은 〈캠벨 수프(Campbell's Soup)〉가 아닐까 한다. 외국에서 많은 매출을 기록한 캠벨사의 수프 깡통은 빨강과 흰색을 매치한 컬러 마케팅 상품이다. 실제 내용물은 빨강도 흰색도 아니면서(크림색이나 옅은 갈색 등) 이목을 끌고 구매 욕구를 높이기 위해 사용한 것이다. 그리고 앤디 워홀은 그 색깔이 주는 상품성과 대량생산된 제품 이미지를 더 강조할 수 있게끔 배열해서 팝 아트 작품으로 만들었을 것이다.

이번에는 눈을 돌려 좀 더 넓은 자연에서 만나는 빨강을 살펴보자. 무엇보다 흙의 색깔이 붉은 경우가 있다. 붉은 토양은 철이 산화된 경우 만들어지는 색깔이다. 대표적으로 미국의 그랜드캐년이나 호주의 울룰루(Uluru)가 있는데, 이곳의 흙이 붉은 이유는 함유된 철 성분이 산화되었기 때문이다. 울룰루는 낮에 보아도 붉지만, 석양이 드리울 때 최고로 붉게 물든다. 그래서 울룰루에 가는 사람들은 해가 뉘엿뉘엿 넘어갈 때부터 완전히 어두워질 때까지 그곳에 서서 색의 변화를 보는 것을 최고의 경험으로 간직한다.

3-10 호주 울룰루의 붉은 흙

3-11 호주 울룰루의 석양

3-12 빨간 앵무새

자연 환경에서 만나는 빨강으로 대표적인 것은 동물보다는 식물이다. 동물들 중에는 신체의 일부가 빨간 경우는 있지만(두루미의 머리, 토끼의 눈, 빨간 눈 청개구리의 눈) 몸 전체가 빨간 경우는 관상용으로 기르는 새들 정도에서 찾을 수 있고 야생 동물 중에는 빨강이 많지 않다. 그에 비해 식물은 빨간 꽃과 열매가 헤아릴 수 없이 많다. 장미, 튤립, 꽃양귀비, 카네이션, 맨드라미, 제라늄, 철쭉, 봉숭아, 모란 등등 대표적인 빨간 꽃들은 셀 수도 없다. 빨간 제라늄 화분은 봄에서 여름으로 넘어가는 길목에 있음을 알려준다. 창가에 걸린 제라늄 화분은 집 주인뿐 아니라 지나가는 사람들의 마음도 밝게 해준다. 빨간 열매로는 앵두, 산딸기, 버찌, 산수유, 석류, 선인장의 붉은 열매, 오미자 외에 여러 종류의 나무 열매들(가막살나무, 낙상홍, 덜꿩나무, 딱총나무, 마가목나무, 백당나무, 산사나무, 주목나무, 팥배나무, 피라칸타, 홍자단나무 등)이 있다.

3-13 튤립

3-14 꽃양귀비

3-15 왕겹벚꽃

3-16 제라늄

3-17 장미

　이제 인공적인 물건에 사용된 빨강을 찾아보자. 빨강은 신호등에서 가장 중요한 '정지' 신호를 나타내는 색이며, 위험이나 경고를 알리는 도로 표지판에서 가장 많이 사용된 색이다. 길을 안내하는 표지판은 어두운 녹색 바탕에 흰색을 사용하지만, '서행' '금지', '주의' 등을 나타내는 경고 표지판은 빨간 띠에 둥근 형태 혹은 삼각 형태를 사용한다.

　실수를 교정할 때 빨강으로 표시해 두면 쉽사리 잊지 않는다. 평가된 종이에 빨강이 많을 경우 자존심에 상처를 내기도 한다. 다른 색으로 표시된 지적 사항에 대해서는 상대적으로 상처를 덜 받는다.

　빨간 자동차는 누구나 한 번쯤 가져 봤으면 하는 색깔의 자동차이면서, '질리면 어떡하지?' 하는 걱정을 불러일으키는 자동차 색깔이다. 생각해 보면, 다른 색의 차도 어차피 한번 정하면 오래도록 타는 것 아닌가? 하지만 다른 색깔의 자동차(회색, 검정, 흰색)에 대해서는 그 색깔로 차를 샀을 때 질릴 것에 대한 걱정을 거의 하지 않는다. 유독 빨간 자동차에 대해서만 질릴까 봐 걱정한다.

　운송기관에 빨강을 사용하는 경우는 속력에 대한 강조보다는 매력을 강조하기 위함이다(가장 빠른 속도감을 느낄 수 있게 하는 색깔은 은색이다). 자동차든 배든, 혹은 비행풍선이든 빨강을 사용하면 그 운송기관을 좀 더 매력적으로 보이게 한다. 푸른 바다를 배경

3-18 고전적인 빨간 자동차

3-19 현대적인 빨간 자동차

으로 떠 있는 빨간 배라든가 푸른 하늘을 배경으로 한 빨간 비행풍선은 '나도 한번 타 보고 싶은데'라는 느낌을 가지게 해서 여행객들이 기꺼이 돈을 지불하게 만든다.

3-20 호주 태즈매이니아 호바트 항구에 정착된 빨간 배

3-21 새벽녘에 호주 멜버른 상공을 날고 있는 빨간 비행풍선

3-22 암스테르담의 랜드마크

여행객을 위한 도시의 상징으로 빨강을 사용하기도 한다. 암스테르담은 해마다 690만 명의 방문자들이 찾는 전형적인 관광도시인데, "I amsterdam"이라는 문구를 만들어서 글자를 색으로 구분하여 '나는 암스테르담'으로 읽히도록 센스를 발휘했다. 그리고 거기에 사용한 색은 빨강과 흰색이다.

멀리서도 눈에 띄고 주목 받을 수 있으면서 쉽게 기억하게끔 만드는 대표적인 색상은 원색인 빨강과 노랑이다. 우리나라의 대형 유통업체인 이마트와 롯데마트가 왜 노랑/검정, 빨강/흰색을 각각 대표 로고에 사용했는지 쉽게 이해할 수 있다. 경쟁업체에서 한 가지 색깔을 선점하면 동종 업계의 다른 업체는 차별화되는 색을 쓰는 게 당연하다.

- 이마트의 노랑과 롯데마트의 빨강
- 맥도날드의 노랑과 버거킹의 빨강, 롯데리아의 빨강과 흰색
- 피자헛의 빨강
- TGIF의 빨강과 흰색, 베니건스의 초록과 흰색

건물 색을 빨강으로 하는 경우에 그 건물이 눈에 잘 띄는 것은 말할 것도 없다. 추운 지방일수록 빨간 건물색이 선호된다. 빨강이 주는 온기가 있기 때문이다.

3-23 캐나다 바 유 랜치 유적지[9]의 종마 마굿간

3-24 캐나다 레벨스톡 미술관[10] 건물

---

9) 바 유 랜치(Bar U Ranch)는 과거부터 운영되던 캐나다 목장을 그대로 보존한 곳이다. 위치는 앨버타 주 캘거리 시에서 남쪽으로 한 시간가량 떨어진 곳에 있다.

3-25 추운 겨울을 위한 인테리어

3-26 매혹적인 빨강 구두

---

10) 레벨스톡(Revelstoke)은 캐나다 서부 록키산맥 인근의 작은 소도시인데, 이곳은 지역주민을 위한 미술관으로 주민들의 작품도 종종 전시한다.

북쪽 지방이 아니라도 추운 겨울에 따뜻한 인테리어를 원한다면 빨간 쿠션이나 빨간 러그, 빨간 커튼을 매치해 볼 수 있다(3-25 참조). 아예 가구 색을 빨강으로 할 수도 있는데, 사계절이 분명한 우리나라에서는 여름에 좀 더워 보이지 않을까 싶다.

옷이 빨강인 경우는 상당히 담대하며 도발적이다. 2002년 월드컵에서 전국을 붉게 물들였던 것은 붉은 악마의 빨간 티셔츠였고, 로고는 "Be the Reds!"였다. 성적인 도발을 의미할 때 빨간 드레스만큼 고전적인 유혹도 드물다. 빨강 구두, 빨강 립스틱과 빨간 매니큐어도 마찬가지다. '매혹의 레드'라고 하는 고색창연한 수식 문구는 그런 데서 나오는 게 아니겠는가.

아이들의 장난감에 빨강은 빠지지 않는다. 게임 캐릭터에서도 빨강은 대표적인 색깔이다. '앵그리버드' 게임 캐릭터에서 화난 새의 대표적인 캐릭터는 빨강 새다.

예술작품에 나타난 빨강

빨강은 속되고 탐욕스러우며 육신의 욕구에 충실한 본능을 의미하기도 한다(3-27 참조). 계산대 앞에 앉아서 돈을 살피고 있는 남자는 자신의 욕심을 채워 줄 방도를 찾고 있다. 꼼꼼히 장부를 적는 회계사에게 어떤 방도가 없겠는지 넌지시 떠보는 그 입술은 뭔가 유출되어서는 안 될 비밀스러운 것을 말하는 듯하다. 이리저리 흩어진 동전들은 붉은 옷을 입은 남자의 욕심을 채우기에는 턱없이 적은 양이다. 여기서 빨강은 검정 터번 아래에서 들끓고 있는 육신의 욕구를 느끼게 해 준다.

빨간 살을 느끼게 해 주는 그림도 있다(3-28 참조). 요아킴 보이체래(Joachim Beucke-laer, 1530~1574)의 〈수산시장(Le Marché aux poissons)〉(1568)은 생선을 파는 가게의 모습을 인상적으로 그리고 있다. 빨강을 제외하면 온통 회색과 갈색밖에 없는 이 그림에서 단연코 생선살은 붉은 색깔로 두드러진다. 그림을 보는 사람들에게까지 싱싱한 생선살의 비릿한 냄새가 전해지는 듯하다.

3-27 Marinus van Roejmerswalen.
⟨Les Compteurs d'argent, fin du XVI siècle⟩(1575〜1600년 사이로 추정). 프랑스 낭시 미술관.

3-28 Joachim Beuckelaer. ⟨Le Marché aux poissons⟩(1568).
프랑스 스트라스부르 미술관.

3-29는 프랑스 화가인 펠릭스 발로텅(Félix Vallotton, 1865~1925)이 그린 작품으로 〈물가에서 자는 나부(Femme nue dormant au bord de l'eau)〉(1921)라는 제목의 작품이다. 여인의 꿈이 무엇인지는 알 수 없으나, 머리 아래에 깔고 누운 작은 천의 색으로 보아 무엇인가 강렬한 열망이 잠자고 있는 듯하다. 그 붉은 기운은 여인의 입술과 유두에서 공유되고 있다. 이 그림에서 빨간 천이 없다면 얼마나 심심할 것인가. 아마도 평범하고 한가로운 오후의 낮잠이 되고 말았을 것이다. 하지만 빨간 천 때문에 여인을 둘러싼 초록 잎도 더 크고 어둡게 보이고, 멀리서 흰 배를 타고 노를 젓는 흰 사람들과도 적당한 대조를 이룬다. 잠자는 동안 손을 지그시 눌러 두었던 여인은, 빨간 천 위의 꿈에서 깨고 난 뒤 어떠한 열정적인 모습을 보이게 될까.

3-29 Félix Vallotton, 〈Femme nue dormant au bord de l'eau〉(1921).
프랑스 스트라스부르 근현대미술관.

조각 작품은 평면 회화에 비해 공간 활용의 폭이 넓기 때문에 형태와 크기, 공간감이 핵심 요소가 되고, 색의 사용은 부차적인 문제가 된다. 오히려 조각에서 색채 사용을 줄임으로써 형태와 공간을 더 도드라지게 할 수 있다. 무채색이나 어두운 갈색, 회갈색 사용이 많고 원색이 아닌 색, 톤다운된 색이 많이 사용된 것을 어렵지 않게 볼 수 있다. 그런데 원색 중에서 사랑 받는 색은 다름 아닌 빨강이다.

'모빌'의 창시자인 알렉산더 콜더(Alexander Calder, 1898~1976)의 작품에도 빨강은 두드러진다(3-30 참조). 독일 슈투트가르트의 쿤스트뮤지엄(Kunstmuseum) 앞에 서 있는 콜더의 작품은 초록 나뭇잎을 제외하면 색깔이 절제된 도시의 분위기에 활력을 불어넣는다.

3-30 Calder의 모빌

빨간 조형물로 강렬하게 시선을 사로잡는 또 다른 작품은 원주시 뮤지엄 산[11]에 있는 알렉산더 리버만(Alexander Liberman)의 〈아치 길(Archway)〉(1997)이다. 이 작품은 미니멀리즘 양식의 미술관 건물과 잘 어우러지면서 미술관 입구에서 관람객을 맞이한다. 미술관은 안도 타다오가 설계했는데, 그가 만든 다른 건축물(제주도의 방주교회와 휘닉스 아일랜드, 서울 혜화동 JCC 재능문화센터 등)에서도 미니멀리즘은 뚜렷한데 형태에서 간결할 뿐 아니라 색채의 사용도 극도로 최소화되어 있다. 그 덕분인지 사람 인(人) 형태로 만든 조각 작품의 빨강은 한층 더 빛나는 색채로 관람객을 환영한다. 그 아래에 난네모반듯한 길과 양 옆의 물, 그리고 그 위의 하늘을 함께 바라보면, 이 모든 것을 이어주는 중심에 생명력 가득한 사람을 두고자 했던 것 같다. 물론 실제로 그 미술관을 방문하는 사람들도 포함해서 말이다.

빨강을 감상할 때 인터넷으로 자료를 찾아보기를 추천하는 작품

■ Colin Colahan, 〈Dr. John Dale〉(1934), 호주 멜버른 국립미술관.
왕이나 사제를 제외하면, 빨간 옷을 입은 남자는 흔하지 않다. 20세기 이후로 생산되는 기성복에 빨간색 남자 옷이 거의 없어서 그렇기도 하다. 특별한 이벤트를 위한 빨간색 복장은 간혹 있지만, 일상복에서 빨강은 찾아보기 어렵다. 그러나 빨강이 가지는 담대함과 존엄함은 무게감 있는 중년 남성에게도 썩 잘 어울린다. 이 그림은 빨간 샤워 가운을 걸친 중년 남성이 입에 파이프 담배를 문 채 뭔가를 적고 있는 모습을 보여 준다. 호주 출신 화가인 콜린 콜라한(Colin Colahan, 1897~1987)의 작품으로 그림 속 인물은 존 데일(John Dale)이라는 멜버른 시 보건소장이다. 이 작품에서 가장 눈길을 끄는 것은 대담하게 디테일을 생략했으면서도 사실적인 묘사가 이뤄져 있다는 점, 그리고 무엇보다 과감한 빨강의 사용이다. 저 남자가 평범한 흰색 샤워 가운을 입고 앉아 있다고 상상해 보라. 지금 우리가 느끼는 '작품에 빨려 들어갈 것 같은, 혹은 압도당하는 느낌'은 없을 것이다.

---

11) 뮤지엄 산: 강원도 원주시 지정면 오크밸리2길 260

〈뚱뚱한 자동차(Fat Car)〉(2006)라는 제목의 어윈 부름(Erwin Wurm) 작품은 첫눈에 보더라도 파격적이다. 어윈 부름은 오스트리아의 조각가인데 스포츠카로 유명한 포르쉐 카레라 클래식을 뚱뚱해서 터질 듯이 부풀어 오른 빨간 자동차로 변모시켰다. 아마도 이 작품에서 표현하고 싶었던 것은 소비와 욕심으로 점철된 현대인들의 모습이 아닐까. 그래서 달리고 싶어도 제대로 달릴 수 없는 스포츠카 같은 모습을 보여 주고 싶었던 것이 아닌가 싶다. 다른 차도 아닌 스포츠카가 빨리 달릴 수 없다면, 이미 원래의 목표와 의미에서 한참 벗어난 것일 테니 말이다.

문학 작품들 중에서 빨강의 이미지가 강한 작품들도 꽤 있다. 터키의 오르한 파무크(Orhan Pamuk)는 소설 『내 이름은 빨강(My Name is Red)』으로 노벨문학상을 받았다. 16세기 오스만 제국 이스탄불을 배경으로 하는 이 작품은 세밀화라는 전통회화를 둘러싸고 던지는 묵직한 물음표를 추리소설처럼 다루고 있다. 즉, 서양의 예술이 밀고 들어오면서 원래 존재하던 전통 예술이 말살되는 것에 대해서 의문을 제기한다.

안데르센(Hans Christian Anderson)의 동화 〈빨간 구두(The Red Shoes)〉도 빨강의 이미지가 강렬한 작품 중 하나다. 주인공 카렌은 빨간 구두에 마음을 빼앗겨서 검은 구두를 사라던 할머니에게 거짓말을 하고 빨간 구두를 산다. 그리고 그 구두를 신고 교회에 가서 우쭐함을 경험한 카렌은 이후에 무도회에도 가는데, 구두가 제멋대로 춤을 추기 시작하면서 춤을 멈출 수 없게 되고, 결국 발목을 자르고 난 다음에야 춤에서 벗어날 수 있었다. 여기서 빨간 구두는 검정 구두와 비교되며 금지된 것과 제어할 수 없는 욕망을 의미한다.

'빨간 모자'라는 동화 제목은 주인공 여자아이가 입은 판초 우의를 가리킨다. 왜 파란 모자나 보라 모자가 아니라 빨간 모자일까? 나중에 늑대에게 잡아먹히고 난 다음에도 결국 다시 살아나기를 염원하는 작가의 마음을 담은 것은 아닐까?

만화로도 만들어질 만큼 큰 인기를 누린 『빨강머리 앤(Anne of Green Gales)』을 생각해 보자. 실제로 주인공의 머리색은 붉은 빛이 도는 갈색이지만, '갈색머리 앤'보다는 '빨강머리 앤'이라는 제목이 훨씬 더 감각적이고 매력적이다(실제로도 '빨강머리'라고 불리는 머리색은 채도가 높은 순수 빨강이 아니라 붉은 빛의 갈색이다).

색의 선호

빨강을 좋아하는 사람들도 많지만, 빨강을 싫어하는 색이라고 보고하는 비율도 다른 색에 비해 높은 편이다. 빨강을 싫어하는 사람들은 무슨 이유로 빨강을 싫어하는 것일까? 사실, 빨강에 대해서는 중립적이 되기가 어렵다. 빨강은 그저 평범하게 멀찍이 떨어져 존재하는 색이 아니기 때문이다. 보통 좋아하든가 싫어하든가 둘 중 하나의 반응으로 빨강을 대하게 된다.

우리나라 사람 1,507명을 대상으로 조사했을 때, 빨강을 최고 선호색으로 꼽은 사람은 9.7%, 가장 싫어하는 색으로 빨강을 선택한 사람도 8.3%였다. 남녀를 나누어 살펴보면, 선호색을 빨강이라 답한 여성은 8.9%, 남성은 11.0%였다. 혐오색으로 빨강을 선택한 여성은 6.8%, 남성은 11.0%였다. 즉, 남녀 모두 빨강을 좋아하는 사람이 꽤 되지만, 싫어하는 사람도 그 숫자만큼이나 많다는 얘기다. 그리고 일반적으로 빨강에 대한 반응은 여성에게 더 많을 것이라는 선입견과 달리, 남성의 반응이 더 분명하고 두드러졌다. 가장 좋아하는 색이 무엇이냐고 물었을 때 빨강이라고 대답한 비율은 20대에서 남녀가 비슷했고 50대에서 여성이 높았을 뿐, 다른 모든 연령대에서는 남자가 더 많이 좋아한다는 점이 분명했다. 그리고 가장 싫어하는 색이 무엇이냐는 질문에 대해서는 모든 연령대에 걸쳐 남성들의 대답 비율이 훨씬 더 높았다. 즉, 남자들이 여자들보다 빨강을 좋아하는 사람도 많고 싫어하는 사람도 많다는 것을 알 수 있다.

그렇다면 빨강이 싫은 이유는 무엇일까?

빨강과 관련된 개인적인 경험이 좋지 않은 것이었을 수도 있고, 아니면 너무 강렬하게 치고 올라오는 빨강의 속성 때문에 부담스러워하는 사람들도 있다. 어렸을 때 빨강을 너무 좋아했기 때문에 이제는 빨강이 싫다고 하는 경우도 있다(이렇게까지 한 색깔에 대해

빨강을 좋아하거나 싫어하는 비율

(단위: %)

		10세 미만	10대	20대	30대	40대	50대	60대 이상
여성	선호색	5.9	8.3	11.8	6.0	6.8	11.7	3.4
	혐오색	5.9	10.1	4.8	5.1	8.7	10.4	6.9
남성	선호색	13.3	10.5	11.4	12.3	12.2	6.8	9.0
	혐오색	0	16.3	6.1	11.6	9.2	13.6	18.1

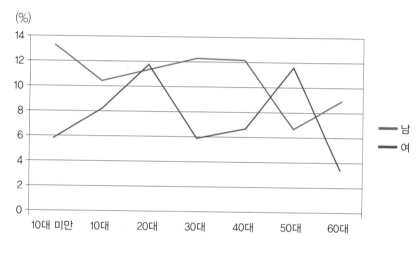

연령에 따른 빨강 선호 변화

서 극단적인 태도를 가지게 하는 경우가 빨강 외에 무슨 색이 있을까?).

빨강이 가진 연상 중에서 '일몰'이 있는데, 해가 뜰 때에도 하늘이 붉게 물들지만 해가 질 때 훨씬 더 붉게 물든다. 그래서 빨강을 싫어하는 사람 중에는 일몰과 연합된 연상으로부터 빨강을 보면서 '시간이 다 되었다', '끝났다'는 감정을 느끼는 경우도 있었다.

3-31 해가 지고 빨갛게 물든 하늘

색의 조화

색은 단독으로 의미를 지니지만, 옆에 다른 색이 함께 제시됐을 때 그 색과의 관계에서 새로운 의미를 가지게 된다. 대부분의 조합은 원래 색의 의미가 강조되거나 변형되는 것이지만, 때로 전혀 다른 의미를 갖게 되기도 한다. 색깔이 가진 느낌과 정서적인 효과를 경험하려면 실제로 눈으로 볼 수 있게 대상의 색을 바꿔 보는 것도 도움이 되고, 아니면 그냥 상상으로 떠올려 봐도 된다. 일상생활에서 보게 되는 물건이나 장면, 풍경이 있을 때, 만약 저 색깔이 아니라 이 색깔이라면 어떨까 하고 상상해 보는 것이다. 의외로 재미있는 경험을 할 수도 있다.

빨강의 보색은 녹색이지만, 심리적으로 빨강의 반대색은 파랑이다. 녹색과 나란히 놓인 빨강은 녹색보다 더 두드러지며 녹색에 비해 우월해 보인다. 그에 비해 파랑과 나란히 놓인 빨강은 서로 대등하거나 비슷한 무게를 지닌다. 파랑은 정신적인 것을 의미하고, 빨강은 육체적인 것을 의미한다. 이 둘의 결합은 이상적인 조화를 의미한다.

빨강은 노랑과 함께 있으면 아이 같이 천진난만한 느낌을 주고 유치하고 발랄한 느낌을 준다. 또한 맛있는 느낌을 주는 반면, 두 색깔의 혼합에서 연상되는 주황의 신맛을 느끼게 할 때도 있다(3-32 참조). 기본적으로 밝은 노랑과의 결합은 빨강이 가진 적극성과 열정, 생명력을 돋보이게 한다. 3-33은 연못의 비단잉어를 찍은 것인데, 먹이를 던져주자 셀 수도 없이 많은 비단잉어가 앞다투어 달려들었다. 이 물고기의 색이 훨씬 더 진하고 어두운 회색 내지는 회갈색이었다고 상상해 보자. 그렇다면, '먹이를 향한 사투' '아비규환'의 느낌이 들었을 것이다. 그런데 색 자체가 발랄한 빨강, 노랑, 흰색의 조합이다 보니 '강인한 생명력'의 느낌이 든다.

3-32 빨간 파프리카와 노란 파프리카

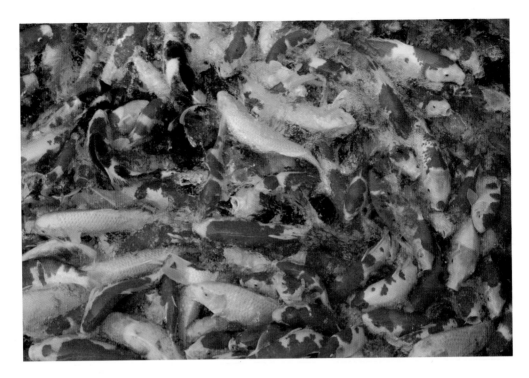

3-33 비단잉어

빨강의 의미를 극적으로 변화시키는 색깔 조합은 빨강-검정 조합이다. 이 두 색깔 조합은 매우 강력하며, 빨강이 단독으로 존재할 때의 의미를 변화시켜 증폭시킨다. 강렬한 분노와 죽을 것 같은 고통, 폭발음이 빨강과 검정의 조합에서 보인다. 빨강과 검정은 그 조합 자체의 특별함 때문에 따로 부르는 명칭이 있다. 바로 'rouge et noir(루주 에 누아르)'이다.

검정과 함께 결합되어 제시되는 색은 원래 그 색의 의미가 무엇이든지 간에 상당히 부정적인 쪽으로 의미가 바뀐다. 빨강만 그런 것이 아니라 대부분의 색이 그렇다. 이것은 검정의 힘이기도 한데, 검정은 색인 동시에 색이 없어진 상태를 보여 주는 것이므로 색의 의미를 부정적으로 퇴색시키는 힘이 있는 것이다.

한 가지 예를 들어 보자. 크리스마스 때가 되면 어린아이들은 산타할아버지가 와서 선물을 주기를 기대한다. 산타할아버지는 빨간 옷에 복슬복슬한 흰색 솜이 붙은 복장

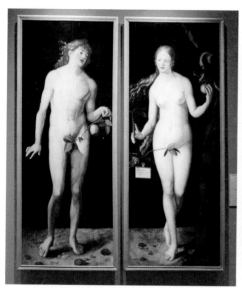

3-34 빨간 벽면의 미술관들

을 하고 있고, 희고 풍성한 수염도 달고 있다. 그런데 만약 그것이 흰색이 아니라 검정색이라면 어떨까? 옷에 붙은 가장자리 부분이나 수염까지 검게 바꾼다면 그 느낌은 어떻게 달라지는가? 마치 커다란 보따리를 지고 있는 도둑처럼 보이지 않겠는가?

검정을 제외한다면, 빨강은 어떤 색과 조합되더라도 기죽지 않고 자신의 색깔을 드러낸다. 빨강은 금색 옆에 놓였을 때 금색의 찬란함을 감당할 수 있는 몇 안 되는 색이기도 하다. 흔히 빨강의 강렬함 때문에 배경 색으로 빨강을 사용하는 경우가 많지 않지만, 무겁고 짙은 색의 그림이 많은 전시장이나 금색이 압도적으로 사용된 그림이 대부분인 전시장의 경우, 그러한 그림들의 무게를 지탱해 낼 수 있는 벽면색은 빨강이다. 3-34를 보면 무겁고 진중한 작품들을 받쳐 줄 수 있는 빨간 벽면의 진가를 느낄 수 있을 것이다.

Chapter 4
분홍

분홍 *Episode*

제가 아들을 키우면서 살펴보니, 이 녀석이 분홍을 가장 좋아하더군요. 주저 없이 분홍을 선택하는 것을 여러 번 봤습니다. 분홍색과 하늘색 다이어리를 사서 둘 중 하나를 고르라고 하면 분홍을 골랐고, 자기 방의 벽지 색깔을 선택하라고 몇 개 보여 주면 "분홍!"이라고 했습니다. 집에서 입는 실내복은 예외 없이 분홍이었구요. 초등학교 들어갈 나이가 되어서 책상을 사면서 서랍 색깔이 몇 개 있다고 했더니 역시 분홍 서랍이 달린 책상을 선택했습니다. 그러다가 선택권이 점점 좁아지는 것을 느꼈는데요, 이를테면, 아동복이나 주니어복에서 남자아이 티셔츠와 바지는 분홍이 거의 없었습니다. 학용품도 마치 '여성용' '남성용'이 구분된 것처럼 색채가 사용된다든가, 신발, 가방, 드론 같은 장난감에도 선택할 수 있는 색깔은 몇 개 없었습니다. 5학년이 되던 해에 신발을 고르는데, 마침내 아들도 파랑 신발을 선택하더군요. 그 옆에 회색 바탕에 분홍 줄이 있는 예쁜 신발이 있었는데도요. 전 그날 살짝 섭섭했습니다. 크고 작은 제품에 만연해 있는 '색을 통한 반복 학습'이 아들에게도 영향을 미쳤구나 하는 생각 때문에요. 그런 것만 아니라면, 우리는 좀 더 분홍을 즐겁게 받아들일 수 있지 않을까 싶습니다.

분홍

분홍은 빨강과 흰색의 혼합으로 밝고 연한 느낌의 붉은색이다. 하지만 분홍을 바라볼 때 빨강과 흰색의 중간색으로 느끼기보다는 독자적인 색으로 바라보는 경우가 대부분이다. 빨강에 비하면 분홍의 명도가 더 높고 채도는 더 낮다.

분홍은 달콤하며 따뜻하고 낭만적이다. 분홍으로 연상되는 이미지로는 여성스러움, 복숭아, 사랑, 귀여움, 신데렐라, 딸기 아이스크림, 소박, 활발, 화사, 신혼, 질투, 희망, 달콤함, 아기자기함, 꽃, 부드러움, 따뜻함, 순진, 연약, 산뜻, 원피스, 어린이, 벚꽃, 촌스러움, 사탕, 한복, 파티드레스, 립스틱 등이 있다. 사랑과 행복, 꿈을 이야기할 때 분홍은 자못 어울리는 색깔이다. 중세에는 왕자의 색으로 여겨지기도 했으나 현대사회에서 분홍은 여성의 색깔로 자리를 굳건히 하고 있다. 여성스럽고 부드러우면서 우아한 인상을 주기 때문에 분홍은 여성의 화장품이나 옷 등에 많이 쓰이는 색이다. 다른 한편으로는 분홍에 대한 사회적인 편견이나 유아동용품을 생산할 때 판에 박힌 듯 남자는 파랑, 여자는 분홍으로 제품을 만들어 내는 것만 아니라면, 분홍은 남녀 구분 없이 사랑할 수 있는 색이다.

분홍의 이름과 종류

분홍은 한자로 粉紅(粉: 가루 분, 紅: 붉을 홍)이다. 붉은 가루라는 것을 보면 빨강의 아류로서 분홍을 언급하는 것이지만, 오늘날의 분홍은 특정 색의 아류라기보다는 독자적인 색깔로서 자리매김하고 있다.

영어 pink에는 분홍색이라는 뜻 외에도 다음과 같은 뜻이 있다.

1. 분홍색, 연분홍색

2. (the pink) 정화(精華), 극치, 절정, 최고의 상태

3. (정치적 성향이) 좌파의

4. (식물) 패랭이꽃속의 총칭(패랭이꽃, 석죽, 카네이션 등).

5. (고어) 멋쟁이, 맵시꾼

6. (속어) (흑인 용어) 백인

국가표준인증 통합정보시스템에서 색 표준을 찾아보면, 분홍의 종류는 다음과 같이 나온다.

- 진한 분홍, 연한 분홍, 흐린 분홍, 탁한 분홍
- 노란 분홍
  - 진한 노란 분홍, 연한 노란 분홍, 흐린 노란 분홍, 탁한 노란 분홍
- 흰 분홍
- 회분홍
  - 밝은 회분홍
- 자줏빛 분홍
  - 진한 자줏빛 분홍, 연한 자줏빛 분홍, 흐린 자줏빛 분홍

분홍의 종류를 크게 둘로 나누면 따뜻한 분홍과 차가운 분홍이 있다. 따뜻한 분홍은 노랑이 가미된 분홍이며, 차가운 분홍은 자줏빛이 가미된 분홍이다.

노란 분홍은 다시 진한 노란 분홍, 연한 노란 분홍, 흐린 노란 분홍, 탁한 노란 분홍으로 나뉜다. 노란 분홍은 예전에 '살색'[1]이라고 불렸던 때도 있었다. 관용 색이름 중에

---

1) 살색이라는 표현은 더 이상 쓰지 않는다. 왜냐하면 살색이라 불리는 노란 분홍이 실제 우리나라 사람들의 피부색이 아닐뿐더러, 다양한 인종이 가진 피부색에 대해 편견을 줄 수 있기 때문이다.

서 살구색과 새먼핑크가 따뜻한 느낌을 주는 노란 분홍에 해당한다.

그에 비해 훨씬 더 차가운 느낌이 나는 자줏빛 분홍은 파랑이 더 섞였기 때문이다. 분홍이 색이 진해지면 자줏빛이 된다. 4-2의 꽃은 분홍이라 불러야 할까, 아니면 자주색이라 불러야 할까?

4-1 살구색이라 부를 수 있는 노란 분홍 꽃

4-2 분홍이라 불러야 할까 자주색이라 불러야 할까?

관용적으로 사용되는 이름에 따라 분홍의 종류를 정리하면 다음과 같다.

꽃분홍	밝은 자주
로즈핑크(rose pink)	밝고 화사한 장미꽃의 분홍색
마젠타(magenta)	밝은 자주
벚꽃색(cherry blossom)	흰 분홍
베이비핑크(baby pink)	흐린 분홍, 벚꽃의 대표적인 색
복숭아꽃색	복숭아에서 붙여진 색명
살구색(apricot)	연한 노란 분홍
새먼핑크(salmon pink)	노란 빛이 도는 분홍, 연어의 살에서 보여지는 부드러운 핑크
오키드핑크(orchid pink)	난초꽃의 색깔이며 보라 기미의 연분홍
올드로즈(old rose)	시들어 버린 장미의 뜻으로 조금 바랜 듯한 느낌의 색
진다홍	꼭두서니의 뿌리를 삶아 낸 즙으로 염색한 색
진달래색	밝은 자주
진분홍	잇꽃에서 추출한 식물염료에 의한 색으로 의류의 염색이나 화장에 사용(오래전에는 잇꽃을 통해서 빨간색이 유래되었다고 한다.)
체리핑크(cherry pink)	밝은 자주
카네이션핑크(carnation pink)	연한 분홍
코랄핑크(coral pink, 산호색)	산호의 대표적인 색이며 분홍빛 코랄과 주황빛 코랄 두 가지가 있다. 흔히 '산호색'이라고 부를 때는 분홍이다.
홍매화색	매화꽃 중에서 빨강 기미가 강한 색의 대표

로즈핑크	오키드핑크	홍매화색	카네이션핑크	살구색
베이비핑크	마젠타	진달래색	산호색	새먼핑크
진다홍색	꽃분홍	벚꽃색	체리핑크	복숭아꽃색

사회문화적 맥락에서 분홍을 사용한 예를 찾아보면 다음과 같은 단어들이 있다.

- 핑크리본: 핑크리본은 유방암에 대해 인식을 환기시키고 유방암 환자를 후원하기 위해 만든 인식리본이다. 핑크리본이 처음 사용된 것은 1991년이며, 유방암 생존자 들에게 핑크리본을 나눠 준 것을 시작으로 이후에는 유방암에 대한 인식 증진과 치료 후원을 목적으로 사용하게 되었다.
- 핑크리더십: 여성의 리더십을 이야기할 때 '핑크리더십'이라는 표현을 쓰곤 한다. 이 후 남녀에 상관없이 리더십을 발휘하는 사람의 섬세함과 화합을 중시하는 감성적 능력에 초점을 둔 리더십을 가리키게 되었다.

· · · · · ·
분홍의 의미

긍정적 의미	부정적 의미
사랑스러움, 부드러움, 달콤함 에로틱함, 로맨틱함 열광, 기적 귀여움, 애교 섬세함	경박함 믿음직하지 않음 예민함

　분홍에 속하는 감정들은 대부분 긍정적이다. 강렬한 감정은 없지만, 긍정적인 감정이 대부분이다. 분홍은 사랑스럽고 부드러우며 달콤하다. 사람의 살결과 유사해서 에로틱한 느낌을 주기도 한다. 다른 면에서는 분홍이 열광과 기적을 의미하기도 한다. 왜냐하면 분홍 역시 빨강 계통의 색으로 혈압, 호흡, 심장박동, 맥박 수를 증가시키며 심리적인 에너지를 높이는 작용을 하기 때문이다. 분홍은 활력을 높이고 자신감을 증진시키는 효과가 있는데, 기본적으로는 부드럽고 온화한 느낌이 있으므로 공격적이거나 충동적이 될 정도로 흥분시키지는 않는다. 오히려 분홍은 공격적인 감정을 누그러뜨리고 정서를 안정시키는 역할을 한다. 한 예로, 1970~1980년대에 미국에서 감옥의 벽과 재소자들의 죄수복 색깔을 분홍으로 바꾸었더니 이전에 비해 문제 발생 횟수가 줄어들었다는 보고가 있다. 또 다른 예로는, 소아과 병원에서 의사와 간호사가 흰색 가운 대신 분홍색 가운을 입어서 소아 환자들의 두려움을 완화시키려고 하는 경우를 들 수 있다.

　분홍은 부드러운 느낌을 주며 로맨틱한 분위기를 만들어 주기 때문에 여성을 대상으로 하는 상품에 다수 사용된다. 약해 보이는 느낌도 있지만, 귀엽고 애교가 있는 색이므로 아동을 대상으로 하는 상품에도 역시 많이 사용된다.

　이와 같은 분홍의 연상 때문에 공식적인 자리나 평가를 받는 자리에서는 분홍을 잘 사용하지 않는다. 행여 경박하거나 믿음직하지 못하다는 인상을 줄 것이 우려되기 때문이다. 하지만 그런 자리에서도 부분적으로 분홍을 사용하면 세련되고 유연하며 개방적이고 창의적인 사람으로 보일 수 있다. 특히 권위가 강조되는 상황이거나 분홍을 사용하지 않을 것이라는 편견을 받는 남성의 경우라면 더욱 그러하다.

돌발퀴즈

분홍과 심리적으로 반대되는 색깔은 무엇일까?
정답은 다름 아닌 검정이다.
검정은 분홍보다 훨씬 더 강렬하고 무겁고 진중하다. 분홍은 가볍고 약하고 섬세하고 부드럽다. 분홍의 보색이 검정은 아니지만, 심리적으로 반대되는 색은 검정이다. 그래서 분홍과 검정을 함께 사용하면 강렬한 대비를 만들 수 있다. 이를테면, 검정 양복의 윗주머니에 살짝 보이는 분홍색 행커치프라면 어떤가.

다양한 문화권에 사용된 분홍

분홍의 역사에서 가장 흥미로운 사실은 분홍이 과거에 남자의 색이었다는 점이다. 오늘날에는 분홍이 당연히 여성스러운 색깔로 생각되지만, 과거에는 성스러운 색이었다. 특히 빨강의 아류로서의 분홍을 생각하면 분홍은 '작은 빨강'에 해당된다. 그래서 분홍은 남자아이에게 어울리는 색이 된다. 빨강이 고귀함과 힘, 권력, 태양을 상징하므로 통치권자였던 왕과 귀족들은 빨강을 그들의 색으로 선택했다. 이들 대부분이 남자였으므로 빨강은 남자의 색깔이 되었다. 그리고 남자아이들은 '작은 남자'라는 의미로 분홍을 상징색으로 사용했다.

중세시대 화가들은 시대적 흐름에 따라 종교화를 많이 그렸는데, 아기 예수가 분홍색 옷을 입고 있는 것을 종종 볼 수 있다. 이탈리아의 화가 두초(Duccio di Buoninsegna, 1255~1319)가 그린 〈성모와 아기 예수(Madonna and Child)〉 작품에서도 아기 예수는 분홍색 옷을 입고 있다. 이때 사용된 분홍은 복숭아색 분홍이라기보다는 살구색 느낌이다. 바로크 시대 작품에서도 남자아이, 특히 왕자를 그렸을 때는 분홍색 옷을 입고 있는 모습이 많다.

서양에서는 분홍을 빨강의 아류, 빨강보다 더 옅고 흐린 색조로 간주했다. 그러다가 염료가 다양화되고 염색 기술이 발전하면서 분홍이 더 독자적인 위치를 가진 색으로 자리 잡게 되었다. 1600년대 후반, 빨강 안료인 버밀리온을 쉽게 만드는 방법이 나오면서 빨강은 사람들이 널리 쓸 수 있는 색이 됐다. 빨강 안료를 조금만 사용해서 만드는 분홍색 역시 사람들이 널리 쓰게 됐고, 특히 1700년대 후반 유럽의 유행을 주도했던 프랑스 파리에서 여성의 의상에 널리 쓰였다. 당시 프랑스의 국왕이었던 루이 15세의 정부였던 퐁파두르 부인이 옅은 파랑(하늘)과 분홍색 옷을 즐겨 입었기 때문이라 한다.

남자아이의 색이었던 분홍이 어느 시점에 정확히 여성을 상징하는 색이 됐는지는 알 수 없다. 아마도 색을 만들어 낼 수 있는 조색 기술과 염색 기술이 발달한 시점과 의류와 화장품을 비롯한 다양한 상품이 개발되기 시작한 시점이 맞물리면서 시대적인 변화상이 결합되었을 것이다. 이를테면, 1930년대부터 립스틱이나 아이섀도의 색 개발이 본격화된 것, 원래 붉은색이었던 군복이 제1차 세계대전 때 푸른색으로 바뀐 것, 유아복에서 여자 아동의 옷으로 분홍색 옷이 많아진 것 등이 모두 영향을 끼쳤을 것이다.

한편, 분홍이 한때 동성애를 의미하는 색으로 사용된 적이 있다. 현재는 다양성을 의미하는 무지개색을 더 많이 사용하지만, 그 이전에는 분홍을 사용했다. 분홍이 남자 동성애자를 의미하게 된 계기는 제2차 세계대전 시기로 거슬러 올라간다. 나치 독일은 게르만족 남성을 제외하면 다른 민족들이 모두 하등하다는 신념을 가지고 유대인이나 집시를 핍박했고, 장애인과 동성애자를 불결하게 취급했다. 특히 수용소에 들어온 동성애자는 분홍색 삼각형으로 표시하며 제거 대상으로 취급했다고 한다. 그래서 이후 분홍이 남자 동성애자를 뜻하는 상징이 되었다.

성차별에 맞서는 색으로 여성들의 인권신장에 분홍을 사용하기도 했다. 인도는 강력한 계급 사회이면서 남성 중심 사회이다 보니 여성을 대등한 인격체라기보다는 소유물로 여기는 경향이 있다. 그래서 간혹 들리는 뉴스에서 전 세계를 경악시키는 끔찍한 성범죄가 발생했다는 소식을 접하곤 한다. 이러한 범죄 이면에 자리 잡은 여성 비하에 맞서서 인도 사회에서 여성의 권리를 찾기 위한 인권신장 운동이 생겨났는데, 대표적인 단체로 '굴라비갱(Gulabi Gang)'이라는 여성 인권 보호 단체를 들 수 있다. '굴라비'는 힌두어로 분홍을 뜻한다. 이들은 인도 전통의상인 분홍색(마젠타색에 가깝다) 사리를 입고 남성의 폭력에 맞서 여성의 인권을 신장하고자 한다.

또 다른 의미로 분홍은 환영하는 색으로 사용되었다. 인도의 자이푸르(Jaipur)는 핑크시티로 널리 알려져 있는데, 도시 전체 건물에 노란 분홍이 다수 사용되었다. 자이푸르는 라자스탄(Rajasthan) 주의 주도이면서 가장 큰 규모의 도시로 인도의 델리(Delhi), 아그라(Agra)와 함께 북인도의 골든 트라이앵글을 형성한다. 이 도시는 섬유와 보석, 농산

4-3 자이푸르 '바람의 궁전'이라 불리는 하와 마할(Hawa Mahar)

물 가공, 자동차 및 광물 기반 산업이 발달한 것 외에도 전체 도시의 건축물이 대부분 분홍색이라는 점에서 특징적이다. 전해지는 이야기에 따르면, 영국의 지배를 받던 시절에 영국의 왕세자 에드워드 7세가 자이푸르를 방문했을 때 이를 환영하는 의미에서 도시를 분홍색으로 칠했다고 한다. 빨강이 환영을 뜻하기 때문이다. 현재는 핑크시티가 가지는 관광도시로서의 가치가 있기 때문에 구시가지의 경우 건물에 분홍 외의 다른 색을 칠하지 못하도록 규제한다고 한다.

현대의 분홍은 감성적인 소비 트렌드와 맞물려서 구매 욕구를 자극하는 색이다. 두 번에 걸친 세계대전이 끝나고 경제적인 번영이 시작된 1950년대 전후로 물질적인 풍요와 경제 성장에 힘입어 분홍색이 크게 유행했다. 남성의 넥타이나 셔츠에도 분홍색이 사용되었고, 여성을 주 고객으로 하는 상품(장난감, 의복, 각종 잡화류 등)에 분홍이 다량 사용되었다. 다양한 색채들 중 분홍은 색깔의 폭이 넓기 때문에 때론 붉은 자줏빛 분홍으로, 때론 옅은 파스텔톤 흰 분홍으로, 그리고 노란 기미의 살구색 분홍으로 다양하게 사용되었다. 의복이나 건축 장식 외에 분홍이 적용된 제품으로 획기적인 것은 바로 가전제품과 자동차, 통신기기 등이다. 1949년 엘비스 프레슬리(Elvis Presley)가 타고 다닌 핑크 캐딜락도 유명하거니와 패리스 힐튼(Paris Hilton)이 튜닝해서 분홍색으로 만든 벤틀리도 유명하다. 4-4의 자동차는 흰색과 분홍을 써서 마치 달콤한 캔디 같은 느낌을 준다. 이처럼 튜닝해서 분홍색으로 만드는 경우도 있지만, 자동차 메이커에서 처음부터 분홍 자동차를 출시하기도 한다. 2010년에 GM대우(지금은 쉐보레)에서 분홍색 마티즈를 출시했고 상당한 인기를 끌었었다. 이 마티즈는 실제로 보면 아주 옅은 색깔의 회분홍이다.

분홍을 사용한 핑크 마케팅의 원조는 어쩌면 '헬로키티'라 할 수 있다. 분홍색 옷을 입은 고양이 헬로키티는 중간에 빨강을 사용하기도 했지만, 분홍으로 더 널리 각인되어 있다. 헬로키티의 자산가치가 약 20조 원에 달한다고 하니 핑크 마케팅이 얼마나 사람들에게 친근한지 짐작할 수 있다.

분홍은 비단 여자아이들의 옷과 장난감, 성인여성의 소품에만 사용되지 않고 최근 들어서는 전자통신 기계와 가전제품 등에도 종종 사용된다. 첨단 기계인 스마트폰에도 예

4-4 분홍색 자동차

외 없이 분홍이 적용된다. 흰색과 은색, 검정색 등 무채색 일변도였던 스마트폰에 '로즈골드'라는 이름의 분홍색 스마트폰이 나왔을 때 소비자들의 반응이 좋았다. 직관적이고 감성적인 디자인을 중시하는 애플사의 아이폰에서 다른 유채색을 사용하지 않고 분홍을 가장 먼저 도입했다는 것은 핑크 마케팅의 연장선상에서도 이해할 수 있고, 혹은 기계류에 분홍을 사용하는 것이 잘 어울린다는 것을 보여 준다. 왜냐하면 분홍은 색깔이 부드럽고 약한 면이 있기 때문에 무채색 느낌에서 크게 변경되지 않고 분홍을 얹을 수 있기 때문이다. 연한 회색에서 분홍으로 바뀌는 변화는 그 정도가 급격하지 않아서 적응하기 쉽다. 그래서 은색이나 회색의 기계류에 회분홍이나 밝은 회분홍, 흐린 분홍을 사용할 수 있다.

일상생활에서 만나는 분홍

일상생활에서 만나는 분홍은 무엇보다도 꽃이다. 봄의 전령으로 찾아오는 연한 분홍 매화는 봄을 맞은 사람들의 마음을 설레게 한다. 분홍색으로 피는 꽃은 사실 헤아릴 수 없이 많다. 꽃이 개량된 경우라면 거의 예외 없이 분홍색이 포함된다. 짙은 분홍인지 옅은 분홍인지, 노랑 기미의 분홍인지 보라 기미의 분홍인지 정도의 차이가 있을 뿐, 대부분의 꽃들에 분홍이 있다. 그중에서 분홍하면 떠오르는 대표적인 꽃으로는 벚꽃, 진달래, 철쭉, 장미, 해당화, 무궁화, 코스모스, 수련, 홍련, 연꽃, 수생칸나, 백합, 백일홍, 금꿩의다리, 상사화, 황금조팝나무, 범의꼬리, 여귀꽃, 히말라야 두견화 등이 있다.

흔히 흰색으로 보던 아카시아 꽃이 분홍색이면 사뭇 다른 느낌을 주기도 한다(4-7 참

4-5 분홍 매화

4-6 다양한 색조의 분홍 꽃들

4-7 분홍 아카시아

4-8 금낭화

조). 분홍 아카시아 꽃은 개화 기간이 일반 아카시아보다 2~3배 정도 길고, 줄기에 가시가 없다는 점이 특징이다.

분홍색으로 사람들 마음에 각인된 또 다른 꽃은 금낭화다(4-8 참조). 흔히 하트 모양 꽃으로 알려져 있는 금낭화는 진한 분홍색 꽃잎이 마치 하트처럼 생겨서 색깔과 형태 모두 사랑스럽기 그지없다. 금낭화를 영어로는 '피가 흐르는 심장(bleeding heart)'라고 한다고 하니 형태와 색깔에서 비롯된 이름일 듯하다.

동물들 중에서 분홍색 동물은 귀엽고 사랑스러운 느낌을 준다. 분홍돌고래는 멸종 위기에 있는 희귀 동물인데, 몸 전체가 연한 분홍색이다. 아마존 강 돌고래라고도 하며, 강에 서식하는 민물 돌고래다.

돼지는 사람들에게 친숙한 가축이다. 돼지는 종에 따라 털색이 다른데, 바크서종은 검은 털색을 지녔고, 요크서종이나 랜드레이스종 돼지들은 흰 털을 가졌다. 흰 털 아래 피부색이 연한 분홍색이어서 분홍 돼지로 보인다.

4-9 분홍 돼지

분홍으로 인테리어를 하는 것은 여자아이들의 방이나 신혼집에서 흔히 볼 수 있다. 분홍색 암체어를 하나쯤 두는 것도 상당히 분위기에 영향을 준다. 보통의 분홍보다 조금 더 옅은 색의 분홍, 복숭아색은 부드럽고 로맨틱한 분위기를 만드는 데 큰 공헌을 한

4-10 분홍 인테리어의 예

다. 다만, 때가 쉽게 타는 것은 기꺼이 감수해야 할 것이다.

　대중교통에서 분홍은 서울지하철 8호선에 사용되었고, 지하철 임산부 배려석에도 사용되었다. 지하철 객차는 주로 은색과 흰색, 옅은 회색이 사용되었고, 유채색이라면 좌석 시트가 청색인 경우가 있을 뿐이다. 그래서 자줏빛 분홍으로 된 임산부 배려석은 두드러지게 눈에 띈다. 물론 임산부 배려석을 얼마만큼 잘 활용하느냐 하는 점은 시민사회의 협조와 이해, 양보가 바탕이 된다.

　분홍은 전체적으로 분위기를 주도해 낸다. 어둡고 무거운 색상이 사용된 곳이든 특징 없는 회색이나 흰색 벽면만 있는 곳이든, 분홍색의 존재만으로도 백만 개의 전구를 켜 놓은 듯 화사함이 더해진다. 그래서일까? 분홍은 쇼핑몰에서 아낌없이 사용될 때가 있다. 쇼핑하러 온 사람들의 마음이 분홍 덕분에 들뜨고 행복해지면 기분 좋게 물건을 사게 될 것이다.

　건물 외벽에 분홍 페인트를 쓴 경우, 그 느낌은 부드럽고 따뜻하다. 외국 도시의 시골 마을이 이국적이라고 느껴지는 가장 큰 이유는 아무래도 건물 형태와 색채 덕분일 것이

4-11 홍콩 쇼핑몰의 인테리어 일부

다. 노란 기미의 분홍, 새먼핑크와 살구색, 산호색 등이 사용된 거리는 우리나라 사람 눈에는 낯설다. 4-12 속의 거리는 프랑스 동북부 와인 주산지인 알자스(Alsace) 지방으로, 이곳은 독일 영토였다가 프랑스 영토가 되는 등 역사의 굴곡을 겪었다. 알퐁스 도데(Alphonse Daudet)의 소설 〈마지막 수업(The Last Lesson)〉의 배경이기도 한 지역으로, 목조 건축물의 스타일은 독일풍이지만 분홍과 주황, 노랑 등 사용된 색채는 독일과는 다른 분위기다. 독일 시골에도 목조 건축물의 경우 외벽에 어두운 갈색의 나무 골조가 드러나도록 집을 지은 경우가 대부분인데, 건물에 사용된 색은 흰색이거나 옅은 노랑 등이 많다. 이러한 색채 차이를 보면 확실하게 민족 성향이 다르다는 것을 알 수 있다.

4-12 프랑스 동북부 알자스 지방

예술작품에 나타난 분홍

　인물화가로 유명한 미국의 존 싱어 사전트(John Singer Sargent, 1856~1925)는 인물의 특징과 분위기를 섬세하게 잘 묘사하고 우아하고 품위 있게 귀부인을 잘 그려 낸 것으로 호평받았다. 필자 역시 존 싱어 사전트의 작품에 깊이 매료당한 적이 있다. 인물화와 풍경화를 가리지 않고 종횡무진 자신만의 색깔과 분위기를 만들어 내는 존 싱어 사전트는 분홍의 사용에 있어서도 섬세하고 감각적이다. 노란 분홍과 자줏빛 분홍 두 가지 의상만 보더라도, 분홍의 느낌을 어떻게 달리 전달할 수 있는지 알 수 있다.

4-13 John Singer Sargent. 〈Mrs. Fiske Warren (Gretchen Osgood) and Her Daughter Rachel〉(1903). 미국 보스톤 미술관.

4-13은 존 싱어 사전트가 그린 〈피스크 워렌 부인과 그녀의 딸 레이첼[Mrs. Fiske Warren (Gretchen Osgood) and Her Daughter Rachel]〉(1903)이다. 사전트는 이 그림에서 보스턴 명문가 부인과 딸을 그렸는데, 부인은 금박이 들어 있는 하얀 드레스를 입고 있고, 딸은 복숭아색 연한 분홍 드레스를 입고 있다. 짙은 밤색 배경으로부터 두 사람은 희고 부드럽게 빛난다. 모녀의 표정은 다소 딱딱하게 경직되어 있지만, 이들이 가깝게 붙어서 앉은 것이라든가 딸이 엄마 팔에 팔짱을 끼고 있는 자세는 모녀의 사이가 가깝다는 것을 보여 준다. 더불어 딸이 입은 분홍색 드레스는 따스하고 사랑이 넘친다.

이와 달리 그림 4-14에 사용된 분홍은 다른 느낌을 준다. 〈에드워드 데일리 보잇 부인[Mrs. Edward Darley Boit(Mary Louisa Cushing)]〉(1887~1888)이라는 제목의 인물화도

4-14 John Singer Sargent. 〈Mrs. Edward Darley Boit(Mary Louisa Cushing)〉(1887~1888). 미국 보스턴 미술관.

존 싱어 사전트의 작품인데, 앞서 소개한 모녀 인물화보다 더 동적인 느낌을 준다. 분홍의 느낌이 달라서일까? 이 인물화 속 여인은 왠지 큰 소리로 웃으며 재미있는 이야기를 들려줄 것만 같다. 하긴, 앉은 자세부터 훨씬 더 편안해 보이기도 하고 표정도 더 생생하다. 검정과 분홍이 믹스되어 있는데도 분홍이 기죽지 않는 것을 보니, 뭔가 초상화의 주인공도 여성스럽지만 연약하지 않은 파워를 지니고 있을 것만 같다.

인물화에서 분홍 옷을 입히는 것은 때로 클리셰처럼 사용되기도 한다. 분홍 옷을 입은 여자라는 것은 그것이 여성에 대한 편견이든 고정관념이든 본인이 선택하지 않았지만

4-15 Frida Kahlo. 〈Self Portrait on the Border Line between Mexico and the United States〉(1932). 미국 필라델피아 미술관 특별전.

외부로부터 부여되고 요구되는 성역할을 떠올리게 한다. 그런 의미에서 멕시코 여류 화가 프리다 칼로(Frida Kahlo, 1907~1954)의 〈멕시코와 미국 국경에 선 자화상(Self Portrait on the Border Line between Mexico and the United States)〉(1932)는 눈길을 끈다(4-15 참조). 이 작품은 프리다 칼로가 남편 디에고 리베라를 따라 1930년에 미국으로 건너간 뒤 3년간 미국에 거주하던 기간에 그린 것이다. 이 그림을 살펴보면, 끊임없이 멕시코로 돌아가고 싶어 했던 프리다 칼로의 마음이 표현된 것으로 느껴진다. 디에고 리베라는 산업화된 미국을 동경했다고 전해지지만, 칼로는 자본주의가 발달된 미국에 대해 회의적이었고(그녀는 공산주의자이기도 했다) 산업화된 사회에서 인간의 가치란 무엇인가 고민했다고 한다.

　프리다 칼로의 자화상을 보면 긴 치마를 입고 있는 것이 많은데, 칼로는 6세 때 소아마비에 걸려서 오른쪽 발이 휘었고 다리를 절었다고 한다. 그래서 오른발의 성장이 제대로 이루어지지 않아서 양쪽 다리 길이가 차이 나는 것을 덮기 위해 긴 치마를 주로 입었다. 이 그림도 역시 긴 치마를 입고 있는데, 흥미로운 것은 드레스의 색깔이다. 화면의 오른쪽, 산업화를 표방하는 미국은 회색을 주조색으로 사용하였고, 아즈텍 문화와 자연을 보여 주는 멕시코는 갈색으로 표현되었다. 그 중간에 멕시코기를 든 프리다 칼로는 분홍 드레스를 입고 있다. 어쩌면 정서적으로나 직업적으로나 남편의 그늘에 가려진 자신에 대해 엄청나게 회의적이었을 칼로가 고루한 여성의 역할을 상징할 법한 '핑크 드레스'라니. 그저 흰 드레스나 빨간 스카프를 두른 자화상보다도 훨씬 더 아이러니한 느낌을 주고, 관계에 대해서도 아슬아슬한 느낌을 준다. 프리다 칼로는 이 그림을 그렸을 때 미국만 떠나고 싶었던 것이 아니라, 미국을 선택하고 좋아했던 남편에게서도 떠나고 싶었던 게 아닌가 싶다. 그러한 마음이 강할수록 그림이든 말에서든 반어법이 나오게 마련이니까. 어쨌든 프리다 칼로가 수없이 그렸던 자화상들 중에서 분홍색 옷을 입은 자화상은 그다지 많지 않다. 그래서 이 작품이 더 의미 있게 보이는지도 모른다.

　이번에는 몸이 성치 않았던 또 다른 천재화가의 작품을 살펴보기로 하자. 앙리 드 툴루즈 로트렉(Henri de Toulouse-Lautrec, 1864~1901)은 프랑스 귀족 집안 출생인데, 근친간 결혼 때문인지 어려서부터 몸이 허약했고, 집에서 넘어지면서 다리와 하반신의 성장이 멈추었다. 이후 그림을 그리기 시작해서 파리의 몽마르트에 거주하며 물랭루즈의 매춘부들과 무희를 주로 그렸다.

4-16은 앙리 드 툴르즈 로트렉의 〈물랭루즈에서의 춤(Dance at the Moulin Rouge)〉(1890)의 일부다. 물랭루즈 홀에 춤추는 댄서가 있고 주변 사람들이 있는데, 유독 이 분위기에 섞이지 않는 사람은 바로 분홍 옷을 차려입은 여인이다. 이 여인 옆에 선 다른 여인도 춤추는 분위기에 무관심해 보이지만 짙은 옷 색깔 덕분에 주변과 구분되지 않는다. 그런데 분홍 여인은 자세나 시선의 방향, 그리고 옷 색깔 덕분에 주변으로부터 뚜렷하게 구분이 된다. 로트렉의 그림에 단골로 나오는 무희와 매춘부들이 삶의 무게에 지친 표정들을 짓고 있으며, 이들이 맨몸으로 살을 보여 주거나 하얀 속옷을 걸쳤거나 혹은 빨간 무희 복장을 했던 것에 반해, 분홍은 그들이 속한 현실과 구분되는 비현실적 색깔이다. 어쩌면

4-16 Henri de Toulouse-Lautrec. 〈Dance at the Moulin Rouge〉(1890).
미국 필라델피아 미술관.

저 분홍 덕분에 자칫 무거울 수 있는 무도장의 분위기가 고조되었는지도 모른다. 항상 그렇듯, 무거운 현실을 포장하는 분홍의 비현실적 판타지가 없었다면 어찌 삶이 영위될까 싶다.

분홍을 감상할 때 인터넷으로 자료를 찾아보기를 추천하는 작품

- Georgia O'Keeffe. 〈Pink Tulip〉(1926). 미국 볼티모어 미술관.
- Georgia O'Keeffe. 〈Two Calla Lilies on Pink〉(1928). 미국 필라델피아 미술관.

조지아 오키프(Georgia O'Keeffe, 1887~1986)는 20세기에 활동한 미국의 여류 화가로 꽃을 확대해서 세밀하게 그린 그림으로 널리 알려졌다. 〈분홍 튤립(Pink Tulip)〉(1926) 역시 조지아 오키프의 꽃 그림 중 하나다. 확대된 꽃은 현실적인 세부 묘사보다는 다소간에 추상화되었다고 느껴질 정도의 형태에 강렬한 색감(때로 그 색감이 흰색이라 하더라도 말이다)이 주를 이룬다. 〈분홍 튤립〉이 꽃 자체에 분홍을 사용했다면, 〈분홍 배경의 두 카라백합(Two Calla Lilies on Pink)〉(1928)은 흰 꽃을 분홍 배경에 매치시켰다. 역시 이 그림에서도 확대된 꽃이 주는 육감적인 느낌이 있다. 카라는 흰 꽃이 주는 고고함과 우아함이 특징인데, 그림 속 카라는 꽃 주름의 강약이나 색 조합 덕분에 농염한 육체미를 느끼게 해 준다. 배경으로 선택된 분홍은 그러한 느낌을 배가시킨다. 더 나아가 분홍은 배경에 머무르지 않고 화면에 다 표현되지 않은 또 다른 꽃인 것처럼 독자적인 분위기를 풍긴다. 저 배경이 분홍이 아니라 파랑이었다고 상상해 보자. 카라 꽃의 여성적이면서 농염한 느낌이 훨씬 줄어들고 다소 삭막하거나 처연하게 보였을 것이다.

한편, 분홍을 두드러지게 사용했던 영화로 〈금발이 너무해(Legally blonde)〉가 있다. 2001년 처음 제작된 영화이며, 이후 2편과 3편이 시리즈로 제작되었다. 영화는 '금발 여성은 머리가 나쁘다'라는 편견을 깨뜨리는 '엘(리즈 위더스푼 분)'을 중심으로 진행된다. 이 영화에서 금발과 더불어 여성에 대한 편견이나 선입견을 두드러지게 해 주는 것은 분홍의 과다한 사용이다. 여주인공 엘은 분홍색 마니아여서 옷과 모자, 액세서리를 비롯해

화장에도 분홍색을 사용하고, 자신의 방과 침구 그리고 애완견의 옷까지 모두 분홍색이다. 극 중 배경인 하버드 법대에서도 분홍색 원피스를 입고 활보하며, 마지막에 재판하는 장면에서도 분홍색 가방을 들고 분홍 리본이 달린 분홍 원피스를 입고 변론하여 멋지게 승소한다.

색의 선호

분홍에 대한 선호는 다른 어떤 색보다도 드라마틱한 변화를 거친다. 무엇보다도 연령대에 따라서 분홍에 대한 선호가 급격하게 변화하며, 성별에 따른 차이도 뚜렷하다. 가장 좋아하는 색을 질문했을 때 '분홍'이라고 답한 남성은 전체 연령에서 1.5%에 불과하다. 여성은 전체 연령에서 11.9%로 10% 이상 차이를 보였으며, 여성이 가장 좋아하는 색 순위에서도 파랑에 이어 분홍이 2위를 차지했다.

어떤 색을 가장 싫어하느냐는 질문에 남성의 답변 1위(13.1%)는 분홍이었다. 여성의 경우에는 분홍을 가장 싫어한다는 답변이 5위(8.3%, 없음>검정>갈색>회색>분홍)였다. 분홍이 싫은 이유로는 '정신이 없다' '산만하다' '너무 튀어서 싫다' '유치해 보여서 이제는 싫다' 등이 있었다.

나이 든 연령층에서 분홍이 다시 좋아진다는 응답들이 있었는데 그 이유로는 '핑크색은 나이 드니까 화사해서 좋다'와 '그냥 기분이 좋아지고 예뻐서 좋다'는 답변이 많았다.

연령대별로 분홍에 대한 선호를 찾아보면, 10세 미만 여자 아동에게서 압도적인 선호를 보인다. 가장 좋아하는 색으로 분홍을 꼽은 비율은 약 41%에 달하니, 이건 다른 색상에 비해서 압도적인 차이를 보이는 극강의 선호라고 할 수 있다. 이들의 옷 색깔로 가장 많은 비중을 차지하는 색도 분홍이라고 대답한 비율이 58.8%였다. 그러다가 여자아이들이 10대에 이르면 선호색에서의 1위는 파랑으로 이동하며 분홍이라고 답한 비율은 10% 미만으로 감소한다. 오히려 싫어하는 색 1위(16.5%)에 분홍이 등극한다. 예전에 좋아했지만 더 이상 좋아하지 않는 색으로 분홍이 가장 많은 답변(29.4%)을 받은 것과도 일치한다. 10대 여자아이들의 옷 색은 더 이상 분홍(5.5%)이 아니라 검정(34.9%)과 흰색(23.9%), 회색(11.9%) 등 무채색이 많아진다. 20대 여성들의 경우, 가장 좋아하는 색으로 분홍(15.1%)과 파랑(14.8%)이 각각 1위와 2위를 차지했다. 이들의 경우 좋아하는 색도 분홍이 1위지만, 싫어하는 색도 분홍이 1위였다. 분홍에 대한 극단적인 두 가지 태도가 공존하는 연령대인 셈이다. 예전에 좋아했다고 하는 응답에서도 분홍이 1위였다. 가장 많은 비중을 차지하는 옷 색으로는 역시 검정(43.5%)과 흰색(19.6%), 회색(10.0%)이 많았고, 분홍(3.0%)은 현격하게 줄어들었다. 30대 여성은 최고 선호색으로 분홍을 꼽은 비율이 중간 정도였다(6위, 9.0%). 대신, 싫어하는 색으로 분홍을 꼽는 비율도 줄어들었다(10위, 4.3%). 40대 여성도 분홍에 대한 선호는 높지 않았고(5위, 8.2%), 싫어하는 색으로도 분홍은 별로 지목되지 않았다(11위, 3.7%). 여성은 50대에 분홍을 선호하는 경향이 다시 증가하기 시작한다. 분홍을 가장 좋아하는 색이라고 응답한 비율은 11.7%로 전체 색 중에서 빨강과 더불어 공동 4위였다. 싫어하는 색으로 분홍을 꼽은 비율은 여전히 낮아서 3.9%로 9위였다. 60대 이상 여성의 경우 최고 선호색으로 분홍이 다시 1위(27.6%)를 차지했다. 분홍을 가장 싫어한다고 응답한 경우는 1% 미만이었다. 자신의 옷 색깔 중 가장 많은 비중을 차지하는 색이 분홍이라고 응답한 비율도 20.7%에 달할 만큼 선호도와 색 사용이 모두 증가하였다.

남성은 분홍에 대한 태도에 있어서 여성과 사뭇 다르다. 10세 미만 남자아이는 분홍을 좋아한다고 대답한 비율이 1% 미만이었고, 절반이 넘는 53.3%의 남아가 가장 싫어하는 색으로 분홍을 꼽았다. 이러한 경향은 10대에 이르러서도 크게 차이가 없다. 좋아하는 색으로 분홍을 답한 경우는 거의 없었고, 싫어하는 색으로 분홍을 답한 비율은 20.9%로 여러 색깔 중에서 가장 많은 응답을 보였다. 20대 남성도 마찬가지 경향을 보였다. 선호색에서 분홍이라는 답변은 거의 없고, 가장 싫어하는 색으로 분홍을 꼽은 비율(16.7%)은 다른 어떤 색보다도 높게 나타났다. 이러한 선호 경향은 30대에 이르러서 변화하는 양상을 보인다. 가장 좋아하는 색을 분홍이라고 꼽는 비율도 1%를 넘기기 시작하고, 가장 싫어하는 색에서도 분홍(6.8%)은 더 이상 1위가 아니라 8위로 떨어진다.

40대 남성 역시 30대와 마찬가지로 여전히 분홍을 선호하지는 않지만, 그렇다고 그다지 많이 싫어하지도 않는다. 50대 남성도 큰 차이는 없지만, 아주 약간 선호도가 증가한다. 그러다가 60대 이상이 되면 남자들도 분홍을 선호색으로 꼽는 비율이 조금 늘어나고(9.0%), 가장 싫어하는 색으로 검정과 회색 등 무채색의 비중이 높아지면서 분홍의 선호 비율은 6% 정도로 내려간다. 결국 남자들도 나이가 들면 곱고 부드러운 느낌을 주는 분홍을 선호하는 경향이 생기는 셈이다.

분홍을 좋아하거나 싫어하는 비율

(단위: %)

		10세 미만	10대	20대	30대	40대	50대	60대 이상
여성	선호색	41.0	9.2	15.1	9.0	8.2	11.7	27.6
	혐오색	5.9	16.5	14.4	4.3	3.7	3.9	0.1
남성	선호색	0.1	0.1	0.1	1.4	2.0	4.5	9.0
	혐오색	53.3	20.9	16.7	6.8	8.2	9.1	6.0

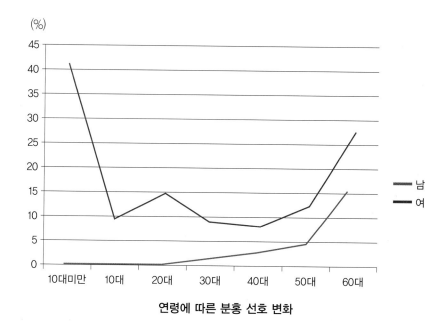

연령에 따른 분홍 선호 변화

색의 조화

분홍과 어울리는 색은 무엇일까? 비슷한 톤을 가진 색이라면 분홍은 크게 서걱대지 않고 어울릴 수 있다. 톤이 다를 경우 분홍과 인접한 색과도 매치가 되긴 하는데, 빨강-분홍은 경쟁하는 관계거나 분홍이 빨강에 묻힌다. 차라리 어두운 갈색과 분홍이면, 분홍이 두드러지고 살아난다. 분홍과 노랑 조합은 비슷한 명도로 조정할 때 둘다 생생한 느낌을 준다. 분홍과 노랑은 어리고 약하며 귀여운 이미지를 만든다. 유럽의 어느 거리에서 길을 걷다가 만난 유대교 회당은 분홍과 연노랑으로 외벽을 칠해두었는데, 그 덕분에 상당히 부드러운 이미지로 보였다(4-17 참조).

4-17 체코 프라하의 유대교 회당

차가운 분홍 혹은 짙은 분홍은 파랑과도 잘 어울린다. 전자는 차가운 분홍에 섞인 자줏빛이 파랑을 품고 있기 때문이며, 후자는 짙은 분홍의 낮은 명도 때문에 무게감이 생기면서 파랑과 나란히 있어도 기울어지지 않기 때문이다.

분홍과 흰색은 떼려야 뗄 수 없는 관계처럼 쉽게 어울린다(4-18 참조). 연한 분홍과 흰색도, 짙은 분홍과 흰색도 모두 다 잘 어울린다.

4-18 짙은 분홍과 흰색 양초

　분홍은 금색과도 어울린다. 살구색 분홍에 금박을 한 박스는 선물 받는 사람들의 마음을 사로잡기에 충분하다. 웬만해서는 실패할 수 없는 색상 조합이다.

　분홍은 보라처럼 진한 색과도 조화를 이룰 수 있다. 분홍에도 파란 기미의 분홍이 있고 노란 기미의 분홍이 있으므로, 파란 기미의 보라와도 어울리며 붉은 기미의 보라(자주)와도 어울린다. 다만, 보라와 배치되면 분홍은 더욱 육감적이고 세속적이며 성적인 뉘앙스를 풍긴다. 분홍이 백인들의 살색이라는 점과 우리나라 여성의 볼터치에 분홍이 사용된다는 점을 생각해 보면 육감적이라는 것을 느낄 수 있다.

　분홍은 짙고 어두운 갈색과도 잘 어울린다. 마치 오래된 고목나무에서 어린 새싹이 올라오는 느낌처럼 조화를 이룬다. 앞서 프랑스의 와인가도에 위치한 목조주택의 예를 들지 않더라도, 어두운 갈색은 분홍을 든든하게 받쳐 줄 수 있다. 게다가 갈색이 품은 붉은 기미는 분홍과 한 배를 탄 것으로 볼 수 있다.

분홍과의 조화에서 파격적이라 느껴지는 것은 다름 아닌 검정이다. 분홍이 갓 태어난 어린 새끼의 색깔이라면, 검정은 이제 죽음을 목전에 두었거나 이미 죽은 것의 색깔이다. 그래서 심리적으로 분홍과 검정은 반대되는 색이라고도 한다. 10대 소녀의 색 취향에서 검정을 좋아하는 소녀가 분홍을 좋아하는 경우는 드물며, 마찬가지로 분홍을 좋아하는 소녀가 검정을 동시에 선호하기도 쉽지 않다.

Chapter 5
주황

주황 *Episode*

전 주황색을 참 좋아합니다. 특히 밝은 오렌지색 주황을 좋아합니다. 사는 게 좀 춥다고 느껴질 때 그 색만큼 위로가 되는 색이 없거든요.

이번 주황 에피소드에서는 제게 더없이 즐거웠던 추억을 나누려고 합니다.

저는 결혼하고 9년 만에 아들을 낳았습니다. 이 아이가 말을 배우기 시작할 때 즈음이었습니다. 주황색 물체를 가리키면서 "엄마, 주해! 주해!"라고 하는 것이었습니다. '주해? 그게 뭐지?' 생각하다가 알게 되었습니다. 빨간 것은 '빨개'라고 하고, 노란 것은 '노래', 까만 것은 '까매'니까 그 규칙에 따라 주황색은 '주해'라고 말한 거죠. 나중에 아들이 초록색 물체를 보고 '초래'라고 하기도 했거든요.

아이들이 이렇게 언어의 규칙을 알아 가는구나 싶으면서 그냥 그런 말들이 너무 귀여웠습니다. 별것 아닌 기억이기도 하지만, '주해.'라는 말은 떠올릴 때마다 행복해지는 마법 같은 말입니다.

·· 주황

주황은 빨강과 노랑을 혼합한 색이다. 주황도 빨강처럼 눈에 쉽게 띄는 색이며 가시광
선의 색 중에서 파장이 두 번째로 긴 색깔로서 파장의 길이는 약 585~620nm이다.

········· 주황의 이름과 종류

주황이라는 이름은 붉을 주(朱)에 누를 황(黃)을 쓴다. 주황 자체를 가리키는 단독적
인 이름이 없고, 이렇게 빨강과 노랑의 결합으로 색을 지칭한다. 영어나 독일어에도 주
황을 가리키는 색 이름이 따로 없다. 오렌지색이라고 부르는 명칭 정도가 있을 뿐이다.
이 색의 영어 이름 오렌지(orange)는 말 그대로 과일 오렌지를 가리킨다. 일본어 역시 오
렌지색[오렌지이로(オレンジ色)]라는 명칭을 가장 많이 쓴다. 그 외에 주황을 가리키는 일본
어 어휘는 洗い朱(あらいしゅ, 아라이슈)와 こうじいろ(코우지이로)가 있는데 이는 '귤색'이라는
의미이며, ゆずいろ(유즈이로)는 유자색이라는 뜻이다. 중국에서는 오렌지를 뜻하는 등색
(橙色: 귤 등, 색 색)이라고 부른다.

이와 같이 주황은 빨강과 노랑이라는 강력한 원색 사이에서 그저 혼합된 색으로 여겨
지고 자신을 가리키는 독자적인 이름을 가지지 못할 만큼 무시당했던 색인지도 모른다.
관용적으로 부르는 주황의 색이름에도 채소나 과일의 이름을 사용하는 것들뿐이다. 이
를테면, 호박색,[1] 계란색, 감색 등이 있다.

한편, 주황을 가리키는 용어로 오렌지가 선택된 역사를 보자. 과일 오렌지의 원산지

---

1) 채소 호박색은 늙은 호박의 색으로 노란 주황이고, 광물 호박색은 진한 노란 주황색이다.

는 인도 북부와 미얀마, 아삼(Assam) 지방 및 중국 양자강 상류다. 고대 인도어로 오렌지를 '나랑가(naranga)'라고 했고, 이후 '나렝(nareng)'이라고 불렀으며, 아라비아로 건너와서 '나랑 (narang)'이라 했다. 아라비아의 오렌지는 십자군 전쟁을 통해 유럽으로 건너왔고, 기후 조건이 맞는 프랑스에서 재배되었다. 프랑스 사람들은 오렌지의 색깔이 황금과 유사하다고 느껴서 프랑스어로 황금을 뜻하는 '오르(or)'를 '나랑(narang)'에 붙여 '오랑주(orange)'라고 불렀다고 한다.

주황의 이름 중에서 scarlet red(스칼렛 레드)라는 이름도 있다. 빨강과 주황의 중간 정도 되는 진한 주황색이다. 5-1의 캐나다 우체통이 스칼렛 레드인데, 빨강과 다르지 않아 보이지만, 빨강보다는 진한 주황에 가깝다. 우체통의 편지 투입구 부분의 긴 직선과 아래쪽에 작은 손잡이 부분의 가장자리가 빨강인데, 우체통 몸통색과 비교가 될지 모르겠다. 참, 중간의 파란 띠 있는 곳에 동그라미도 빨강이다. 자세히 들여다보면 몸통의 스칼렛 레드와 비교될 것이다.

5-1 캐나다 밴쿠버의 우체통

이후 상업적으로 새로운 색깔 이름을 많이 만들게 되면서 주황을 가리키는 이름들도 새롭게 생겼다.

- 골든 옐로(golden yellow): 골든 옐로는 금색에서도 소개되는데, 주황 기미가 감도는 진한 노랑이다.
- 만다린 오렌지(mandarin orange): 만다린 오렌지는 귤을 지칭한다. 그러므로 색이름으로 만다린 오렌지는 귤색이다.
- 매리골드(marigold): 매리골드는 선명한 주황색 꽃인 금잔화다. 금잔화의 색 이름을 그대로 주황의 이름으로 사용하는데, 금잔화도 사프란(saffron)처럼 음식에 사용할 수 있는 착색료로 쓰인다. 그런데 사프란에 비해 가격이 훨씬 저렴하기 때문에 서민용 사프란이라고 한다.
- 번트 오렌지(burnt orange): 약간 어두운 주황으로 갈색과 주황 사이에 있는 색깔이다.
- 카드뮴 오렌지(cadmium orange): 카드뮴은 화학원소 중의 하나인 중금속인데, 카드뮴 오렌지라는 이름으로 꽤 다른 주황색들이 포함된다. 가을과 어울리는 진한 주황 빛깔도 카드뮴 오렌지인데, 미국의 색채전문회사인 팬톤사에서 진한 카네이션핑크색(예전에 쓰던 우리나라 색 명칭으로는 진한 살색쯤 된다)을 카드뮴 오렌지라는 이름으로 부르면서 2015년 트랜드 컬러라고 선정한 바 있다.
- 캐럿 오렌지(carrot orange): 당근의 주황색이다.

금잔화색	카드뮴 오렌지 1	호박색	번트 오렌지	오렌지색
귤색	골든 옐로	카드뮴 오렌지 2	당근색	갈색

국가표준인증 통합정보시스템에서 주황의 종류는 다음과 같이 나온다.

- 선명한 주황, 밝은 주황, 진한 주황, 흐린 주황, 탁한 주황
- 빨간 주황
  - 선명한 빨간 주황, 밝은 빨간 주황, 탁한 빨간 주황
- 노란 주황

5-2 중간 정도의 주황

5-3 노란 주황

5-4 빨간 주황

- 선명한 노란 주황, 밝은 노란 주황, 진한 노란 주황, 연한 노란 주황, 흐린 노란 주황, 탁한 노란 주황

앞에서도 알 수 있듯이, 주황은 크게 노란 계열 주황과 붉은 계열 주황으로 나뉜다. 전자는 레몬색에 가까워지는 주황이고, 후자는 빨강에 가까운 주황이다. 5-2의 당근이 중간 정도 되는 주황이라면, 5-3은 노랑에 가까운 주황이고, 5-4의 방울토마토는 빨강에 가까운 주황이다.

오렌지와 황금에 얽힌 전설 한 토막

아주 오랜 옛날, 중국에 자매가 살고 있었다. 언니는 욕심이 많고, 동생은 착하고 욕심이 없었다. 이후, 언니는 부자에게 시집을 갔고, 동생은 가난한 나무꾼에게 시집을 갔다. 동생은 남편이 나무를 해 오면 나무를 팔러 다녔고, 두 사람은 가난하지만 소박하게 살아가고 있었다. 그러던 어느 해에 나무가 전혀 팔리지 않자 동생은 낙심해서 나무를 모두 바다에 버렸다. 그랬더니 바닷속의 선녀가 나타나서 동생을 불쌍히 여겨 용궁으로 데리고 갔다. 용궁에서 나올 때 용왕이 "선물로 무엇을 줄까?" 하고 질문을 했고, 동생은 선녀가 알려 준 대로 "검정 고양이를 주세요."라고 답했다. 검정 고양이는 용궁의 귀한 보물이었던지라 용왕은 잠시 머뭇거렸지만, 이내 고양이를 내주면서 "매일 팥 다섯 홉씩 고양이에게 꼭 먹이시오."라고 당부했다. 동생은 감사하다고 말한 뒤 고양이와 함께 집에 돌아왔고 시킨 대로 팥 다섯 홉씩을 고양이에게 먹였다. 놀랍게도 고양이는 매일 황금을 다섯 홉씩 배설했다. 덕분에 동생네는 살림이 피고 부자가 되었다. 이 소문을 들은 욕심 많은 언니가 동생을 찾아와서 검정 고양이를 달라고 했다. 동생은 거절하지 못하고 고양이를 내주었다. 언니는 고양이에게서 금을 더 많이 얻겠다는 욕심으로 팥을 두 배로 열 홉씩 먹였다. 그랬더니 고양이는 그만 죽고 말았다. 고양이가 죽었다는 말을 듣고 동생이 찾아와서 그 시체를 양지 바른 곳에 고이 묻어 주었다. 이후 고양이가 묻힌 땅에서 나무가 자랐고, 황금빛 열매를 맺었다. 나중에 사람들은 그 나무 열매를 오렌지라고 불렀다.

주황의 의미

긍정적 의미	부정적 의미
즐거움, 유쾌함 따뜻함 활동성, 사교적인, 축제 호기심, 깨달음 충만함 떠오르는 태양, 일몰, 가을 사랑과 자비, 용기	위험, 경계, 경고 불안 피상적, 변덕스러움 허풍, 과시

주황은 즐겁고, 이국적이고, 주변과 어울리기보다는 튀는 느낌을 주며 외향적인 속성을 가지고 있다. 주황은 난색 계열에서 빨강과 노랑 사이에 위치해 있으면서 뜨겁고 밝은 속성을 부분적으로 공유하고 있다. 그래서 지나치게 뜨겁지 않으면서 따뜻한 느낌을 주고, 찬란하지는 않지만 밝은 느낌을 준다.

주황은 활동적이며 사교적인 색이기도 하다. 축제의 의미를 가진 주황색은, 그리스 신화에 나오는 디오니소스(로마 신화의 바커스)가 입고 있는 옷 색깔이다. 디오니소스는 포도를 재배하는 신이며 술의 신, 풍요의 신인데, 이러한 신이 주황색 옷을 입고 있었다는 것은 상당히 일리 있는 색 선택이다. 술에서 비롯되는 도취와 광란, 광기를 생각하면 자극적이고 도발적인 주황이 어울린다. 사람들이 교제를 하고 친해지고자 할 때 먹는 것을 빼놓을 수 없다는 점을 감안하면, 주황은 식욕을 돋우며 맛있는 색인 동시에 교제와 나눔의 색이라고 할 수 있다.

주황은 기본적으로 맛있는 색이다. 주황이 들어간 음식은 온도가 따뜻해 보인다. 입맛이 없을 때 주황색 음식을 보거나, 테이블 세팅을 주황색으로 바꿔 보면 식욕을 돋울 수 있다. 쉽게 먹을 수 있는 과일 중에서도 주황색이 꽤 많다. 오렌지를 비롯해서 귤, 감, 살구, 자몽, 유자, 멜론, 황도복숭아 등이 있다. 채소 중에서도 당근, 주황색 파프리

5-5 오렌지색 테이블보를 두른 식탁

카, 단호박, 늙은 호박 등이 대표적인 주황색 채소다. 주황색 채소는 베타카로틴[2]이 많이 함유되어 있어서 항산화 작용을 하며 성인병을 예방하는 효과가 있다. 특히 당근은 베타카로틴이 다량 함유된 식품으로, 노화를 억제하고 면역력을 증강하며 암 예방에 효과적이어서 '슈퍼푸드'라고 불리기도 한다.

재미난 사실은 주황이 맛있는 색이기는 하지만, 어떤 색과 조화를 이루느냐에 따라 식욕을 떨어뜨리기도 한다는 점이다. 진한 파랑과 주황을 함께 두었을 때 오히려 식욕은 줄어든다. 한때 우리나라 인터넷에서 식욕감퇴 사진이라며 소개되곤 했던 유리공예 작품이 있다. 데일 치훌리(Dale Chihuly)의 작품으로 미국 라스베이거스 벨라지오 호텔 로비의 천장에 달린 형형색색의 유리 공예 작품이 유명하다. 그리고 시애틀의 치훌리 가

---

2) 베타카로틴은 주황색 채소 외에 시금치와 쑥, 쑥갓, 케일 등 녹색 채소에도 많고, 김, 미역, 파래, 다시마 같은 해조류, 살구와 황도, 망고 등 과일에도 많다. 베타카로틴은 몸 안에 들어가면 비타민 A로 바뀐다.

5-6 귤

5-7 단호박

든 앤 글라스(Chihuly Garden and Glass) 미술관에 가면 그곳에도 천장에 설치된 작품 〈페르시아 천장(Persian Ceiling)〉(2011)이 있다. 중간에 섞인 짙은 푸른색이 주황과 부딪히면서 강렬한 조화를 이루고 있는데, 오히려 이러한 색 조합은 식욕을 떨어뜨리는 효과가 있다.

주황은 위험을 알려 주는 색이기도 하다. 주황은 경계 태세를 갖추도록 돕는 색이므로 간판이나 조명, 안전 관련 표지판 및 안전 관련 용품에도 많이 사용된다. 특히 주황색은 가시성이 좋아서 경고 표지판과 공사장 표지판에 많이 사용된다. 도로 공사 현장이나 위험을 알리는 각종 장소에서 사용하는 꼬깔 모양의 삼각뿔은 전 세계적으로 주황색을 사용한다. 주황 삼각뿔은 흰 눈 위에서나 어두운 도로 위에서 모두 눈에 잘 띈다. 안전 삼각대나 안전봉 역시 주황색을 쓴다. 구명조끼 색상도 주황인데, 파란 바다 위에서 주황이 보색 관계이므로 눈에 더욱 잘 띈다.

주황은 가을의 색이다. 가을 색에는 갈색과 고동색도 있지만 주황 덕분에 가을은 찬란하고 화려하며 풍성한 계절이 된다. 노을빛이 주황으로 물들 때도 있다. 붉은색과 황금색 노을이 섞일 때는 찬란한 주황빛 노을이 된다. 흔히 가을의 노을빛을 주황으로 느끼곤 하는데, 이는 실제 계절별 빛의 색 차이보다는 가을이 지니는 주황의 느낌에 따른 것으로 다분히 심리적인 것이라 할 수 있다.

주황은 변화를 상징한다. 노랑과 빨강 사이에 자리 잡고 있으면서 어느 한쪽으로 기울어질 것 같은 긴장감을 불러일으킨다. 그래서 주황의 부정적 의미에 변덕스러움과 불안이 있다.

5-8 주황 삼각뿔

5-9 주황빛 가을

5-10 성동교의 노을

다양한 문화권에 사용된 주황

중국이 빨강과 노랑을 쓴다면, 그 아래쪽에 위치한 인도는 주황을 많이 쓴다. 종교적인 이유로 주황을 고결하게 여기는데, 불교와 힌두교 문화에서는 주황을 신성한 색깔로 여긴다. 불교에서는 주황이 깨달음을 상징하는 색이며 최고의 완벽한 상태를 뜻한다. 그래서 승려들의 법복이 주황색이다. 티벳 불교의 수장인 달라이 라마는 주황색 옷 또는 노란색 옷 위에 짙은 붉은색 법복을 입고 있다. 힌두교에서도 크리슈나 신은 주황색(또는 노란색) 옷을 입고 있는 모습이며, 힌두교 승려들 역시 주황색 옷을 입는다. 따라서 인도와 태국, 네팔 등지에서 승려들은 주황색 옷을 입고 있다.

인도에서 '주황색'이라는 이름은 오렌지가 아니라 사프란이다. 이 이름은 식물 사프란에서 나온 것이다. 사프란은 백합목 붓꽃과의 꽃인데, 향신료로 음식에 쓰이고 색깔을 물들이는 색소로도 활용된다. 주황빛 노랑으로 염색이 되기 때문에, 주황과 노랑 모두

5-11 태국의 승려들

에서 사프란을 언급하게 된다. 사프란은 또 약품이나 화장품 제조에도 첨가되며, 사프란 향의 이름을 따서 염색제, 세제 등에도 사용한다. 인도에서는 사프란을 종교 의식에 사용하며, 중동에서는 천연 항우울제로도 사용한다.

우리나라는 주황색의 천연 염색 안료로 치자[3]와 당근, 그리고 금송화[4] 등을 사용하여 옷감을 염색했다. 치자는 오늘날에도 여전히 많이 사용하는 재료다. 필자의 시댁에서는 명절날 전을 부칠 때, 밀가루를 풀어 둔 물에 치자 우려낸 물을 넣곤 한다. 노랑과 주황 사이의 밝은 오렌지색이 더해지면서 전이 좀 더 맛깔스러워 보이기 때문이다.

주황색은 국기에서도 찾아볼 수 있다. 아시아에서는 인도와 부탄, 스리랑카가 주황색을 사용한다. 인도 국기는 그림에서 보는 바와 같이 주황색, 흰색, 녹색의 3색 띠가 있고 중간에 바퀴 모양의 파란색 원이 있다. 여기서 주황색은 용기와 희생을 상징한다. 부탄은 노랑과 주황으로 나누어진 두 개의 삼각형 형태가 맞붙어 있고 중간에 흰 용이 있다. 흰 용은 부탄을 상징하며 노랑은 왕을 의미하고 주황은 불교를 뜻한다. 인도에 인접한 스리랑카의 국기도 주황색을 부분적으로 사용한다.

유럽에서는 아일랜드가 녹색, 흰색, 주황색의 세로 삼색 띠를 사용하는데, 다만 인도의 주황과는 달리 주황색이 개신교[5]를 의미한다. 녹색은 가톨릭을 의미하며, 중간의 흰색은 두 종교 간의 평화와 이해를 뜻한다.

구소련에서 독립한 아르메니아[6]는 빨강, 파랑, 주황색으로 이루어진 국기를 가지고 있으며 여기서 주황의 의미는 비옥한 아르메니아의 땅과 사람들의 노동을 의미한다. 서아프리카에서 니제르와 코트디부아르 역시 국기에 주황색, 흰색, 초록색의 삼색 띠(전자

---

3) 적황색 또는 주황색의 원료로 치자나무의 열매를 따서 삶아 물들인다. 예로부터 우리나라에서 식용으로 쓰이기도 했다.
4) 금송화는 매리골드, 불란서금잔화, 홍화초라고도 불리며, 노랑과 주황빛을 띠어서 염색에 사용하면 아름다운 빛깔을 낸다.
5) 구교와 신교라고 불리는 가톨릭과 개신교는 종교적 교리의 해석 및 적용에 있어서 첨예한 대립을 보였다. 영국과 아일랜드의 개신교 신자들은 스스로를 주황색 사람(orange man)이라 했고, 주황은 가톨릭에 대항하여 싸우는 개신교, 프로테스탄트의 색이 되었다.
6) 서남아시아에 있는 국가로서 터키 및 이란과 접해 있다.

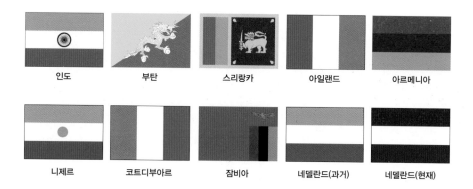

인도	부탄	스리랑카	아일랜드	아르메니아
니제르	코트디부아르	잠비아	네델란드(과거)	네델란드(현재)

는 가로, 후자는 세로)를 사용한다. 국기에 부분적으로 주황색을 사용하는 잠비아의 경우에도 초록색을 기본 바탕으로 하면서 우측에 빨강, 검정, 주황의 3색 띠를 사용한다.

유럽의 여러 나라 중에서 주황색과 관련이 깊은 나라를 꼽으면 단연코 네덜란드를 들 수 있다. 네덜란드가 에스파냐로부터 독립하기 위해 전쟁을 선포했던 사람이 오라네[7] 공 빌렘 1세(William I)다. 오라네 공의 가문은 독립전쟁을 이끌었고, 이후 네덜란드 왕실은 '오라네 왕가'가 된다. 오라네는 네덜란드어로 oranje이며, 이를 불어로 표기하면 orange이다. 오라네 가문의 색은 당연히 오렌지색이다. 주황에 대한 애정은 스포츠 분야에까지 널리 퍼져서 네덜란드의 축구 대표팀은 '오렌지 군단'이라 불리는데, 이들은 위아래 모두 주황색으로 된 유니폼을 입는다. 축구 외에도 국제적인 스포츠 행사에 참가하는 네덜란드 선수단은 주황색 유니폼을 종종 입곤 한다. 네덜란드 국기는 빨강, 흰색, 파랑으로 되어 있지만, 1930년 이전까지는 빨강 부분이 주황색이었다. 그렇게 변경된 이유는 염색과 관련된 현실적인 문제 때문이었다. 즉, 주황색의 밝기나 색조가 일관되게 염색되어 나오지 않았기 때문에 주황색보다 더 안정적으로 색을 낼 수 있는 빨강으로 바뀌었다.

유럽에는 오래된 건물이 많기 때문에, 때로는 건물 색으로 그 지방 사람들의 특성을 짐작해 볼 수 있다. 주황색이 두드러졌던 나라 중에 체코가 있다. 체코의 수도 프라하

---

7) 네덜란드어 발음을 오란여, 오라니에 등으로도 표기한다.

5-12 체스키크룸로프 도시 풍경

는 건물 지붕이 주황색인 경우가 많다. 프라하에서 세 시간 정도 남쪽으로 가면 체스키크룸로프(Český Krumlov)라는 오래된 도시가 있다. 그 도시의 지붕도 역시 주황색이다 (5-12 참조).

이와 대조적으로 체코와 국경을 접하고 있는 독일과 오스트리아의 도시 지붕에는 주황색이 거의 없다. 독일과 오스트리아가 비슷한 지붕 색을 보이는데, 차분하게 가라앉은 회색조의 지붕이 대부분이다. 독일의 철학자 괴테는 『색채론』에서 주황과 주홍에 대해 서술하면서 특히 '붉은 주황'에 해당하는 '주홍'에 대해 말하기를, 힘이 넘치고 건강한 색이므로 정열적이고 건강하며 거친 사람들이 주홍을 좋아하는 것은 놀라운 일이 아니라고 언급했다. 아이들이 주홍을 좋아하는 것을 말하면서 이 색은 어린아이들이나 원시적인 사람들은 선호할 수 있지만, 성숙하고 교양 있는 성인들이 선호할 만한 색은 아니라고 보았다. 특히 흐린 날씨에 주홍색 옷을 입은 사람들을 보면 상당히 부담스럽다고 했고, 자신이 아는 교양 있는 사람들도 주홍을 견딜 수 없어 한다고 했다. 이러한 괴테의 언급은 독일 민족의 성격 특성을 고려하면 충분히 이해됨 직하다. 즉, 주황의 색 특성이 독일 민족의 성격 특성과는 어울리지 않는 것이다. 독일 민족(게르만족인데, 오스트리아도 마찬가지로 게르만족이다)의 성격은 빈틈없이 철두철미하며 계획적이고 약속에 철저하다. 그에 비해 주황은 튀고 발랄하며 불안정하다. 주황색은 게르만 민족보다는 체코 민족(슬라브계)의 성격과 훨씬 더 잘 어울린다. 독일-오스트리아 연합군에 의해 체코가 오랫동안 점령당했던 역사를 함께 고려하면 이들 민족 간의 해묵은 감정을 좀 더 이해하기 쉬울 것 같다.

서양에서 주황이 두드러진 날은 핼러윈데이(Halloween Day)를 들 수 있다. 10월 마지막 날인 핼러윈데이는 고대 켈트족의 축제에서 유래되었다. 이날은 죽은 영혼이 다시 깨어나서 유령으로 나타난다고 보기 때문에 사람들이 유령 복장을 하고 잡귀를 쫓아내고자 한다. 핼러윈데이에서 빠지지 않는 장식은 속을 파내고 눈, 코, 입을 만든 주황색 호박이다. 10월이 되면 곳곳에서 호박을 늘어놓고 판매하는 장터를 볼 수 있다. 거의 모든 집이 집 밖에 혹은 집 창문에 호박으로 만든 잭오랜턴(Jack-O'-Lantern)을 두고 이날을 즐긴다. 핼러윈 호박과 유령 복장은 각각 주황과 검정이라서 이 두 가지 색깔이 핼러윈데이의 대표 색상이 된다. 만약 검정만 있었다면 음산하고 괴기스러운 것으로 끝났겠지만, 주황색 잭오랜턴이 이날의 전체적인 분위기를 재미나고 흥겨운 놀이처럼 바꿔 주고 있다.

현대로 넘어오면서 주황은 상징적 의미보다는 높은 가시성 때문에 사용되었다. 위험해서 주의를 요하는 작업 환경이라든가 눈에 쉽게 띄어야 하는 물건의 경우에는 주황을 사용하곤 한다. 미국 샌프란시스코의 금문교는 진한 주황색으로 칠해져 있는데, '인터내셔널 오렌지(international orange)'라는 주황을 썼다. 이 지역은 안개가 자주 끼는데, 바다 위를 가로지르는 다리가 멀리서도 보일 수 있도록 주황을 썼다고 한다.

5-13 주황 호박

5-14 잭오랜턴

일상생활에서 만나는 주황

　일상생활 중에서 만나는 색깔은 크게 자연색과 인공색으로 나뉜다. 먼저, 자연색으로서의 주황은 과일과 채소, 음식물, 꽃과 열매, 동물, 광물에서 볼 수 있다. 대표적 주황색 과일은 오렌지이며 귤과 한라봉, 감, 살구, 복숭아, 망고 등이 있다. 당근과 늙은 호박, 샐러드 드레싱, 새우, 연어, 바닷가재, 빨간 캐비어, 소시지, 식용 호박꽃, 카레, 사프란이 들어간 음식, 빵가루를 입힌 요리, 치즈의 껍질, 콘플레이크 등이 모두 주황색이다.

　주황색 음식물은 먹음직스러운 느낌을 준다. 5-15는 달걀 푼 물에 각종 채소를 넣어서 오븐에 구워 내는 프리타타인데, 주황색 단호박과 방울토마토가 식욕을 자극한다.

5-15 프리타타

5-16 바닷가재

5-17 빨강 쿠키, 주황 쿠키, 노랑 쿠키 중에서 가장
먹음직스러워 보이는 쿠키는 무슨 색인가?

주황색이 없었으면 그저 징그럽다는 느낌을 주었을 바닷가재도 있다(5-16 참조). 날것인
상태에서 바닷가재는 진녹색과 갈색 사이의 색깔을 보이지만, 삶거나 찔 경우에 주황색
으로 바뀐다. 그 빛나는 주황색 덕분에 바닷가재가 먹음직스럽게 바뀌었다는 것은 두말
할 나위가 없다.

주황색 꽃에는 다알리아, 팬지, 능소화, 나리꽃, 동자꽃, 하늘말나리 등이 있다. 나리꽃은 여러 종류가 있지만, 그중 주황색 참나리 꽃은 여름철 더운 열기 위로 활기찬 생명력을 전해 준다(5-18 참조). 동자꽃은 우리나라 각지의 산에서 자라는 다년생 초본이다.

5-18 **참나리꽃**

5-19 **이 버섯은 식용일까?**

산속 그늘, 습기가 많은 곳에서 자라는데 매우 선명한 주황색 꽃을 피운다. 버섯 중에
는 졸각버섯, 들주발버섯, 주황귀버섯 등이 주황색이다. 졸각버섯은 식용버섯이며 여름
부터 가을 사이에 숲 속이나 길가에 무리 지어 생긴다. 흔히들 알고 있는 상식으로, 색
깔이 화려한 것을 독버섯으로 본다. 하지만 실제로는 꼭 그렇지 않아서, 색이 화려하지
만 식용인 것도 있고 갈색이지만 독버섯인 경우도 있다.

　대표적인 주황 동물은 붉은 여우와 금붕어 등이 있다. 디즈니와 픽사에서 2003년에
만든 만화영화 〈니모를 찾아서〉에서 주인공 물고기는 주황색 몸통에 세 개의 흰색 줄
무늬를 가지고 있다. 이 물고기는 흰동가리이며 '퍼큘러 클라운'이라고도 불린다.

　보석에서도 주황을 찾아볼 수 있는데, 오렌지 산호, 오렌지 사파이어, 오렌지 오팔, 황
옥, 호박, 베릴, 시트린, 스페사르틴 가닛, 오렌지 지르콘, 암모나이트 등이 있다.

　인공색으로서의 주황은 해당 색의 속성을 십분 활용한 것들이다. 주황은 활동적인
속성을 가지고 있으며 눈에 두드러지는 특성이 있어서 초록 잔디 위에서 뛰는 스포츠팀
의 경우 주황색 유니폼을 사용하곤 한다. 우리나라 프로야구팀 중에서 대전의 한화 이
글스가 상징색으로 주황을 사용하고 있고, 프로농구에서는 인천의 전자랜드 엘리펀츠
가 주황을 고유색으로 사용하고 있다. 축구에서는 네덜란드 국가대표팀인 오렌지 군단

5-20 주황색 자동차

과 터키 쉬페르리그의 갈라타사라이가 홈 유니폼(빨강과 주황 조합)에 사용한다.

주황의 독보적인 가시성과 활동적인 속성은 교통기관과도 잘 어울린다. 우리나라 수도권 전철 3호선이 주황색이고, 부산의 도시철도 1호선과 의정부 경전철을 나타내는 색깔이 주황색이다. 한때 무궁화호 열차의 고유색으로 객차 상단부가 주황색이었으나 현재는 빨강으로 변경되었다.

주황색 SUV 차량도 소비자들에게 사랑을 받았다. 엄청난 속도를 자랑하며 빨리 갈 것 같은 느낌보다는 레저와 여유를 즐기는 활동적인 인상을 준다. 미국 시애틀의 급행버스는 빨강과 진한 노랑을 쓰는데, 급행이 주는 긴장감을 색깔로 전달하는 듯하다.

주황을 로고에 사용한 회사는 언론사 중에는 석간 문화일보, MBN, OSEN, 중앙일보, 로이터, 마이데일리 등이 있다. 통신사인 SKT는 빨강과 주황으로 'T'자 모양을 로고로 쓴다.

가로등의 불빛으로 주황을 쓰기도 한다. 가로등은 램프 종류에 따라 색깔이 다르다. 흰색 가로등은 주로 메탈 할라이드 램프와 LED 램프이며, 주황색 가로등은 나트륨 램프다. 메탈 할라이드 램프나 나트륨 램프 모두 효율이 높고 전기료가 절감되는 공통점을

5-21 시애틀의 급행버스

가지고 있다. 나트륨 등은 주황색으로 투과력이 좋기 때문에 안개지역이나 해안지역, 혹은 터널 등에서 사용하기에 적합하고, 스모그가 심한 지역에서도 빛을 잘 투과하므로 사용하기에 좋다.

사진에서는 따뜻하고 온화한 느낌을 주고 싶을 때 화이트밸런스 값을 조정하여 주황빛(백열등빛)이 돌게 한다. 실내 조명에서 따뜻한 느낌을 주고자 할 때에도 주광색 전구를 쓰거나 전등갓을 주황색으로 하기도 한다. 고기가 더 싱싱해 보이도록 하려는 정육점의 경우에도 주황색 불빛(혹은 빨강이나 핑크색 불빛)을 사용한다.

공사장 가림막도 요즘은 미관을 중요시하는 분위기다. 원래 공사장 가림막은 공사하면서 나오는 분진을 예방하는 것이 주된 목적이다. 그래서 최소한의 투자로 회색 펜스를 두르는 것이 대부분이었고, 공사가 끝날 때까지는 도시의 미관을 해치는 흉물처럼 어쩔 수 없이 그 자리에 있었다. 하지만 이제는 오히려 가림막을 활용해서 시선을 끌 수

5-22 공사장 가림막

5-23 캐나다 낸턴의 작업장

있는 마케팅 도구로 사용하거나 시민들을 위한 거리 갤러리처럼 활용하기도 한다. 쉽게 분위기를 주도할 수 있는 색채 중의 하나가 회색 가림막에 주황과 노랑, 초록 등 밝은 색채를 사용하는 것이다. 공사 기간의 소음과 먼지는 어쩔 수 없다고 하더라도 이처럼 시각적으로나마 즐거움을 누리게 하는 것은 어렵지 않은 배려가 아닌가 한다.

건물을 주황으로 하면 상당히 두드러진다. 멀리서도 눈에 잘 띄며, 발랄한 느낌을 준다. 5-23은 캐나다의 작은 시골 마을에 있는 작업장 건물인데, 지붕을 노랑, 건물 벽체를 주황으로 칠해서 생기 있는 모습이다(벽면의 Nanton은 건물이 있는 소도시의 이름이다).

프랑스 북동부 와인가도에 있는 작은 마을에도 주황색 집들이 눈에 띈다. 분홍색과 주황색, 살구색 집이 많은 동네라서 그런지, 정말 포도를 재배하는 술의 신 디오니소스가 나올 것 같다(5-24 참조).

건물의 내부 벽면을 주황으로 칠하는 경우도 드물지 않다. 필자가 인턴으로 일했던

5-24 프랑스 와인가도의 주황색 집

워싱턴 DC의 아동병원의 정신과 병동은 벽면이 밝고 따뜻한 느낌의 오렌지색이었다. 지금은 어떤 색으로 바뀌었는지 모르겠지만, 그 당시에 필자의 눈에는 '시립 병원'이라는 다소간에 무거울 수 있는 분위기(어쩌면 그것은 '공공기관은 보수적일 것이라는 필자의 선입견이었을 것이다)를 반전시켜 주는 재치 있는 색깔이었다.

쉬어 가는 페이지

비행기의 '블랙박스'는 무슨 색깔일까?
당연히 검정이라고 생각하겠지만, 실제 블랙박스는 주황색이다. 주황색이 눈에 잘 띄기 때문일 것이다.

예술작품에 나타난 주황

제주도의 김영갑 갤러리 두모악에 가면 입구에 손님을 반기는 조각 작품이 서 있다. 주황색 옷을 입은 여인상에는 "외진 곳까지 찾아 주서서 감사합니다"라는 글귀가 적혀 있다. 그 글귀를 읽지 않아도 손님을 맞이하는 반가움과 즐거움이 색으로 느껴진다. 2017년에 다시 김영갑 갤러리 두모악을 찾았을 때, 입구 부분이 새롭게 꾸며진 것을 보았다. 주황색 간판과 주황색 조각상이 함께 손님들을 반겨 주고 있었다.

5-25 주황으로 손님을 반겨 주는 김영갑 갤러리 두모악

5-26 제주 김영갑 갤러리 입구 조각상

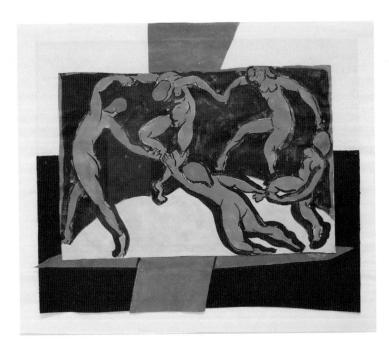

5-27 Henri Matisse. 〈The Dance〉(1938). 석판화. 영국 테이트 브리튼 미술관

앙리 마티스(Henri Matisse, 1869~1954)의 〈춤(The Dance)〉(1938)은 강렬한 주황색 사람들이 손을 잡고 원형으로 군무를 추고 있다. 마티스는 춤이라는 주제로 두 점의 유명한 유화작품을 남겼다. 둘 다 거대한 크기의 작품으로(세로 260cm, 가로 390cm) 각기 1909년과 1910년에 제작된 것들이다. 사람들의 피부색 표현만 살구색에서 탁한 빨강으로 달라졌을 뿐, 거의 동일하다. 이 책에서 소개하는 마티스의 〈춤〉은 석판화로 제작된 것인데, 사람들의 피부색이 주황에 가깝다(5-27 참조). 흡사 우리나라 강강술래와 닮았는데, 동작이 격렬해 보이고 옷을 걸치지 않은 나신이라는 점에서 보다 더 원시적이고 근원적인 힘을 느끼게 한다. 그러한 원시성에 주황빛이 중요한 역할을 하고 있음은 부인할 수 없다. 사람들이 흰색이나 어두운 파랑으로 칠해졌다고 생각해 보라. 그랬다면 전혀 다른 느낌, 이를테면 춥고 고통스러운 느낌을 주었을 것이다.

주황을 감상할 때 직접 찾아가서 보기를 추천하는 작품

'석양의 화가' '노을의 화가'라고 불리는 분이 계신다. 바로 실향민으로 북에서 내려오신 윤중식 화백이다. 윤 화백의 집안은 평양에서 미곡상과 정미소를 했다고 한다. 그래서 그 집에는 비둘기가 백여 마리 살았는데, 윤 화백이 본 비둘기들은 마치 사람처럼 부부간 애정이 매우 깊었다고 한다. 휴전 이후 북으로 가지 못한 채 가족을 그리워하면서 평생을 보낸 윤 화백은 자신의 그림이 한편으로는 그때의 비둘기들을 그리는 것이라고도 했다. 이렇듯 화가들은 자신의 마음에 담긴 것, 마음에 남겨진 것들을 그리곤 한다. 윤중식 화백은 노을을 그리는 화가로도 이름을 남겼는데, 특히나 고향을 두고 온 실향민으로서 느끼는 그리움과 향수가 노을빛을 통해 스며 나오고 있다.

필자가 윤중식 화백의 〈석양(Sunset)〉을 보았던 곳은 원주 '뮤지엄 산'이었는데, 1975년 유화작품이며, 52x44cm의 크지 않은 작품이다. '석양'이라는 같은 제목의 작품들 중에서 뮤지엄 산에 걸린 작품은 색채가 훨씬 더 절제되어 있고, 석양빛은 더 강렬하게 빛나는 오렌지색이다. 다른 좋은 작품들도 많았지만, 첫눈에 윤중식 선생님 작품이 가장 강렬하게 다가왔고, 이 작품을 한 번 더 보기 위해서 기꺼이 다시 방문할 마음을 가지게 했다.

그 미술관을 방문하는 분들에게 꼭 눈여겨보시라고 권하고 싶다. 아니, 찾으려 하지 않아도 그 작품이 눈에 들어올 것이라고 믿는다.

색의 선호

우리나라 사람들을 대상으로 한 선호색 조사에서 주황을 가장 좋아하는 색이라고 답한 사람은 3.6%에 불과했다. 남녀로 나누어 보면, 여성은 4.1%, 남성은 2.8%였다. 가장 싫어하는 색으로 주황을 지목한 경우도 별로 많지 않아서, 전체 조사에서 4.9%, 여성은 5.4%, 남성은 3.9%였다. 예전에 좋아했지만 더 이상 좋아하지 않는 색으로 주황을 꼽은 비율도 낮은 편이어서 전체 3.8%, 여성 4.0%, 남성 3.4%로 나타났다. 옷 색깔로 주황이 많다고 답한 사람의 비율은 1%에도 미치지 못했다.

여성 응답자들의 반응을 연령대별로 살펴보았을 때, 10세 미만 여자아이가 '예전에 좋아했지만 더 이상 좋아하지 않는 색'으로 주황을 꼽은 비율이 11.8%였을 뿐, 그 외의 질문이나 연령대별 응답에서 주황이 10%를 넘은 적은 없다.

남자 응답자들의 반응을 연령대별로 보면, 역시 주황은 크게 주목받지 못하는 색이었다. 다소 높게 나온 응답은 20대 남성이 싫어하는 색 9.1%와 60대 이상의 남성이 선호하는 색 9.0%가 있다.

주황을 좋아하거나 싫어하는 비율

(단위: %)

		10세 미만	10대	20대	30대	40대	50대	60대 이상
여성	선호색	5.9	3.7	3.0	3.8	5.9	3.9	3.4
	혐오색	0.0	7.3	6.6	4.7	4.1	6.5	3.4
남성	선호색	6.7	1.2	3.8	3.4	3.1	0.0	9.0
	혐오색	0.0	0.0	9.1	4.1	2.0	2.3	0.0

노랑

Chapter 6
노랑

색채에 대한 책을 쓰고 싶다는 생각을 품으면서 그 책에 꼭 넣고 싶은 작품이 있었습니다. 그건 바로 고흐(Vincent van Gogh, 1853~1890)의 〈밤의 카페테라스(The Cafe Terrace on the Place du Forum, Arles, at Night)〉(1888)랍니다. 이 그림은 남편과 제가 신혼살림을 시작했던 12평 집과 어울리지 않게 큰 프린트 액자로 사서 오랫동안 식탁 옆에 걸어 두었던 그림이기도 합니다. 이전에는 그 그림을 '최고로 좋아하는 작품'으로 꼽지 않았습니다. 그냥 그림 액자를 살 때 고를 수 있었던 '괜찮은 작품' 정도였습니다. 하지만 바쁘고 정신없던 신혼의 기억 위에 찬란하고 따뜻한 노랑이 겹쳐지면서 시나브로 정말 좋아하는 작품이 되었습니다. 고흐의 노랑 덕분에 저희 집 식탁도 근사하고 멋진 공간이 되곤 했거든요. 때론 위로해 주는 공간이기도 했구요.

언젠가 유럽에 잠시 들를 기회가 생겼을 때, 전 주저하지 않고 네델란드를 일정에 넣었습니다. 오리지널 〈밤의 카페테라스〉를 보고 싶어서 말입니다. 그 작품은 암스테르담에서 한 시간 정도 떨어진 시골의 크뢸러 뮐러 미술관(Kröller-Müller Museum)에 소장되어 있습니다. 그곳까지 가는데 비는 또 얼마나 억수같이 오던지요. 하지만 작품 앞에 섰을 때, 고생해서 찾아갔던 것을 충분히 보상받고도 남았습니다. 잊을 수 없는 노랑의 따뜻함 덕분에요.

6-1 Vincent van Gogh, 〈The Cafe Terrace on the Place du Forum, Arles, at Night〉(1888). 네델란드 크륄러 뮐러 미술관.

노랑

    병아리, 나비, 해바라기, 개나리, 민들레, 바나나, 레몬, 그리고 빛과 햇살, 희망과 명랑함. 이들의 공통점은 무엇일까? 그렇다. 모두 눈부신 노랑이라는 점이다. 노랑은 태양과 빛의 색으로 밝고 따뜻하며 눈부시다. 노랑은 빨강, 파랑과 더불어 삼원색을 구성하는 일차색이며, 흰색을 제외한 모든 색 중에서 명도가 가장 높은 색이다. 노랑은 다른 색이 섞이지 않은 원색이라 채도도 높으므로, 명도와 채도가 모두 높은 색이라 할 수 있다. 노랑의 파장은 570~590nm 정도이다.

6-2 노란 새끼 오리

노랑의 이름과 종류

노랑의 정의를 국어사전에서 찾아보면 '개나리꽃이나 달걀노른자와 같은 색'이라고 나온다. 개나리꽃과 달걀노른자의 색이 전형성이 높아서 그런 설명이 가능할 것이다. 봄날이 찾아올 때 가장 확실한 전령은 누가 뭐래도 만발한 개나리꽃이다. 연한 핑크빛의 벚꽃이나 부드러운 크림색 목련, 노란 민들레와 유채꽃, 산수유, 붉은 팬지와 튤립보다는 역시 노란 개나리꽃이 봄을 느끼게 해 준다.

노랑은 다른 색깔에 비해서 종류가 다양하지 않다. 노랑에 색이 섞이면 쉽게 혼탁해지므로 노랑의 범주에서 벗어나는 것으로 본다. 국가표준인증 통합정보시스템에서 색

6-3 개나리꽃

표준을 찾아보면, 노랑의 종류는 다음과 같이 나온다.

- 진한 노랑, 연한 노랑, 흐린 노랑
- 흰 노랑
- 회황색
  - 밝은 회황색

관용 색이름에서는 병아리색, 바나나색, 레몬색, 겨자색이 노랑을 부르는 대표적인 이름이다. 해바라기색이나 노른자색[1]은 진한 노랑을 말하고 겨자색은 연한 황갈색을 가리킨다. 그 외에 크림색과 상아색은 흰 노랑을 가리킨다.

레몬색	개나리색	겨자색	귤색	바나나색
노른자색	노랑	해바라기색	크림색	병아리색

노랑의 대표적인 두 갈래는 진한 노랑과 연한 노랑이다. 진한 노랑은 오렌지빛이 살짝 감도는 색깔을 띤다. 그리고 연한 노랑은 붉은 기운 없이 흰색이 섞인 것인데, 흰 노랑은 흰색이 훨씬 더 많이 섞인 색이다. 6-4는 전남 구례군 산동면의 산수유인데, 연한 노

---

1) 노른자의 색깔은 대개 진한 노랑이지만, 어떤 노른자는 보통 정도의 노랑이거나 흐린 노란색을 보인다. 계란 노른자의 색깔은 신선도의 문제라기보다는 암탉이 어떤 먹이를 먹느냐에 따라 영향을 받는다. 황적색 채소에 많은 카로티노이드가 함유된 먹이를 먹을수록 노른자가 더 진한 노랑이 된다.

6-4 전남 구례군 산동면의 산수유

랑이 어떤 느낌인지 잘 보여 주고 있다. 그에 비해 6-5는 진한 노란 꽃이다. 두 색깔을 비교해 보면, 노랑의 느낌이 이렇게 차이가 날 수도 있다는 것을 느낄 수 있다.

노랑이 사용된 어휘나 표현 용례를 보면 서양의 어휘는 노랑의 부정적인 의미를 활용한 것들이 많은데, 이를테면 다음과 같다.

영어로 yellow라고 했을 때 '비겁하다' '쉽게 놀란다' '겁이 많다'는 뜻이 있다.

- 옐로 스트릭(yellow streak): 겁 많은 성격
- 옐로카드(yellow card): 운동경기에서 반칙을 하거나 상대를 괴롭히는 고의적인 행동을 한 경우 '경고'의 의미로 보여 주는 카드
- 옐로 저널리즘/옐로 프레스(yellow journalism/yellow press): 신문 등의 언론에서 대중의 관심을 끌기 위해 저속하거나 선정적인 내용을 싣는 것

6-5 진한 노란 꽃

• 노란 웃음(rire jaune): 프랑스에서는 불안한 웃음 혹은 쓴 웃음을 가리켜서 노란 웃음이라고 한다.

독일은 질투로 노랗게 된다('gelb vor Neid')는 표현을 쓴다. 인도에서는 노랑을 선호하는데, 짙은 노랑을 '인도황(Indian yellow)'이라고 부른다.

지명에서 노랑을 의미하는 이름이 들어간 경우는 우리나라 황해를 비롯해서 경남 지방의 황강과 황매산, 그리고 직지사가 있는 황악산 등이 있고, 그 외에 중국의 황하(黃河)와 황산(黃山), 미국의 옐로스톤(Yellowstone) 등이 있다.

노랑에 대해 언급했던 사람들의 이야기를 들어 보자.

화가 폴 세잔(Paul Cézanne)은 "태양을 보이는 그대로 재현할 수는 없지만 다른 수단,

즉 색채를 사용해서 태양을 표현해야 한다고 느끼는 순간 기뻤다."라고 말했다. 오스트리아의 철학자이자 인지학자인 루돌프 슈타이너(Rudolf Steiner)는 "노랑은 스스로 빛을 낸다."라고 말했다. 추상화가 바실리 칸딘스키(Wassily Kandinsky)는 "날카롭게 고함을 치는 레몬빛 노랑을 오랫동안 보고 있으면, 고음을 내는 트럼펫 소리가 귀를 아프게 하는 것처럼 눈이 아프다. 노랑은 사람을 불안하게 만들고, 찌르며, 흥분시킨다. 노랑은 신맛에 뾰족하며, 코를 찌르는 듯한 냄새를 풍긴다."라고 했다. 노랑이라는 시각적 자극으로부터 청각 경험과 촉각, 후각, 미각 등 다양한 감각 경험을 이야기한다. 그리고 그 느낌은 상당히 구체적이어서 어떤 느낌인지 상상할 수 있을 것만 같다. 괴테는 "노란색은 빛에 더욱더 가까운 색채다."라고 하면서, 겨울 풍경을 바라볼 때 노랑 유리창을 쓰면 마음에 위안이 된다고 했다. 스위스의 심리학자이자 심리치료사인 막스 뤼셔(Max Lüscher)[2]는 노랑은 심리적 욕구를 드러내며, 자유로운 인간관계에서 행복한 발전을 꿈꾸는 사람들이 선호한다고 보았다.

노랑의 의미

긍정적	부정적
빛, 긍정적	질투, 시기
유쾌함, 즐거움, 행복	천박함
깨달음	불안정
낙관주의	분노, 거짓
친절	구두쇠
황제	모순된 색
부귀영화	경고

---

2) 막스 뤼셔는 뤼셔 컬러 테스트를 만든 사람이다. 이 검사는 색채 선호에 따른 심신의 상태를 평가하는 도구다.

6-6 호주 12사도상의 일몰

노랑은 다른 색과 마찬가지로 긍정적인 상징과 부정적인 상징을 가지고 있다. 긍정적인 상징을 살펴보면, 노랑은 무엇보다 밝고 긍정적이며 유쾌한 색깔이다. 흰색을 제외하고 명도가 가장 높은 색이며, 태양을 상징하는 색이고 빛의 색이다. 해가 저무는 석양도 노란빛이 강하면 찬란하게 느껴진다.

노랑은 가장 찬란한 색이다. 노랑보다 더 찬란한 금색이 있긴 하지만, 금속성 광택이 없는 유채색만 놓고 보면 노랑이 가장 찬란하며, 값비싼 금과 가장 가까운 색이므로 황금의 상징성을 공유한다. 그래서 노랑은 부귀영화를 상징한다.

노랑은 또한 행복의 색깔이다. 빛나고 유쾌하며 밝은 특성에서 비롯된 '행복'의 느낌은 노랑에서 더할 나위 없이 반짝인다. 국내에 출간된 행복 관련 서적들이 대부분 노랑 표지를 선택하는 것도 다분히 색채의 연상을 염두에 둔 결과다.

노랑은 친절하다. 두 개의 문이 있다고 했을 때, 어느 문을 열면 더 친절한 환대를 받

6-7 어느 문을 열고 들어갈까?

을 수 있을까?

지역의 상징색으로 살펴보면, 아시아를 노랑으로 표현한다. 아시아에서 노랑에 대한 연상과 상징이 상당히 긍정적인 점도 영향을 미쳤으리라 본다. 올림픽 마크의 '오륜'은 5개의 대륙을 상징한다. 올림픽기를 만든 쿠베르탱(Pierre de Coubertin)은 오륜의 색깔이 특정 대륙을 상징하는 것이 아니라고 했지만, 일반적으로 사람들이 받아들일 때는 파랑은 유럽, 검정은 아프리카, 빨강은 아메리카, 노랑은 아시아, 녹색은 오세아니아를 상징한다고 여긴다.

반면에 노랑의 부정적인 상징은 불안정하고 시기와 질투에 가득 차 있는 것이다. 노랑은 명도와 채도가 극히 높기 때문에 가볍고 천박해 보이기도 하며, 조금만 다른 색이

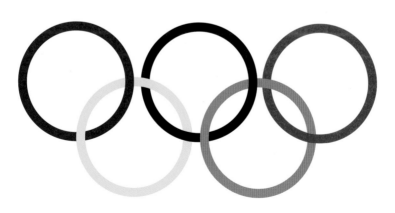

6-8 올림픽기

튀거나 묻어도 원래 색에서 변질된다. 이런 특징은 노랑이 '변하기 쉽다'고 각인시키며, 따라서 '거짓, 배신, 불신'의 의미가 더해졌다. 재물과 관련해서 노랑을 부정적인 의미로 바라볼 경우, 구두쇠라는 뜻이 되기도 한다.

원래 한 가지 색깔의 상징이 긍정적인 면도 있고 부정적인 면도 있지만, 노란색의 경우 그러한 양극단이 현격하게 차이 나기 때문에 노란색을 가장 모순되는 색으로 보기도 한다.

노랑은 멀리서도 잘 보이기 때문에 '주의' '경고'의 의미로 사용된다. 선박에서 노란 깃발을 휘날리는 것은 전염병이 발생했으므로 배를 격리시켜야 한다는 신호였다. 노란색이 잘 보이니까 그렇게 사용했을 것이다. 중세에는 도시에 노란 깃발을 달아서 페스트가 발생했음을 알리기도 했다. 페스트는 중세 유럽 인구의 3분의 1을 감소시켰던 질병이다. 그토록 강력하고 위험한 질병의 발생을 알려 주는 깃발로 노랑을 사용했다는 것은 노랑이 지닌 경고와 위험의 의미, 그리고 독보적인 가시성을 다시 한 번 생각하게 해 준다.

제2차 세계대전이 발발했을 때, 독일 나치는 유대인에 대한 대대적인 학살을 감행했다. 이들은 인종 우월주의를 신봉했고, (그들의 주장에 따르면, 게르만 족의 우월성에 저해되는 열등한 인종인) 유대인을 식별하기 위해 가슴에 다윗의 별이라 불리는 육각 별 모양의 노란 배지(중앙에 '유대인'이라고 적혀 있다)를 달도록 강요하였다. 여기에 사용한 노랑은 마치 페스트 발생을 알려 줄 때 사용한 것과 비슷한 의미가 되어서 나치가 유대인을 멸시하고 핍박하는 도구가 되었다.

6-9의 표지판은 뉴질랜드의 홀리데이 파크(Holiday Parks)라는 숙박업체에 설치된 것이다. 주로 어린아이가 있는 가족들이 머무르는 숙소여서 구역 내에서는 자동차가 반드시 서행해야 한다. 이러한 점을 간략하게 "Dead slow, Live children"이라고 표지판에 썼다. 이보다 더 간결하고 핵심적일 수가 없을 것만 같다. 여러 가지 의미로 다르게 읽힐 수 있겠지만, 결국 "죽도록 천천히 가세요. 살아 있는 아이들이 있어요."라는 뜻이 될 것이다. 그러면서 눈에 잘 띄도록 노랑을 사용하였다.

6-9 서행하도록 경고하는 노랑 표지

6-10 야생동물 주의 표지

6-11 캐나다의 소화전

우리나라에서도 경고의 의미를 담는 표지판은 주로 노란 바탕에 검정 글씨로 쓴다.
지역마다 약간씩 다른 여러 가지 모양의 표지판들이 있는데, 6-10은 충남 계룡산 근처
에 있는 표지판이다. 야생동물들이 도로에 나오는 것을 주의하도록 알려 주면서, 다람
쥐나 개구리 등의 동물 실루엣을 넣어 표시한다.

외국의 경우 소화전에 노랑을 쓰기도 한다. 우리나라 소화전은 빨강이 대부분이지만,
불이 났을 때의 긴급한 순간들을 조금이라도 진정시키면서 다른 한편으로 눈에 잘 띄
도록 하려면 노랑도 괜찮은 선택일 것이다(6-11 참조). 노랑과 빨강의 조합이나 노랑과 초
록의 조합, 혹은 노랑만으로 이루어진 소화전도 있고, 빨강-파랑-노랑으로 된 소화전도
있다. 어찌되었건, 주변과 대비해서 눈에 잘 띄도록 하는 것이 일차적인 목적이 된다.

다양한 문화권에 사용된 노랑

　문화권에 따라서 색의 의미는 달라지기 마련이며, 노랑도 예외가 아니다. 서양에서 노랑을 겁이 많은 것, 불안함, 질투, 경고 등의 의미로 보는 것에 반해, 동양에서는 노랑에 대한 긍정적 의미와 상징이 두드러진다.

　중국은 노랑을 밝고 긍정적이며 빛나는 색으로 받아들인다. 중국의 황제는 '누를 황(黃)'을 써서 황제라고 한다. 황제, 황궁, 황후 등 왕족을 언급하는 모든 단어에는 '노랑'이 포함된다. 중국에서는 노랑/금색이 황제의 색이기 때문이다. 당나라 때부터 청나라에 이르기까지 황제 외에는 노랑/금색 옷을 입지 못하는 법령도 공포되었다. 명나라와 청나라 때의 궁전인 자금성은 그 지붕이 빛나는 노랑이며 벽체는 빨강이다. 자금성은 1407년부터 짓기 시작해서 14년 동안 약 20만 명을 동원하여 완공한 거대한 궁전으로 중국인들이 얼마나 노랑과 빨강을 귀하게 여기는지 확연하게 보여 준다.

　중국에서 농경사회를 유지하고 번성하게 하는 모든 좋은 것들은 '노랑'을 포함한다. 이를테면 황하, 황산, 황사 등이다. 최근에는 우리나라에 불어오는 황사 바람에 공장지대 물질이 섞이게 되면서 황사와 미세먼지가 같이 날아오므로 황사에 대한 우리의 감정은 매우 부정적일 수밖에 없다. 하지만 공장이 들어서기 전, 농경사회에서 황사는 중요한 역할을 하는 바람이었다. 황사는 황토 먼지를 실어 나르기 때문에 밭을 매우 비옥하게 만들어 주었다. 영양분이 풍부한 흙, 황토를 떠올려 본다면, 농경사회에서 황사가 가지는 원래적 의미는 상당히 긍정적이라고 볼 수 있을 것이다.

　황하 역시 마찬가지다. 비옥한 농토를 만드는 거대한 젖줄기가 되어 주는 물이 바로 황하인데, 노란 강이다. 그러므로 중국에서의 '노랑'의 의미는 꼭 필요한 존재이면서 귀하고 고마운 존재라고 할 수 있다.

　천자문의 첫 네 글자는 '하늘 천, 따 지, 검을 현, 누를 황'이다. 즉, 하늘은 검고 땅은 노랗다는 말이다. 이는 하늘과 땅이 음양을 상징하기 때문인데, 중국은 음양의 상징을 나타낼 때 검정과 노랑을 사용한다. 이 두 가지 색은 서로 반대되는 색으로서 각각 음과 양을 상징한다고 여긴다. 중국의 색 체계에서 흰색은 검정과 마찬가지로 '음'을 상징하고, '양'을 상징하는 색은 '노랑'이다. 처음 음양의 상징이 서양에 소개되었을 때, 흑백 대조가 더 큰 차이라고 느끼는 유럽에서는 검정과 흰색을 사용했다. 유럽에서는 노랑에 대한 상징이 그다지 호의적이지 않았던 것도 영향을 주었을 것이다. 그래서 서양에서 사용하는 음양(영어로 Yin Yang)의 상징을 보면, 절반은 희고 절반은 검은 동그라미다.

노랑과 검정으로 이루어진 음양의 상징에서 노랑은 '양'에 해당되며 검정은 '음'에 해당된다. 노랑은 팽창하여 밖으로 뻗어 나오며, 남성의 힘을 상징하고 있고, 적극적인 창조의 원칙을 가지고 있다. 검정은 수축해서 안으로 들어가며, 수용하고, 여성의 힘을 상징한다.

중국의 남쪽에 위치한 태국의 경우에도 노랑에 대한 선호도가 높다. 태국의 대표 색은 노랑과 보라라고 할 정도로 태국 사람들은 노랑과 보라를 좋아한다. 태국은 요일마다 해당하는 색이 있다. 월요일은 노랑, 화요일은 분홍, 수요일은 초록, 목요일은 주황, 금요일은 파랑, 토요일은 보라, 일요일은 빨강이다. 이 중에서 태국에서 가장 높이 추대 받고 태국 사람들이 존경하고 흠모하는 국왕의 탄신일이 월요일, 즉 노랑의 요일이라서 노랑을 더욱 좋아한다는 설명도 있다. 어쨌거나 태국의 길거리 곳곳에서는 노란색 장식물과 건축물을 쉽게 찾아볼 수 있다. 태국에서는 '아버지의 날'에도 노란색 옷을 입는다.

아시아와 태평양 섬에서 노랑은 명예로운 지위를 차지한다. 행복, 신, 권력을 뜻하며 오늘날에도 중요하게 여겨진다.

인도에서 노랑은 매우 긍정적인 상징을 가지고 있으며, 주로 행운, 혼인과 부부간의 행복을 뜻한다. 인도 사람들은 작은 조각이라도 강황으로 물들인 천 조각을 가지고 있으면 행운이 깃든다고 믿어 강황 천 조각을 부적처럼 지니고 다닌다. 이들은 강황이 병을 이기는 힘이 있다고 믿는다. 인도에서 노랑을 중요시하기 때문에 '인도황'이라 불리는 노랑을 오래전부터 만들어서 사용해 왔다. 인도황은 오렌지빛을 띠는 진한 노랑으로, 인도의 동북부 벵골지역에서 망고 잎을 먹여 기른 소의 오줌으로 만들었다. 배설물에서 수분이 없어지고 나면 남은 침전물로 만든 안료는 착색과 보존이 잘 되는 진한 노란색으로 사용할 수 있었다. 하지만 망고 잎을 먹여 오줌을 채취하는 과정에서 동물 학대

논쟁이 있어서 20세기 초에 생산이 금지되었고, 이후에는 콜타르에서 인도황을 채취하게 되었다.

이슬람 국가에서는 다른 문화권과 마찬가지로 노랑을 이중적으로 바라보는데, 가장 고귀한 색이라 여기면서 다른 한편으로는 비천한 색으로 여긴다. 고귀한 색이라 보는 입장에서는 노랑을 태양을 닮은 지혜의 색으로 생각한다. 황금빛 노랑으로 염색이 되는 사프란 꽃을 가장 많이 재배한 지역이 중동지역이며, 특히 이란에서 많이 재배했다는 것도 우연한 일은 아닐 것이다. 사프란은 고대문명의 초기부터 향신료나 염료로 사용된 붓꽃과의 꽃인데, 보라색 꽃을 피운다. 빨갛고 긴 암술을 따서 천연염료를 채취하여 빛나는 노란 천(혹은 밝은 주황 천)을 만들 수 있다. 사프란 꽃 하나에서 암술을 따서 말리는 것은, 채취하는 양이 매우 적다 보니 어느 정도 염색할 수 있는 양을 따려면 상당한 노동력이 필요하고, 그래서 사프란 암술이 금값만큼이나 비싸다는 말이 나오게 되었다. 사프란이 비싼 염색제이다 보니, 아시아 국가들의 승려가 입는 노란 옷 염색에는 대체제를 사용한다. 이를테면, 태국에서는 잭프루트(jackfruit)라는 과일로 염색하고, 티벳에서는 강황으로 염색한다.

6-12 사프란 꽃

우리나라에서는 노랑으로 염색하기 위해 주로 치자열매를 사용했다. 치자꽃은 여름에 피는 꽃으로 유난히 좋은 향기를 가지고 있다. 이후 9월이면 열매가 맺히는데, 이 열매를 사용해서 노랗게 염색할 수 있다. 애기똥풀도 노란 염색을 할 수 있다. 애기똥풀이라는 이름은 이 풀을 베었을 때 노란 즙이 나오기 때문에 지어졌다.

6-13 해바라기

6-14 국화

일상생활에서 만나는 노랑

자연물에서 만나는 노랑은 무엇보다 꽃과 과일, 나무 등이다. 봄부터 가을까지 노랑은 꽃과 나무에서 두드러진다. 봄의 전령이라 불릴 꽃들로 개나리와 산수유, 유채꽃은 봄을 노란색으로 기억나게 하는 대표적 꽃들이다. 여름에는 노란 해바라기가 대표적이다. 마치 노란 태양이 꽃으로 들어앉은 것처럼, 해바라기는 광채가 난다. 가을에는 노란 국화와 노란 은행나무, 누렇게 익은 벼가 노랑을 보여 준다. 6-15의 은행나무는 충남 금산군 추부면 요광리의 은행나무로 수령이 천 년에 달한다. 우리나라 천연기념물 제84호로 지정된 나무이기도 하다. 신라시대부터 있었다고 하니 그 세월을 가히 짐작하기 어렵다.

6-15 충남 금산군 추부면 요광리의 은행나무

음식물에서 노랑으로는 노란 파프리카, 단무지, 옥수수, 파인애플, 밤, 커리 등이 있다. 이들 재료를 사용한 요리도 노랗고, 혹은 음식에 노란 색소를 사용하기도 한다. 이를테면, 스페인식 볶음밥인 빠에야를 노랗게 보이게 하는 데 사프란이 사용된다. 사프란은 앞에서 염색제로 사용된다고 소개했는데, 식용으로도 많이 쓰인다. 향신료로 만든 사프란은 빛나는 주황색을 띠는 매우 값비싼 재료다. 같은 양으로 비교했을 때 후추보다 100배, 바닐라보다 50배쯤 비싸다. 6-16에 보이는 사프란은 두 종류인데, 왼쪽의 주황색 가루는 사프란 가루, 중간의 진한 노랑 가루는 인도 심황 사프란이다. 가장 오른쪽의 노란 가루는 카레 가루다(스페인어로 사프란은 azafran이며, 가루는 molido다). 사프란 꽃이 많은 이란을 비롯해서 아랍 전역의 음식에 사프란이 사용되는 것은 말할 것도 없고, 인도, 터키, 중앙아시아의 요리와 유럽의 요리에도 많이 사용된다. 6-17은 사프란으로 만든 소스를 두른 생선구이다.

6-16 향신료 사프란

6-17 사프란 소스를 두른 생선구이

6-18 캐나다 밴쿠버의 캐나다 플레이스 근처 노란 파라솔

노랑이 두드러진 맥주로 코로나 맥주를 들 수 있다. 코로나는 다른 맥주들이 짙은 갈색이나 초록색 병에 든 것과 달리 색을 강조하기 위해 투명한 유리병에 넣어서 판매한다. 그래서 코로나를 홍보하기 위한 색 역시 노랑을 쓴다. 6-18의 노란 파라솔은 코로나를 홍보하기 위해 만들어진 것인데, 형태도 흔히 보는 우산 형태가 아니라 역삼각형으로 만들어져 더욱 눈에 띈다.

일상에서 만나는 노랑의 대표적인 예는 유치원 버스와 초등학교 버스다. 눈에 잘 띄기 때문에 안전을 위해서 노랑을 사용한다. 노란 병아리 같은 아이들의 이미지와도 잘 맞는다. 어린이집이나 유치원 원복에 노랑을 쓰는 것도 동일한 맥락이다.

초등학교 앞 도로에서 아이들이 건너다니므로 주의하라는 도로 표지판도 노랑을 쓴다(6-19 참조). 표지판에 흔히 쓰는 색은 흰색-빨강 조합이거나 노랑-검정 조합이지만, 주의를 유도하는 경고 표지판에는 노랑-검정 조합이 적절하다.

6-19 아이들을 조심하라는 주의 표지판

근래에 우리나라 택시는 은색과 흰색이 많지만, 눈에 잘 띄도록 하는 경우에 택시 색깔로 주황도 종종 사용한다. 외국에서도 택시는 노랑을 많이 쓴다. 생기발랄하고 따뜻한 느낌을 주는 것으로 노랑만한 색깔이 없다. 뉴욕의 택시는 '옐로우캡(yellow cab)'이라는 애칭으로 유명한데, 무채색의 고층 빌딩이 늘어선 거리에서 독보적인 색깔이다. 두 사진의 택시 색깔을 비교해 보면, 뉴욕의 택시는 좀 더 오렌지빛이 돈다는 것을 알 수 있다.

눈에 띄기 쉽게 기업의 로고에 노란색을 쓰는 경우도 많다. 패스트푸드점의 원조격이라 할 수 있는 맥도날드는 거대한 노랑 'M'자를 로고로 한다. 맥도날드와 경쟁 관계인 버거킹은 당연히 노랑을 피해서 다른 색(빨강)을 쓸 수밖에 없다.

우리나라 대형 유통업체 중 하나인 '이마트'는 대표적으로 노란색을 사용하는 업체다. 노란 바탕에 검정색 'E' 로고는 멀리서도 쉽게 눈에 띈다. 이 경우, 다른 유통업체는 차별화를 위해 노란색을 제외한 색깔을 쓸 수밖에 없는데, 눈에 쉽게 띄고 주목을 받는 정도에 있어서 상대적으로 불리해질 수 있다. 참고로 대형마트의 창립년도를 찾아보았더니, 이마트의 창립년도는 1993년, 홈플러스의 창립년도는 1994년, 그리고 롯데마트의 창립년도는 1998년이다. 결국 가장 먼저 창립한 대형마트에서 노랑을 로고 색으로 선택한 것이다.

6-20 밴쿠버의 노랑 택시

6-21 뉴욕의 옐로우캡

인터넷 기업 중 거대 기업인 '다음 카카오' 역시 노랑을 상징색으로 쓰고 있다. '카카오톡'이라는 메신저는 우리나라 국민 대다수가 사용할 만큼 인기를 끌었는데, 이후 카카오스토리, 카카오뮤직, 카카오택시, 카카오내비, 카카오드라이버 등 다양한 종류의 새로운 서비스 어플 모두 노란색 바탕 위에 각 서비스의 로고를 사용한다.

노랑은 눈에 잘 들어오고, 경고를 뜻하기는 하지만 위험하지 않은 색이기 때문에 생활 속에서 노랑을 사용할 때도 그러한 의미로 사용한다. 그 예로, 영화나 게임물에서 노랑은 15세 관람가, 15세 이용가의 색상이다.

노랑은 형광펜이 처음 개발되었을 때 사용된 색깔이다. 나중에 형광 주황, 형광 연두, 형광 분홍 등의 색이 만들어졌지만, 중요한 문서의 내용을 잘 보이게 하고 암기하는 데 도움을 주는 것은 단연 노란 형광펜이다.

6-22 호주 멜버른 플린더스 스트리트 역

6-23 할슈타트의 호텔

회색빛 건물과 아스팔트 도로가 많은 도시에서 노랑은 유독 두드러진다. 건물의 외벽을 노랑으로 칠하면 그 건물이 랜드마크가 될 수 있다. 희소성 때문에 더욱 그러할 것이다. 외벽의 색은 페인트 벗겨짐이나 빛이 바래는 정도를 고려하여 선택할 텐데, 노랑은 관리가 어려울 수 있어서 흔히 선택되는 색은 아니며, 따라서 노랑 외벽 건물은 희소가치가 생긴다. 호주의 멜버른은 유럽 이미지를 가진 아름다운 도시 경관으로 유명하며, 호주의 파리라고 불린다. 멜버른의 랜드마크로 널리 알려진 플린더스 스트리트 역(Flinders street station)은 거대한 노란 건물이다(6-22 참조). 도시의 다른 색깔들과 대조되어서 더 눈에 두드러지게 띈다.

좀 더 차분하게 가라앉은 노랑을 외벽에 칠한 경우에도 여전히 밝고 상쾌한 느낌을 준다. 6-23의 건물은 오스트리아의 대표적인 관광도시인 할슈타트(Hallstatt)의 호텔이다. 소금광산 지역으로 개발된 할슈타트는 깊고 검푸른 산과 호수를 배경으로 형성된 작은 마을이다. 현재는 관광도시로서의 역할이 훨씬 큰데, 사진에서 보듯 살짝 오렌지빛이 감도는 차분한 노랑으로 외벽을 칠해 둔 건물은 주변 색으로부터 도드라져 보이며 분위기를 밝게 만드는 역할을 한다.

우리나라에서 노랑은 인식 리본(awareness ribon)의 색으로 널리 사용되었다(6-24 참조). 2014년 4월 세월호 침몰 사고 이후, 실종자들의 무사 귀환을 바라는 뜻에서 접힌 형태의 노란 리본과 "하나의 작은 움직임이 큰 기적을"이라는 문구가 함께 사용되었다. 인식 리본은 사회적인 문제에 대한 관심을 촉구하고 인식을 개선하기 위해 사용하는 상징적인 리본이다. 색깔에 따라 관심을 촉구하는 주제들이 다른데, 노란 리본은 무사 귀환을 염원하는 뜻을

6-24 하나의 작은 움직임이 큰 기적을 만드는 노란 기본

담고 있으며, 유방암에 대한 관심을 환기시키는 핑크 리본, 에이즈 퇴치에 대한 상징으로 붉은 리본, 그리고 미국의 버지니아 공대 총기 난사 사건 이후 애도의 의미로 사용된 검은 리본 등이 있다. 해외에서 노란 리본이 사용된 역사를 살펴보면, 1979년 이란에서 미국 대사관 인질 사건이 발생했을 때 인질로 잡힌 외교관의 무사 귀환을 염원하며, 걸프전과 이라크전 등 전쟁에서 가족의 무사 귀환을 빌며 사용했다.

예술작품에 나타난 노란색

화가들의 작품에 사용된 노란색을 살펴보자. '노랑'하면 빼놓을 수 없는 작가가 빈센트 반 고흐(Vincent van Gogh, 1853~1890)다. 〈까마귀가 나는 밀밭(Wheatfield with Crows)〉, 〈해바라기(Sunflowers)〉, 〈밤의 카페테라스〉 등은 노란색이 사용된 대표적인 작품들이다. 고흐가 초기에 그렸던 작품들은 주로 어두운 것이 대부분이었지만, 1888년에 파리를 떠나서 프랑스 남부 아를로 옮겨 간 뒤, 훨씬 더 밝은 그림들을 그렸고 양적으로도 많은 작품들을 남겼다. 아마도 남프랑스의 강렬하고 따뜻한 햇빛, 넘치는 밝은 빛들이 영향을 주었을 것이다.

〈까마귀가 나는 밀밭〉의 경우에는 고흐가 자신의 자살을 예견하고 암시적으로 표현한 것이 아닌가 하는 후대의 해석이 마치 정설처럼 굳어진 작품이다. 물론 이 그림이 고흐가 죽기 전 마지막 주에 그린 것이기 때문에 더 그러한 설명을 하는지도 모르겠다. 게다가 검은 까마귀 떼와 검푸른 하늘은 불길한 긴장감을 주고 있다. 빛나는 노란 밀밭과 그 위쪽에서 날고 있는 까마귀 떼의 대조는 확실히 두드러진다. 어쩌면, 어둠은 빛이 있을 때 더 어둡게 보이는 것 아닐까. 빛 역시 어둠 없이는 그 존재가 얼마나 밝은지 알수 없을 것이다.

이 장의 서두에서 소개한 〈밤의 카페테라스〉 역시 어두움 가운데에서 대조를 이루는 노란색의 향연을 보여 준다. 배경이 되는 카페는 프랑스 남부 아를의 라마르틴 광장(Place Lamartine)에 있는 무명 카페였다. 그 카페는 지금도 영업 중인데, 이제는 고흐의 작품 덕에 유명세를 치르고 있다고 한다. 그림 속 카페에서 나오는 불빛은 환한 노란색

6-25 Vincent van Gogh. 〈Four Sunflowers Gone to Seed〉(1887).
네델란드 크뢸러 뮐러 미술관.

이다. 별이 있지만 어두운 밤하늘과 대비되는 색이다.

　고흐의 해바라기 작품은 연작으로 여러 점이 있는데, 그중 가장 유명한 작품은 화병에 꽂힌 해바라기다. 6-25는 크뢸러 밀러 미술관에 소장된 해바라기 그림인데, 고흐가 아를에 내려오기 전 파리에서 그린 해바라기라고 한다. 말하자면, 해바라기 그림들 중에서는 초기 작품인 셈이다. 이 작품에 사용된 고흐의 노랑은 단순히 밝은 느낌보다는 강렬하되 어두운 느낌의 노랑이다. 이후 고흐는 점점 더 밝고 단순한 노랑을 찾아내었고, 그 자신도 동생 테오에게 보내는 편지에 쓰기를 "더욱 단순한 기법으로 해바라기를 그리고 있다."고 했다.

6-26 Odilon Redon. 〈Portrait of Camille Redon〉(1899). 네델란드 크뢸러 밀러 미술관.

오딜롱 르동(Odilon Redon, 1840~1916)의 〈카밀 르동의 초상(Portrait of Camile Re-don)〉(1899)은 여인의 세세한 인물 묘사보다는 노란색 스카프로 전달되는 분위기를 보여 준다(6-26 참조). 그림 속 여인의 얼굴은 주인공의 얼굴이라 하기에는 마치 그리다 만듯, 두드러지지 않고 스케치한 느낌에 가깝다. 그에 비해 전체적인 분위기는 뭔지 모를 따스함이 있는데, 그것은 머리에 꽂아 장식한 노란 꽃과 풍성하게 두른 노란 스카프 덕분일 것이다.

노랑으로 옷을 입은 경우에는 노랑 느낌이 더 두드러진다(6-27 참조). 이 작품은 막스 쿠르츠바일(Max Kurzweil, 1867~1916)의 〈노란 옷을 입은 여인(Woman in Yellow)〉(1899)이다. 그림 속 여인은 노란 드레스를 입고 두 팔을 벌린 채 초록 소파 위에 앉아 있다.

6-27 Max Kurzweil. 〈Woman in a Yellow Dress〉(1899).
오스트리아 빈 칼스플랏츠 박물관.

하얀 피부와 노란 드레스는 마치 빛을 내는 듯이 반짝인다. 동양권에서는 진작에 노랑을 황제의 색깔로 사용하며 노랑의 밝음과 화려함을 숭배했는데, 그림을 보면 서양권에서도 노랑이 지닌 눈부신 빛을 사랑했다는 것을 알 수 있다.

노랑만큼 명도가 높은 다른 유채색은 없다. 노랑이 인접한 색상과 조합할 경우에는,

6-28 나인주. 〈어린왕자와 사막여우〉(2012).
부산 감천문화마을 내에 위치.

주변까지 환하게 밝히는 성질이 있다. 연두와 주황, 노랑이 함께 있을 때 밝고 환한 느낌 덕분에 그 주변까지 모두 빛이 난다는 것을 볼 수 있다. 부산 감천문화마을에서 만났던 〈어린왕자와 사막여우〉도 빛나는 노랑과 연두, 주황 색채를 느끼게 했다. 감천마을 중턱, 노란 안전경계석 위에 앉은 어린왕자와 사막여우는 따뜻한 사랑의 눈으로 마을을 내려다보고 있다(6-28 참조).

노랑을 감상할 때 인터넷으로 자료를 찾아보기를 추천하는 작품

- Kusama Yayoi. 〈Great Gigantic Pumpkin〉(2013). 대구미술관 특별전시.

쿠사마 야요이(草間彌生)의 설치 작품으로 유명한 노란 호박은 검정 땡땡이 줄무늬를 가진 거대한 노란 호박이다. 작가는 호박의 넉넉한 수수함에 매료되어서 호박으로 작업을 했다고 한다. 호박 자체는 자연물이지만, 거기에 입혀진 노랑과 검정의 조합은 비현실적이며 인공적인 느낌을 가득 안겨 준다. 덕분에 이 호박은 실존하는 것이 아니라 작가의 정신과 작품 세계, 그리고 어쩌면 사람들의 마음에 있는 관념 같은 것이 형상화된 것임을 알게 된다. 작가가 매료되었다고 하던 '넉넉한 수수함'은 적어도 작품에는 없다. 땡땡이 무늬는 화려하고, 노랑—검정 조합은 두드러지기까지 하다. 그렇지만 호박 아닌가. 겉으로는 부담스러울 정도로 튀는 색깔이지만, 속으로는 수수한 음식물일지도 모른다. 그 왜, 드세 보이는데 조금 친해지니 더없이 부드러운 사람들처럼 말이다.

- Mark Rothko. 〈Orange and Yellow〉(1956). 미국 버팔로 올브라이트—녹스 미술관.

노랑은 주황과 함께 있을 때 즐겁고 유쾌한 속성이 더욱 커진다. 마크 로스코(Mark Rothko, 1903~1970)의 〈주황과 노랑(Orange and Yellow)〉(1956)도 그러한 느낌을 준다. 거대한 캔버스 화면에 색면으로 가득 찬 이 작품은 색면추상회화의 대표적인 작품들 중 하나다. 세로로 긴 캔버스는 대략 2m가 넘는 높이 때문에 작품 앞에 섰을 때 거대하다는 느낌을 주며, 단순하게 다가오는 색은 그 색의 세계에 푹 빠질 수 있게 해 준다. 색깔이 칠해진 가장자리는 명료하게 딱 떨어지지 않고 느슨하게 풀어져 있어서 단절되거나 분리되어 있다는 느낌보다는 '어느새 그 안에 내가 빠져 있는 착각'을 불러일으킨다. 세계적으로 가장 비싼 미술작품을 꼽으면 마크 로스코의 작품들은 빠지지 않는다. 미술계에서 마크 로스코의 색면추상주의가 가지는 위치와 의미가 그림 값에 포함된 것이겠지만, 색의 세계에 깊이 빠질 수 있는 경험을 주는 작품 앞에서 사람들이 받는 감동을 돈으로 환산한 것이라고 볼 수도 있지 않을까.

색의 선호

사람들은 노랑을 '가장 좋아하는 색'으로 꼽지는 않는다. 노랑을 좋아하는 연령층도 변화가 있다. 어렸을 때 노랑을 좋아하다가 나이가 들면서 그러한 마음은 사라지고, 다시 더 나이가 들어 노인이 되면 노랑이 좋아진다. 그런데 그렇다 하더라도 그 선호가 크지는 않다. 전체 연령대에서 선호도를 살펴보면, 노랑을 가장 좋다고 꼽은 경우는 6.6%(8위)였다. 남성의 경우 비율이 좀 더 낮아서 5.8%, 여성은 7.0%였다.

9세 이하 여자아이의 경우 노랑을 선호색으로 꼽은 비율은 핑크 다음으로 높아서 대략 17.6%였다. 9세 이하 남자아이의 경우에는 파랑이나 검정, 초록 등이 대표적인 선호색으로 선택되었고 노랑을 선택한 아동은 없었다. 오히려 노랑은 '예전에 좋아했지만 지금은 좋아하지 않는 색'이라고 했다. 10대 남자아이들의 노랑에 대한 선호도 높지 않았다(5.8%, 6위). 10대 여자아이들은 노랑을 가장 좋아한다고 보고한 비율이 11% 정도였다. 이는 파랑과 검정에 이어 3위에 해당한다. 그런데 예전에 좋아했지만 노랑을 더 이상 좋아하지 않는다고 보고한 비율도 높아서 분홍에 이어 2위였고, 13.8% 정도로 나타났다. 노랑에 대한 선호는 청년 및 중장년층에서도 높지 않았지만, 60대 이상에 이르면 다시 조금 높아지는 경향을 보였다. 60대 이상에서 노랑을 가장 좋아하는 색으로 선택한 비율은 남성 12.1%, 여성 13.8%에 달했다.

노랑을 좋아하거나 싫어하는 비율

(단위: %)

		10세 미만	10대	20대	30대	40대	50대	60대 이상
여성	선호색	17.6	11.0	7.4	6.4	5.9	0.1	13.8
	혐오색	0.0	6.4	7.7	9.0	7.3	9.1	6.9
남성	선호색	0.0	5.8	3.0	7.5	8.2	4.5	12.1
	혐오색	6.7	3.5	11.4	8.2	7.1	18.2	6.0

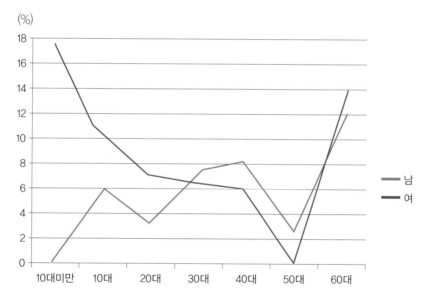

연령에 따른 노랑 선호 변화

색의 조화

노랑은 명도가 높기 때문에 대조되는 색으로 종종 사용된다. 노랑과 검정, 노랑과 회색, 노랑과 어두운 파랑 등이 그렇게 사용되는 조합이다. 명시성이나 가독성이 높아야 하는 대상물이나 장소에서 자주 사용된다. 표지판이나 소화전이 이에 해당되는데, 그 외에도 시선을 끌고 싶은 업체의 로고, 가게의 외부 장식, 패션 등에 고루 사용된다. 앞서 봤던 노란 건물들이나 노란 택시는 회색 아스팔트와 대조되어 더 빛나게 느껴진다.

노랑과 흰색을 함께 쓰면 둘 다 명도가 높기 때문에 연약하고 밝은 느낌이어서 유아동 물품에 종종 사용되고, 순진한 느낌을 주고 싶을 때도 사용된다.

녹색

Chapter 7
녹색

녹색 *Episode*

저는 나이가 들면서 걷는 것을 매우 좋아하게 되었습니다. 걷다 보면 잡념도 없어지고 마음이 상쾌해지거든요. 장시간 걸을 수 있는 산길이나 흙길, 강 옆 산책로, 숲, 가리지 않고 어디든 좋았습니다. 2016년에 캐나다 로키산맥을 가게 되었는데, 오래 걸을 수 있겠구나 싶어서 행복했습니다. 동행 없이 혼자 갔던 터라, 홀가분하게 하루 종일도 걸을 수 있었거든요. 문제는, 로키산맥에 곰이 나온다는 것을 제가 가볍게 흘려들었던 거죠.

재스퍼 국립공원(Jasper National Park) 안에 있는 트레일을 걸었는데요, 한참을 걸어 들어갔습니다. 그리고 어디선가 '크르르' 하는 곰 소리를 들었습니다. 비에 젖은 개 냄새가 나면 그게 곰이라던데, 뭔가 축축한 냄새도 났습니다. 큰일났구나 싶어서 조용히 발걸음을 되돌렸습니다. 곰이랑 말이 통하는 것도 아니고, 이런 엉뚱한 장소에서 얼토당토않게 죽을 수도 있겠다는 생각이 들어서 무서웠습니다. 그런데 아무리 걸어도 트레일을 시작했던 지점까지 너무나 멀더군요. 그만큼 많이 걸어 들어갔으니까요.

정말 한참을 뛰다시피 걸어 나왔습니다. 우거진 나무들이 만들어 내는 초록색이 그때는 그렇게 공포스러울 수가 없었습니다. 정말이지 녹색 공포였습니다. 숲 속에서 어이없이 끝나는구나 싶어서 덜덜 떨렸던, 그런 기억입니다.

녹색

녹색은 연두와 초록, 청록이라는 세 가지 대표적인 색을 가지고 있으며, 그 외에도 올리브 그린, 국방색, 쑥색, 옥색, 녹두색 등 특징적인 색으로 구성되어 있다. 녹색이라고 할 때에는 대개 초록을 지칭할 때가 많은데, 표준적인 녹색은 먼셀 색체계에서 5G 5/8에 해당된다.

녹색은 감산 혼합에서 기본색은 아니지만 가산 혼합에서는 기본색이다. 빨강, 파랑과 함께 초록이 가산 혼합의 기본색, 즉 빛의 3원색이다. 녹색은 가시광선에서 파장이 짧은 편이며 480~560nm의 파장 길이를 가졌다.

일차색과 이차색

일차색과 이차색을 구분할 때, 일차색은 어떤 색을 섞어서 나온 색이 아닌 순수한 원형 그대로의 원색을 의미하고, 이차색은 일차색을 혼합해서 만든 색이다. 녹색은 엄밀한 의미에서 이차색이다. 노랑과 파랑을 섞은 색이기 때문이다. 하지만 '심리적'으로 녹색은 '일차색'이다. 녹색과 보라색을 비교해 보면, 이 차이는 분명해진다. 두 색깔 모두 이차색인데, 보라색의 경우에는 사람들이 빨강과 파랑을 섞은 색으로 인식한다. 그에 비해 녹색은 '그냥 녹색'이다. 녹색을 보면서 '노랑과 파랑을 떠올리지는 않기 때문이다(연두를 보면서 파랑과 노랑의 결합인데 노랑이 좀 더 많네'라고 느끼는 사람은 없지 않은가 말이다). 그래서 심리적으로 일차색이라 말한다.

초록의 보색은 자주색, 청록의 보색은 빨강이다. 그런데 녹색과 심리적으로 대비를 보이는 색은 의외로 보라다. 녹색이 자연에서 가장 쉽게 접할 수 있는 색인 반면, 보라는 자연에서 드물게 경험하기 때문에 인위적인 색으로 느껴지는 까닭이다. 맨 처음 합성한 인공색소도 보라색이라고 하니, 녹색과 보라가 서로 상반되는 심리적 의미를 지닌다는 점을 이해할 수 있을 듯하다.

녹색의 이름과 종류

우리나라 말에서 녹색과 초록은 빨강이나 파랑처럼 고유명사가 없고 綠色, 草綠이라는 한자로 쓴다. 이러한 언어 특징이 한국의 고유 색채 개념 중에 '녹색/초록'이 없었기 때문이라고 보는 견해도 있다. 즉, 오늘날 우리가 녹색이라고 칭하는 색은 예전에 '파랑'의 색채 범주에 있었다는 것이다. 신호등의 '녹색 불'을 '파란 불'이라고 하고(예: "파란 불 켜졌으니 건너가자."), 나무가 우거진 산을 보고 '푸른 산'이라고 부르는 것을 생각해 보면, 꽤 일리가 있는 설명이다. 영어와 비교해 보면, 영어에서 신호등의 녹색 불은 green light라고 한다.

녹색은 하나의 녹색 범주에 묶기 어려울 만큼 다양한 색상이 존재한다. 연두와 초록, 청록을 비롯해서 옥색, 올리브 그린, 녹두색, 라임색, 암청색 등이 있다.

녹색이 파랑과 노랑을 섞은 것이라는 점을 고려하면, 노랑의 비율이 높은가 혹은 파랑의 비율이 높은가에 따라 그 느낌이 달라진다. 노랑의 비율이 높아지면 연두색이 되고, 파랑의 비율이 높아지면 청록색이 된다[청록색은 영어 명칭으로 비리디언(viridian)이다]. 그리고 첨가되는 색으로 노랑 대신 밝은 갈색/황토색을 쓰면 올리브 그린이 되고, 흰색이 섞이면 옥색이 된다. 옥색에 파랑이 더해져 '민트색'[1]이라고 부르는 하얀 청록색은

---

1) 민트색은 파랑 범주에 더 가까우므로 파랑에서 다루기로 한다.

7-1 강원도 정선의 풍경 한 자락. 서로 다른 녹색으로 패치워크를 만들어 둔 것 같다.

옥색과 하늘색의 경계에 있다.

옥색과 연두는 느낌이 사뭇 다르다. 같은 '녹색' 범주에 넣기가 어색할 정도로 두 색의 느낌은 다르며, 이 둘을 함께 사용하는 경우 어색하거나 불편하게 느껴지기도 한다. 국방색은 또 어떤가? 녹색이 싫다고 언급하는 사람들 중에는 다수가 국방색을 자신이 싫어하는 녹색 종류로 지목하곤 했다. 국방색에 가까운 색으로 올리브 그린과 암녹색이 있다.

국가표준인증 통합정보시스템에서 색 표준을 찾아보면, 연두와 초록의 종류는 각각 다음과 같이 나온다.

〈연두〉
- 선명한 연두, 밝은 연두, 진한 연두, 연한 연두, 흐린 연두, 탁한 연두
- 노란 연두

– 선명한 노란 연두, 밝은 노란 연두, 진한 노란 연두, 연한 노란 연두, 흐린 노란 연두, 탁한 노란 연두

• 녹연두
– 선명한 녹연두, 밝은 녹연두, 연한 녹연두, 흐린 녹연두, 탁한 녹연두

• 흰 연두

• 회연두
– 밝은 회연두

〈초록〉

• 선명한 초록, 밝은 초록, 진한 초록, 연한 초록, 흐린 초록, 탁한 초록, 어두운 초록

• 흰 초록

• 회녹색
– 밝은 회녹색, 어두운 회녹색

• 검은 초록

어린풀색	에메랄드색	비리디언
올리브색	풀색	청자색
녹색	옥색	연두색
민트색	쑥색	피콕그린
상록수색	국방색	청록색

관용 색이름으로 녹색은 초록을 뜻하는 수박색과 상록수색, 연두색인 청포도색과 어린 풀색, 진한 연두색인 잔디색, 풀색 등이 있다. 국방색이나 올리브색, 올리브 그린은 녹색에 황색이 섞인 녹갈색이다. 카키색과 쑥색은 각각 탁한 황갈색과 탁한 녹갈색에 해당한다.

녹색은 여러 나라의 언어에서도 찾아볼 수 있다.

- 녹색허파(green lung): 도시 지역 내에 있는 공원 등 자연이 보존된 구역을 일컫는다. 주로 도시에 공기를 정화하고 산소를 공급하고자 하는 목적으로 조성된다.
- 그린벨트(green belt): 도시의 무분별한 팽창을 막기 위해 도시 가장자리에 지정된 비주거지역으로 대개 숲이거나 농경지로 이루어져 있다.
- 녹색 엄지(green thumb): 화초를 잘 가꾸는 사람
- 녹색당: 환경보호와 반핵 등 자연이 주된 관심인 독일의 정당
- 그린피스(Greenpeace)[2]: 지구의 환경을 보존하고 평화를 증진시킬 목적으로 설립된 국제 비정부기구(NGO) 환경보호단체
- 그린카드(green card): 미국에서 체류할 수 있고 일할 수 있는 증명으로 합법적으로 영구 체류할 수 있음을 의미한다.
- 녹색성장(green growth): '환경'과 '성장'이라는 상반될 수 있는 가치를 포괄하는 개념으로, 자연자원을 지속 가능하고 환경친화적인 방식으로 사용하면서 경제적 성장을 이룩하는 것을 지칭하는 용어다. 화석연료를 사용하는 대신, 태양열이라든가 풍력, 조력, 수력 등 친환경적 에너지원을 개발하고 이를 바탕으로 산업을 발전시키는 것 등이다.

그 외에도 'green with envy'라는 표현은 '몹시 질투하는, 샘을 내는'이라는 뜻이다.

---

2) http://www.greenpeace.org/korea

셰익스피어도 〈오셀로(Othello)〉에서 질투를 '녹색 눈의 괴물'이라 비유하였다.

우리나라 속담에는 다음과 같은 표현이 있다.

- 초록은 동색: 풀색과 녹색은 같은 색이라는 뜻으로, 처지가 같은 사람들끼리 한패가 되는 경우를 비유적으로 이르는 말
- 초록은 제 빛이 좋다: 처지가 같고 수준이 비슷한 사람끼리 어울려야 좋음을 비유적으로 이르는 말

녹색의 의미

긍정적	부정적
자연, 생명, 건강, 성장, 생산 신선함, 영원한 젊음 희망, 새로운 시작 자연주의 운동, 환경운동 평화, 편안함 치유, 부활, 일치 안전, 중립, 조화, 관용 재능, 재주가 있는 인내심, 근면함 행운, 아낌없는, 애정 어린	독, 독성이 있는 미성숙 무료함, 떳떳하지 못함, 단조로움 쓴 의심, 질투

녹색은 일상생활에서 자연을 통해 쉽게 접하는 색이다. 녹색은 그 어떤 색보다도 자연에 가깝다. 그래서 녹색은 생명의 색이며 건강의 색, 봄과 번영 및 생산의 색이다. 식물의 잎사귀와 풀은 모두 기본적으로 녹색이다. 녹색은 첫눈에 빨리 띄지는 않지만, 그것이 없을 때는 갈증을 불러일으킨다.

녹색은 다른 어떤 색보다도 신선하다. 시들면 갈색이지만 건강하게 생명이 살아 숨

7-2 자연에서 만나는 녹색

쉴 때에는 녹색 그 자체다. 그래서 녹색은 희망과 젊음, 생명, 새로운 시작을 상징하고, 다른 한편으로는 미성숙을 의미한다. 녹색의 대표적인 색은 초록과 연두다. 7-3의 초록을 앞선 사진의 녹색과 비교해 보라. 연두는 새로운 잎이 나오는 봄의 색이고, 초록은 녹음이 우거지는 여름의 색이다. 특히 겨울을 지낸 싹이 움틀 때 보이는 여린 연두색은 무한한 가능성을 품은 희망을 보여 준다.

7-3 초록색

7-4 싹이 움틀 때의 여린 연두색

녹색은 전형적으로 자연을 떠올리게 하므로, 은회색으로 대표되는 기계 문명에 대비해서 자연주의 운동, 환경운동, 기술이 지배하는 사회에 대한 거부 등을 의미한다.

녹색은 지친 눈에 편안한 자극을 주며 피로를 풀어 주기 때문에, 오래 응시할 때 가장 편안한 색이다. 평화로운 색이면서 치유와 부활을 상징하는 색이다. 안전하다는 것을 시각적으로 보여 주고자 할 때 가장 많이 사용되는 색이기도 해서 안전색채라고 불린다. 지나가도 괜찮다는 신호는 초록불과 녹색 표지판으로 금지를 의미하는 빨강과 대조적으로 사용한다. 또 다른 예로, 건물 옥상 바닥의 초록 페인트칠은 헬리콥터 조종사에게 시각적인 안정감을 제공해서 안전하게 비행할 수 있도록 한다고 한다. 병원의 수술복이 초록인 이유 역시 심리적인 안정감을 주는 색깔인 동시에 장시간의 수술 동안 의사의 눈의 피로를 덜어 주어서 잔상[3]이 생기지 않도록 해 주기 때문이다. 또한 피의 빨강과 보색이기 때문에 피가 묻으면 놓치지 않고 쉽게 식별할 수 있을 뿐 아니라, 초록 수술복에 묻은 피는 어두운 갈색으로 보이기 때문에 사람들이 피를 보고 놀라거나 무서워하는 것을 완화시켜 주는 부수적인 효과도 있다.

녹색은 중립과 조화, 관용을 의미하는 색이기도 하다. 차가운 색도 뜨거운 색도 아닌 녹색은 중간 정도 되는 따뜻함과 시원함을 고루 지녔다. 다소간에 중성적인 느낌을 가지고 있으므로 어떠한 색과도 크게 부딪히지 않고 조화로울 수 있다. 점성술에서의 녹색은 천칭자리에 속한다. 천칭은 양쪽으로 저울이 있어서 한쪽이 더 무거우면 기울게 되어 있다. 그래서 쌍방 간의 무게를 달면서 공평한지 정의로운지를 판단해 준다. 이렇듯 균형을 중요시하고 이쪽으로도 저쪽으로도 치우치지 않는 성질 때문에 녹색은 상징학에서 가장 중립적인 색이라고 본다.

녹색은 봄, 여름, 가을, 겨울 사계절 모두에서 만날 수 있는 색이다. 봄은 연둣빛으로, 여름은 싱싱한 초록빛으로, 그리고 가을에는 짙은 초록과 갈색빛이 깃든 올리브 그린으로, 겨울에는 상록수의 변치 않는 녹색이면서 어두운 청록빛으로 만날 수 있다. 그렇지만, 1년 열두 달 중에서 가장 초록이 빛나는 달은 오월이 아닐까. '푸르른 오월'이라고 말할 때 역시 '푸름'과 '녹색'은 같은 뜻으로 쓰인다. 그 오월을 느낄 수 있는 시를 한 편 감상해 보자.

---

3) 사람의 눈에 있는 시세포 중 색을 구분하는 추상체는 세 가지 종류(L 추상체, M 추상체, S 추상체)가 있고 각각 빨강 감지 세포, 초록 감지 세포, 파랑 감지 세포다. 그런데 이 중 한 가지 색깔을 장시간 보고 있으면 해당 색깔을 감지하는 세포가 피로해져서 그 색에 둔감해진다. 그래서 둔감해진 색의 보색이 보이는 잔상현상이 나타난다. 빨간 피를 장시간 보면 청록색의 잔상이 생길 수 있으므로 수술복을 빨강의 보색인 초록으로 함으로써 잔상을 상쇄시킬 수 있다.

오월의 시

이해인

풀잎은 풀잎대로 바람은 바람대로
초록의 서정시를 쓰는 오월
하늘이 잘 보이는 숲으로 가서
어머니의 이름을 부르게 하십시오

피곤하고 산문적인 일상의 짐을 벗고
당신의 샘가에서 눈을 씻게 하십시오
물오른 수목처럼 싱싱한 사랑을
우리네 가슴 속에 퍼 올리게 하십시오

말을 아낀 지혜 속에 접어 둔 기도가
한 송이 장미로 피어나는 오월
호수에 잠긴 달처럼 고요히 앉아
불신했던 날들을 뉘우치게 하십시오

은총을 향해 깨어 있는 지고한 믿음과
어머니의 생애처럼 겸허한 기도가
우리네 가슴 속에 물 흐르게 하십시오

구김살 없는 햇빛이 아낌없는 축복을 쏟아 내는 오월
어머니, 우리가 빛을 보게 하십시오
욕심 때문에 잃었던 시력을 찾아
빛을 향해 눈 뜨는 빛의 자녀가 되게 하십시오.

한편, 녹색도 다른 색들과 마찬가지로 긍정적인 의미만 있는 것은 아니다. 녹색에는 '독(毒)'이라는 의미도 있다. 생명과 성장을 의미하는 녹색에서 '독'이라니. 일견 상극의 의미를 지닌 색으로 보인다. 하지만 여름철 짧은 바지나 반팔을 입고 산에 올랐다가 풀독이 올라 본 적이 있다면, 녹색에 독이 있다는 것을 이해하기 쉬울 것이다. 혹은 녹조현상을 떠올려 볼 수도 있다. 기온이 매우 높이 올라가거나 물이 흐르지 못하고 고여 있을 때 플랑크톤이 과도하게 번식하면 그 물은 초록색이 된다.

이처럼 녹색에 좋은 의미만 있는 것은 아니라는 점을 기억할 필요가 있다. 녹색은 마치 양날의 검처럼, 독의 색깔로서의 상징도 가지고 있다. 생명현상이 가장 극렬하게 일어나는 곳에서는 그 생명현상을 지탱하고 유지하기 위한 약육강식 같은 것이 일어나는 것일까. 밝은 것일수록 쉽게 변질되거나 퇴색되고, 찬란한 생명력을 가진 것일수록 독을 품고 있는 것 같다.

녹색이 부정적 의미로 사용되는 또 다른 예로는, 동화 속의 괴물이 녹색으로 등장하

7-5 고인 물은 썩기 마련이다

는 경우다. 이러한 녹색의 부정적 사용은 주로 흐리고 축축한 날씨가 많고 습한 곳에서 잘 자라는 녹색식물이 많은 지대에서 비롯되었다. 그래서 녹색 괴물은 늪지대에 산다거나 깊은 숲 속 나무 사이에 있는 모습으로 그려진다. 어두운 녹색의 용이라든가, 지구를 위협하는 외계인에게 녹색 피가 흐른다든가, 화가 나서 인간에서 괴물로 변하는 '헐크'가 녹색이라든가 하는 것이 모두 녹색 괴물의 예가 된다. 7-6은 미국 시애틀의 껌벽 골목에 있는 낙서다. 여러 낙서들 중에 유독 녹색 외눈박이 괴물이 눈에 띈다. 저 괴물이 녹색이 아니라 주황이나 빨강이었다면 어땠을까. 만약 그랬다면, 무서운 느낌은 더 커졌을 수도 있을 것 같다. 빨강이었다면 피를 뒤집어쓴 느낌을 줄 수 있을 테니 말이다. 하지만 녹색 괴물이 주는 '기묘한 느낌' '이질적인 느낌'은 줄 수 없었을 것이다.

다른 한편으로 역사를 거슬러 올라가 살펴보면, 녹색 물감에 독성이 있었다는 것을 발견할 수 있다. 예전에는 녹색 물감을 만들 때 구리에 생기는 녹을 긁어서 만들었다고 한다. 구리의 녹으로 만든 것이므로 그 물감에는 독성이 있었다.

7-5 고인 물은 썩기 마련이다

그 외에 녹색은 미성숙을 의미하기도 한다. 녹색은 새로 나오는 어린 떡잎의 색이며, 봄에 올라오는 새순의 색이다. 그리고 과일나무에 열매가 맺혔을 때 충분히 무르익기 전까지는 옅은 녹색빛을 띤다. 아마도 이러한 자연색의 경험 때문에 사람들은 녹색이 미성숙과 젊음을 상징한다고 여기게 되었을 것이다. 싱싱하지만 원숙하지 않은 어떤 것. 그것이 녹색의 의미가 된다.

실내를 녹색으로 꾸몄을 때 그 방은 신선한 느낌을 줄 수는 있지만, '가장 중요한 방'이라는 인상을 주지는 않는다. 그보다는 보조적이거나 부차적인 방의 느낌을 준다. 녹색 인테리어를 주요 테마로 잡는 경우에는 계절적으로 초봄에 식물 화분을 직접 사용하는

7-7 녹색으로 꾸민 방

경우가 많고, 가구에 녹색을 사용하는 것은 상대적으로 드물다. 7-7의 방은 외국의 저택에서 손님을 위한 방으로 꾸민 곳이다. 금색 방이나 파랑, 혹은 빨강을 사용한 방보다는 작고 부차적인 방이다.

다양한 문화권에 사용된 녹색

녹색은 아랍권 국가에서 신성한 색으로 여겨진다. 이슬람교의 창시자이자 예언자인 마호메트가 녹색을 매우 좋아했으며, 그 이후 녹색은 이슬람교의 상징색이 되었고 대부분의 이슬람권 국가의 국기에서 사용되었다. 중동지역에 사막이 많은 것을 감안하면, 녹색에서 전달되는 자연의 생명력이 귀한 대접을 받았다는 것이 충분히 이해된다. 리비아의 경우 1977년부터 2011년까지 사용하던 국기에 오로지 초록 한 가지 색으로 된 단색 국기를 사용했다. 사우디아라비아의 국기도 녹색 바탕에 흰색 글씨와 문양이 있는 것으로 보아 이들의 녹색에 대한 깊은 사랑을 확인할 수 있다. 시리아(중앙의 흰 줄에 두 개의 녹색 별이 있다), 요르단(녹색이 삼색 줄무늬 중 하나에 들어 있다), 이라크(중앙에 '알라는 위대하시다'라는 의미의 녹색 아랍어가 있다), 레바논[중앙에 녹색으로 된 레바논삼나무(백향목)가 있다] 등도 부분적으로 녹색을 사용하고 있다.

그 외에도 브라질, 이탈리아, 멕시코, 에티오피아, 방글라데시, 리비아, 쿠웨이트, 미얀마 등의 국기에도 녹색이 사용된다.

유럽에서 초록이 가장 중요한 나라는 다름 아닌 아일랜드다. 아일랜드는 매년 3월 17일 성 패트릭 데이(St. Patrick's Day)가 되면 온통 초록색이 된다. 초록 옷을 입거나 녹

| 리비아(과거) | 리비아(현재) | 사우디 | 시리아 | 요르단 |

| 이라크 | 레바논 | 브라질 | 방글라데시 | 아일랜드 |

색 장신구를 착용하는 것은 기본이며, 음식이나 물건도 초록색을 사용하고, 초록색으로 페이스페인팅을 하기도 한다. 아일랜드 바깥에서 거주하는 아일랜드 사람들 중에는 강물에도 초록 물감을 풀어서 초록 물이 흐르도록 한 적도 있다고 하니 가히 이들의 초록 사랑은 대단하다고 할 수 있다. 아일랜드는 바이킹의 침략과 잉글랜드의 식민 지배를 겪은 역사를 가지고 있으며, 이러한 고난의 역사 동안 초록색 깃발을 들고 투쟁하며 견뎌 냈으니, 이들에게 초록은 그들이 지켜 낸 나라이며 자신들의 정체성이기도 하다.

아일랜드만큼은 아니지만, 녹색을 사랑하는 것은 유럽의 다른 나라들도 예외는 아니다. 영국의 로빈후드는 주로 녹색 옷을 입고 있는 것으로 묘사되며, 민중의 영웅이었다. 영국 런던의 블랙 프라이어 다리(Black Friar Bridge)는 투신자살의 명소로 알려져 있는데, 검은색 다리를 녹색으로 칠한 후 자살율이 34%나 감소했다는 보고도 있다.

대체로 서양에서는 녹색을 생명과 연관 지어 바라보며, 젊음, 생명력, 영혼의 회복 등을 상징하는 것으로 본다. 서양에서는 녹색을 어린이나 미성숙한 면을 상징하는 색으로

7-8 단청

도 사용하였다. 그 예로, 스코틀랜드의 소설가이자 극작가인 배리(J. M. Barrie)가 쓴 소설 『피터 팬(Peter Pan)』에서 피터 팬은 초록색 옷을 입고 네버랜드에서 산다.

우리나라에서 갓 결혼한 새색시가 입는 옷은 녹의홍상, 즉 초록 저고리에 다홍치마다. 녹색이 주는 신선함과 생명력이 새로운 시작을 알리는 듯하다.

녹색을 사용한 전통적인 색에서 단청을 빼놓을 수 없다(7-8 참조). 단청은 목조건물에 그려 넣은 여러 가지 색깔의 무늬인데, 나무가 썩지 않도록 하며 균열이 가거나 뒤틀리지 않도록 하는 역할도 겸한다(주로 목조건물에 사용되었고, 간혹 석조건물이나 공예품에 사용된 것도 단청이라고 부른다). 단청의 색에는 다섯 가지 기본색인 오방정색을 사용하는데, 청색, 적색, 황색, 백색, 흑색 등이며 음양의 질서와 변화를 담고 있다. 녹색은 오방정색에 포함되지 않고 오방간색(녹, 홍, 벽, 자, 유황)의 하나다. 그런데 중간색인 녹색이 두루 사용하기 좋기 때문에 단청을 보는 많은 사람들이 녹색을 대표적인 색으로 기억하는 경우가 많다. 단청에 쓰인 녹색으로는 양록색, 뇌록색, 삼록색, 하엽색 등이 있다.

녹색의 독과 관련해서 가장 유명한 일화는 나폴레옹의 죽음에 관한 것이다. 나폴레옹은 대서양의 세인트 헬레나 섬(Saint Helena island)에 유배되었고, 그곳에서 죽었다. 죽음의 원인으로 지목되는 것은 위암 혹은 비소 중독이다. 비소 중독으로 인한 사망설은 다음과 같다. 나폴레옹 방의 벽지는 그가 좋아하던 녹색이었는데, 녹색 벽지 안에는 셸레그린(Scheele's green)이라는 안료가 사용되었다. 셸레그린은 독성이 강한 비소 화합물을 가진 황록색 안료다. 세인트 헬레나 섬은 습도가 높은 곳인데, 비소가 습기에 노출되면서 독성이 더욱 강한 물질(트리메틸 비소)로 전환되어 공기 중으로 퍼졌고, 나폴레옹이 이를 흡입해서 사망에 이르렀다[4]고 본다.

---

4) 일각에서는 비소 중독사가 아니라고 보는데, 그 당시 사람들이 나폴레옹과 비슷한 정도로 비소 수치가 높았고 나폴레옹의 아내와 아들도 비소 수치가 높았다는 점을 근거로 비소 중독이 나폴레옹의 사망 원인이 아니라고 주장한다.

일상생활에서 만나는 녹색

　사계절이 분명한 우리나라는 녹색의 싱싱함도 더없이 분명하다. 색채가 가라앉은 겨울에는 갈색과 회색, 흰색의 세상이다. 그 고요함이 지나고 봄이 찾아와서 첫 잎이 나오기 시작할 때 연두색이 주는 설렘은 말할 수 없이 크다. 얼마 지나지 않아 연두색은 산과 들로 퍼지고 짙어진다.

　언젠가 여행을 좋아하는 친구에게서 '춘마곡 추갑사'라는 표현을 들었다. 충청남도에 가면 공주 근방에 마곡사와 갑사라는 절이 있는데, 봄에는 마곡사가 좋고 가을에는 갑사가 좋다는 뜻이다. 계룡산의 갑사야 워낙 유명하니까 사계절을 가리지 않고 사람들이 찾는 곳이다. 그에 비해 마곡사는 상대적으로 덜 알려져 있지만, 김구 선생이 은신처로 머물렀던 곳이다. 그래서 그 주변으로 '솔바람길(백범 명상길)'이라는 이름을 붙인 숲길도 있다. 7-9는 봄날 마곡사로 들어가는 길에서 바라본 개울 풍경이다. 더없이 아름다운 우리나라 산천의 녹색 봄이다.

7-9 마곡사 가는 길

7-10 **연잎**

여름 녹색은 봄철의 녹색보다 훨씬 더 진하다. 나무와 숲, 채소와 열매 등 우리 주변에서 만나는 녹색은 생명력이 가득하다. 7~8월에 개화하는 연꽃을 준비하는 연잎의 녹색을 보자. 연잎 아래가 진흙이라는 것은 별로 눈에 들어오지 않는다. 연꽃에 의미를 부여할 때, '더러운 진흙에서 아름답게 피는 꽃'이라 한다지만, 저렇게 싱싱한 연잎의 녹색은 진흙이라야 가능한 것 아닐까.

사시사철 녹색을 느끼고 싶은 사람들은 집안에서 화분을 가꾸길 좋아한다(7-11 참조). 한동안 공기정화식물들이 유행처럼 사랑을 받았고, 다육이, 허브 등 식물을 키우는 사람들도 많아졌다. 이들 모두가 녹색이지만, 그중에서 율마는 밝은 연둣빛으로 사랑받는 식물이다(7-12 참조). 피톤치드를 많이 내뿜기 때문에 율마가 가득한 실내에서는 삼림욕을 하는 듯한 느낌을 주기도 한다. 물론 그러한 실제적 효능 덕분에 사람들이 좋아하겠지만, 눈으로 보는 밝은 녹색과 작은 나무처럼 보이는 형상 때문에 좋아하는 사람도 많다.

7-11 화분에 담긴 녹색으로 자연을 가까이 느낄 수 있다

7-12 율마

7-13 검은 현무암과 대조를 이루는 초록 개구리밥

물에서 녹색을 만나면, 앞에서 말했던 것처럼 녹조현상인 경우가 대부분이다. 하지만 연못의 개구리밥[5]은 싱그러운 녹색이다. 제주도의 한 공원에서 만난 연못은 개구리밥이 연못 가득 떠 있었다. 검은 현무암과 대조되어 녹색이 더 찬란하게 보인다.

이번에는 동물들 중에서 녹색을 찾아보자. 녹색 동물이 흔하지는 않다. 포유류 중에는 없고, 조류 중에는 털색을 개량한 사육조 중에 녹색이 있으며, 파충류와 양서류 중에는 제법 녹색이 있다. 녹색이 괴물의 색, 비인간적인 색으로 느껴지게 된 데에는, 어쩌면 인간과 거리가 가까운 포유류 중에는 없는 색이고 거리가 먼 양서류나 파충류에 많다는 사실에서 영향을 받았을 것이다.

먼저, 녹색 동물의 대표 주자는 청개구리다. 청개구리의 몸은 온통 녹색이다. 잎사귀에 앉아 있을 때가 많은 청개구리 입장에서는 몸이 녹색이라야 보호색이 될 것이다. 그

---

5) 개구리밥은 다년생초로 연못이나 논물에 떠서 자라는 물풀이다. 땅속에 뿌리를 내리지 않고 물 위에 떠 있다.

7-14 **녹색 뱀**

리고 앞에서 설명한 것처럼 우리나라 말에서 녹색은 청색의 범주에 속해 있었으니, '녹개구리'가 아니라 '청개구리'라고 부른다.

보호색이 녹색인 것은 특히 벌레 중에 많다. 벌레가 스스로를 보호하는 방법은 초록 나뭇잎처럼 보이든가, 아니면 회갈색 나뭇가지처럼 보이든가, 이도 저도 아니면 주변과 다르게 튀는 색으로 마치 독이 있는 것처럼 보이는 것 등이다.

파충류 중에서 녹색은 특히 녹색 뱀, 녹색 도마뱀(녹색 이구아나), 카멜레온 등이 있다. 만화 캐릭터로 우리에게 친근한 아기공룡 둘리도 녹색이다.

털 색깔이 다양한 조류 중에도 녹색이 있다. 카나리아는 참새목에 속하는 사육조인데, 노랑 털이 흔하지만 녹색도 드물지 않게 있다. 야생 카나리아는 참새와 비슷한 짙은 갈색이나 회색이 많이 섞여 있다고 한다. 앵무새는 그 색이 워낙 다양한 것으로 유명하다. 녹색 앵무새만 하더라도 밝은 녹색과 어두운 녹색 앵무새가 있다. 어두운 녹색 앵무새는 'kea(케아앵무)'인데, 뉴질랜드에 서식하는 커다란 앵무새다.

광물에서 녹색 보석은 대표적으로 에메랄드가 있고, 동양에서 귀한 것으로 사용하는 옥, 비취석이 있다. 에메랄드가 투명한 초록에 가깝다면, 옥과 비취석은 녹색에 흰색이 더해진 '옥색'이다.

7-15 녹색 앵무새

7-16 케아앵무

밥상 위에 오르는 녹색은 대부분 채소다. 각종 쌈 채소가 모두 녹색이며, 애호박, 파, 오이, 고추, 배추, 부추 등 일일이 다 나열할 수 없을 정도다. 샐러드는 초록 샐러드가 대표적이다. 비록 다른 색으로도 샐러드를 할 수 있지만 말이다. 과일 중에는 수박, 라임, 매실 등의 껍질이 녹색의 대표적 색상이며, 청포도 역시 녹색이다.

마시는 음료로는 케일 등 채소를 갈아 만든 즙이 녹색이며, 녹차 역시 녹색이다. 청량음료의 병 색으로는 녹색을 잘 쓰지 않는데, 녹색보다는 청색, 흰색, 은색 등이 더 어울리기 때문이다. 녹색 캔을 쓴 음료는 아마도 마운틴 듀가 처음이었던 것 같다. 펩시사에서 만든 이 음료는 무려 1940년에 만들어진 음료다. 우리나라의 칠성사이다도 녹색 용기를 쓰는데, 칠성사이다는 1950년 5월에 만들어졌다. 처음부터 녹색 유리병에 흰 별무늬를 새겨 만들어져서 지금도 그렇게 생산되고 있고, 알루미늄 캔도 녹색에 흰색을 쓴다. 칠성사이다에는 몸에 해로운 세 가지가 없는 '3무정책'을 쓴다고 하는데, 카페인,

7-17 초록 샐러드

인공색소, 인공향료 등이 없다. 이 같은 점을 녹색과 연관 지어 탄산음료 중에서도 건강한 음료라는 이미지를 지향한다.

주류 중에서 녹색을 쓰는 것은 소주병이다. 요즘은 소주병이라고 하면 누구나 녹색을 떠올리지만, 소주병이 녹색으로 된 것은 1990년대 중반부터다. 그 이전에는 푸른빛이 도는 투명한 병이 대부분이었고, 간혹 '금복주'라고 적힌 갈색 병도 있었다. 녹색 소주병이 대세가 된 것은, 진로가 브랜드네임을 '참이슬'로 바꾸면서 병 디자인을 새롭게 녹색으로 했던 것이 계기가 되었다. 현재는 국내 소주 회사들이 출시한 다양한 소주들이 대부분 녹색 병을 사용한다. 참이슬, 처음처럼, 좋은데이, 맛있는 참 등이 녹색 병에 담긴 대표적 소주다. 이렇게 녹색 병을 공통으로 사용한 덕분에 '소주병은 녹색'이라는 점이 각인되었다. 녹색 병에 담겨 있는 소주는 왠지 몸에 해롭지 않을 것 같고 (혹은 덜 해로울 것 같고) 다른 색깔 병에 담겼을 때보다 좀 더 순할 것 같은 느낌을 준다.

술병 색깔이 아니라 술 색깔 자체가 녹색인 경우도 있다. 압생트(Absinthe)가 바로 그 술이다. 압생트는 원래 고대 이집트와 고대 그리스/로마 등지에서 소독제나 방충제로 사용하던 것이었는데 18세기 말부터 주류로 사용하기 시작해서 20세기 초에는 유럽에서 큰 인기를 끌었던 술이다. 압생트는 향쑥을 원료로 사용해서 녹색을 띠며, 값이 싸서 가난한 예술가들이 즐겨 마셨다고 한다. 빈센트 반 고흐(Vincent van Gogh), 폴 고갱(Paul Gauguin), 에두아르 마네(Édouard Manet), 파블로 피카소(Pablo Picasso), 앙리 드 툴루즈 로트렉 등 일련의 화가를 비롯해서 어니스트 헤밍웨이와 에드거 앨런 포, 오스카 와일드 등 작가에 이르기까지 많은 예술가들이 사랑했던 술이다.

커피 체인 중에는 스타벅스가 대표적으로 녹색을 사용하는 다국적 기업이다. 미국 시애틀에서 시작한 스타벅스는 녹색의 둥근 원에 세이렌(Siren)이라는 바다 인어가 있다. 스타벅스 초기 로고는 갈색 바탕에 그려진 것이었는데(아마도 커피를 상징하기에는 갈색만한 색도 없었을 것이다), 이후 초록색 바탕에 흰 글씨와 인물로 바뀌면서 상당히 성공적인 마케팅 성과를 얻었다. 녹색이 가진 긍정적인 상징성을 잘 활용한 예라고 할 수 있다. 이후 스타벅스는 햇빛 가리개(선셰이드)나 파라솔도 녹색으로 통일하면서 감각적이고 신선한 커피 체인이라는 이미지를 얻었다.

7-18 **녹색 햇빛 가리개가 늘어선 건물**

　건물에 설치된 녹색 햇빛 가리개는 종종 신선한 느낌을 준다. 마치 건물 외벽에 제라늄 화분들이 쭉 있을 때 느끼는 신선함과도 비슷하다. 사진 속의 햇빛 가리개가 흰색이라고 상상해 보라. 느낌이 사뭇 다를 것이다.

　건물에서 비상구를 안내하는 표시는 항상 초록색 바탕에 흰색 사람과 문을 쓴다. 눈에 잘 띄어야 하는 것만 생각하면 빨강이나 검정/노랑 조합을 쓸 수도 있을 것이다. 하지만 당황한 사람들이 급하게 비상구를 찾을 때 심리적인 안정을 주면서 안전한 출구를 표시해 주려면 초록을 쓰는 것이 좋을 것이다. 또 조명이 어두울 때에는 사람의 눈 구조와 기능[6]이 녹색빛을 더 잘 감지하기 때문이기도 하다.

---

6) 사람의 눈에는 간상체와 추상체라는 시세포가 존재한다. 어두운 곳에서는 간상체가, 밝은 곳에서는 추상체가 빛을 더 잘 감지하는데, 간상체는 색을 잘 변별하지 못하고 추상체는 색을 잘 구분할 수 있다. 간상체에는 로돕신이라는 색소가 있어서 녹색광은 잘 흡수하지만 적색광은 잘 흡수하지 못한다. 따라서 어두운 곳에서는 붉은색보다는 녹색 표지가 눈에 더 잘 띈다.

7-19 올리브 그린 색깔의 미니 밴

    녹색은 군사 시설과 장비, 군복에 위장색으로 쓰인다. 우리나라 육군 장교의 정복도 녹색이며, 육군 병사들이 입는 정복도 녹색이다. 한편, 사막에서 일하는 경우에는 녹색이 아닌 황갈색을 사용한다.

    녹색으로 된 자동차는 스피드를 즐기는 용도는 아닐 것 같다. 올리브 그린으로 외관을 도색한 미니밴은 빨리 달리기보다는 온 가족을 싣고 안전하고 즐겁게 드라이브할 것 같은 느낌이다.

예술작품에 나타난 녹색

녹색은 주인공이 되는 경우도 있고, 뒤로 물러나는 경우도 있다. 자연에서 흔히 대할 수 있는 색이므로 배경으로도 곧잘 사용된다.

7-20은 모리스 드니(Maurice Denis, 1870~1943)의 작품으로 〈4월(소녀의 방을 위한 그림)[April(picture for a girl's room)]〉(1892)이라는 제목의 작품이다. 모리스 드니는 상징주의 화가로서 세잔과 고갱의 영향을 받고 반인상주의 화가들의 그룹인 나비파(Nabis)를 결성하였다. 모리스 드니의 〈숲 속의 예배 행렬(Paysage aux arbres verts)〉(1893)에서도 흰색 옷을 입은 사람들이 녹색 나무와 들판 사이로 걸어가는 모습을 볼 수 있다.

7-20 Maurice Denis, 〈April(picture for a girl's room)〉(1892).
네덜란드 크뢸러 뮐러 미술관.

7-21은 빈센트 반 고흐의 1889년 작품인 〈룰랭 부인의 초상화(Portrait of Madame Roulin)〉(1889)다. 룰랭 가족은 반 고흐에게 마치 가족 같은 존재였기도 했고, 그림 속 모델이 되어 주기도 했다. 짙은 초록 상의와 옥색 치마를 입은 중년의 부인이 의자에 앉아 있고, 그 뒷배경은 암록색 배경 위의 꽃무늬 벽지다. 마치 녹색의 향연을 보듯, 다양한 녹색이 펼쳐져 있다. 단순히 밝고 화사하기만 한 것보다는, 뭔가 단단하고 안정적인 느낌이 있다. 부인의 얼굴색이나 표정은 조용하고 굳건해 보인다. 포개어진 손에는 노끈 같은 줄이 있다. 그림 속에 나타나진 않았지만, 룰랭 부인의 발 아래에 어린 아기 마르셀이 있고, 노끈 같은 줄은 그 요람을 흔드는 줄이다.

같은 해에 같은 인물의 초상화를 그린 또 다른 고흐 그림에서는 녹색을 조금 다른 느

7-21 Vincent van Gogh. 〈Portrait of Madame Roulin〉(1889).
네덜란드 크뢸러 뮐러 미술관.

낌으로 사용하였다(7-22 참조). 상의와 하의 모두 녹색인 것은 동일하지만, 더 진하고 어두운 색을 사용했다. 인물의 표정도 더 침착해 보인다. 이번에도 룰랭 부인의 손에는 끈이 쥐어져 있다. 제목만으로도 이러한 상황을 이해할 수 있게 작품의 제목이 〈자장가: 요람을 흔들어 주는 오귀스탱 룰랭 부인(Lullaby: Madame Augustine Roulin Rocking a Cradle)〉(1889)이다. 고흐가 룰랭 부인의 초상화를 그렸던 1889년은 고흐가 발작으로 귀를 절단했던 시기이기도 하다. 아마도 이 당시 고흐에게 간절히 필요했던 것은 녹색이 주는 생명력, 어머니와의 연결감, 그리고 생명의 근원에게 받고 싶은 보살핌과 흔들림 없는 모성이었는지도 모른다.

고흐의 또 다른 작품인 〈한 남자의 초상(Portrait of a Man)〉(1888)은 훨씬 더 밝은 연

7-22 Vincent van Gogh. 〈Lullaby: Madame Augustine Roulin Rocking a Cradle〉(1889).
미국 보스턴 미술관.

7-23 Vincent van Gogh. 〈Portrait of a Man〉(1888). 네덜란드 크뢸러 뮐러 미술관.

두색을 배경으로 사용했다(7-23 참조). 검은 머리의 검푸른 코트를 입은 신사는 그 덕분에 약간 생기가 있어 보인다. 마치 빛이 쏟아지는 곳에 서 있는 듯하다.

녹색으로 매우 유명한 작품이 있다. 얀 반 에이크(Jan van Eyck, 1390~1441)의 〈아르놀피니의 결혼식(The Arnolfini Wedding)〉에서 신부는 흰색이 아닌 녹색의 드레스를 입고 있다. 녹색은 이 당시에 시민 계급의 색이라는 점에서 그림 속 아르놀피니 부인도 시민 계급임을 짐작할 수 있다. 배경에 보이는 빨간 침대는 높은 신분을 상징한다. 빨간 의복은 귀족만이 입을 수 있었지만 빨간 침대는 사악한 손길에서 보호해 준다는 미신 때문에 귀족이 아닌 평민들도 사용할 수 있게 허용되었다고 한다.

녹색으로 널리 알려진 또 한 명의 화가로 앙리 루소(Henri Rousseau, 1844~1910)가 있다. 앙리 루소는 미술을 전공하지 않은 사람으로서 직업은 세관원이었고, 40세 가까이 되어서야 뒤늦게 그림을 시작했다. 취미 겸 독학으로 그림에 깊이 몰입했던 루소는 49세에 직장을 은퇴하고 난 다음에 본격적으로 그림에만 몰두하게 된다. 루소의 작품은 인체의 비례가 잘 맞지 않고 어린아이의 그림 같은 표현이 더러 있어서 기존의 화단으로부터 인정받지 못하고 조롱거리가 되었다. 루소 자신도 아카데미 화가들이 보여 주는 '진짜처럼 보이는 그림', 즉 사실적인 묘사력을 부러워했다고 한다. 하지만 그의 표현 방식은 독특했고 새로웠다. 화가로서의 루소를 굳건히 세워 준 작품은 만년의 정글 연작이다. 아이러니하게도, 루소는 경제적으로 풍족하지 않아서 실제로 프랑스를 떠나 정글에는 가 보지도 못했다고 한다. 그런 루소는 시내의 식물원과 책의 삽화를 보면서 정글 풍경을 그렸다. 그 덕분인지 루소의 정글은 실제로 존재하는 공간이라기보다 공상과 환

7-24 Henri Rousseau, 〈The Merry Jesters〉(1906), 미국 필라델피아 미술관.

상의 공간이라는 느낌을 준다. 그가 정글을 그리면서 가장 많이 사용한 녹색은 어둡고 깊으면서 다양한 녹색의 색채를 보여 준다. 특정 화단에 몸담지 않았던 루소(루소를 '소박파'로 부르기도 하고, 소박하거나 원시적인 방식의 후기 인상파에 포함하기도 한다)는 어쩌면 자신의 입지와도 비슷한 녹색에 더 끌렸을지도 모른다.

7-24는 루소의 〈즐거운 어릿광대(The Merry Jesters)〉(1906)다. 녹음이 우거진 열대 정글에 몇몇 동물들이 자신들의 세계를 이루고 있다. 녹색이 화면을 가득 채우고 있어서 장엄한 정경을 만들어 내고, 흰 꽃과 검은 동물, 개의 얼굴을 한 원숭이 등은 신비로운 느낌을 준다.

녹색을 감상할 때 인터넷으로 자료를 찾아보기를 추천하는 작품

- Mattie Lou O'Kelly, 〈Mattie in the Morning Glories〉(1992), 미국 애틀랜타 미술관.
- Mattie Lou O'Kelly, 〈Spring Vegetable Scene〉(1968), 미국 애틀랜타 미술관

앙리 루소가 정식으로 그림 공부를 하지 않았던 것처럼, 미술학교에 다니지 않았지만 그림을 그리는 사람들이 있다. 이들이 만든 작품을 '아웃사이더 아트(Outsider art)'라고 부른다. 이는 정식으로 그림 교육을 받지 않은 사람들의 그림을 총칭하는 말이다. 무엇을 '정식 교육'이라고 부르는 것인가에 대해 생각하거나 그 정당성에 의문을 품기 시작하면, 이러한 구분은 다분히 기득권 집단의 시각이라고 할 수 있을 것이다. 어쨌거나, 그림 그리는 즐거움을 누리고 또 그 그림을 감상할 수 있는 즐거움을 가지게 된다는 것은 행복하고 멋진 일임에 틀림없다.

매티 루 오켈리(Mattie Lou O'Kelly, 1908~1997)도 그림을 처음 시작했을 때 47세였고, 미술학교를 다니지 않았다. 먼저 추천하고 싶은 작품은, 오켈리의 〈나팔꽃 속의 매티(Mattie in the Morning Glories)〉(1992)다. 그림에서 나팔꽃 아래에 앉은 여인은 작가 자신인데, 올리브 그린색 드레스를 입고 초록색 의자 위에 앉아 있다. 그저 밝은 연두색이 아니라, 그보다는 어두운 노랑이 섞인 차분한 녹색이다. 녹색이 지닌 미숙함과 신선함을 떠올려 본다면, 작가가 자신의 자화상에 녹색 옷을 입은 모습을 그린 것은 그저 우연이라고만 할 수는 없을 듯하다.

두 번째 추천하는 오켈리의 작품은 〈봄 채소 장면(Spring Vegetable Scene)〉(1968)이라는 제목의 유화 작품이며, 섬세하게 그린 채소들이 초록색 체크무늬 식탁보 위에 놓여 있다. 짙은 초록과 연두는 딸기의 빨간색과 보색대비를 이루면서 싱싱한 느낌을 준다.

아웃사이더 아티스트 중에는 유난히 자연의 아름다움에 매료당해 그 아름다움을 화폭으로 옮기고자 하는 욕구를 가진 사람들이 많다. 미국의 국민 화가라 불리는 애나 메리 로버트슨 모지스(Anna Mary Robertson Moses)[7]도 75세에 그림을 시작한 아웃사이더 아티스트인데, 녹색으로 가득한 초원과 마을 풍경 작품을 많이 남겼다.

이처럼 녹색이 주는 신선함, 새롭게 시작하는 느낌, 영원한 젊음의 느낌은 누구보다도 아웃사이더 아티스트의 삶과 그들이 남긴 작품에서 느낄 수 있다.

색의 선호

우리나라 사람에게 좋아하는 색이 무엇이냐고 물었을 때 연두와 초록을 포함해서 녹색이라고 답한 비율은 13.8%였다. 남녀로 나누어 봐도 비율은 거의 비슷했다(여성 13.5%, 남성 14.5%). 싫어하는 색으로 녹색을 말한 비율은 7.6%였는데, 남녀 차이는 거의 없었다.

연령대별로 나누어 보면, 여성의 경우 30~50대에서 녹색을 선호하는 비율이 높았다. 남성의 경우 10대를 제외하면 전 연령대에서 녹색에 대한 선호가 고르게 높은 편이었다. 남자들의 경우 싫어하는 색을 질문했을 때 녹색(연두나 초록)을 언급하는 경우가 별로 없었지만, 20대 남성은 유독 녹색을 싫어한다고 보고한 비율이 10%를 넘겼다. 특히 이들은 녹색에서 군대 경험을 연상하는 경우가 많았는데, 싫어하는 색으로 '국방색' 쑥

---

7) 참고문헌: 이소영(2016). 『모지스 할머니, 평범한 삶의 행복을 그리다』. 서울: 홍익출판사.

색' '군복색깔' 등이라고 명칭을 지목하거나 '군대에 있을 때 온통 녹색 산이어서 녹색은 딱 싫다', '초록이 군복 색깔이어서 싫다'라고 이유를 함께 언급하는 경우가 더러 있었다.

녹색을 좋아하거나 싫어하는 비율

(단위: %)

		10세 미만	10대	20대	30대	40대	50대	60대 이상
여성	선호색	5.9	10.1	9.2	15.8	20.1	14.3	0.1
	혐오색	5.9	7.3	14.4	6.5	5.0	3.9	10.3
남성	선호색	13.3	8.2	14.4	13.0	20.4	15.9	18.1
	혐오색	6.7	5.8	12.1	6.2	3.1	0.0	0.0

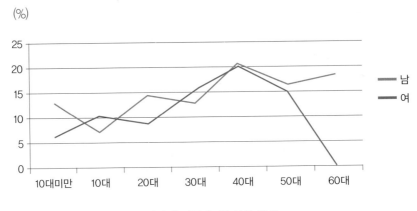

연령에 따른 녹색 선호 변화

색의 조화

녹색과 조화를 이루는 색은 어떤 것이 있을까? 녹색처럼 이차색으로 거리가 원색에서 비슷하게 떨어진 색이라면 주황이 있다. 톤이 어둡게 된 주황 벽돌색을 생각해 본다면, 벽돌집에 초록 잔디야말로 멋진 조합이 될 수 있다. 더없이 간결하고 단순한 형태의 건축물이 주는 느낌은 자칫 단조로울 수도 있지만, 건물의 벽돌색과 잔디의 초록색이 조화를 이루면서 깔끔한 아름다움을 선사한다.

녹색 인테리어를 할 때, 그 주변은 무채색이어도 좋다. 대개 벽은 흰색이 많지만, 때론

7-25 독일 비트라 디자인 뮤지엄 건물

7-26 녹색이 보이는 창문

검정 벽이나 회색 벽을 배경으로 녹색 식물이 하나쯤 있어도 좋다. 자칫 무거워질 수 있는 공기에 신선한 환기 통로가 되어 준다.

창문을 열었을 때, 그곳에 녹색이 있다면 얼마나 좋을까. 실내가 어두울수록 바깥의 녹색은 더 싱그럽게 보일 것 같다. 작고 좁은 창 틈 사이로 빛이 쏟아져 들어오든 여러 개의 창에서 열린 창문으로 녹색이 보이든 그 느낌은 말할 수 없이 모두 좋다. 어두운 색과 대비되는 녹색은 '생명'이라는 의미를 품고 있다.

아스팔트 길을 걷다가 우연히 보게 된 작은 틈 사이로 잡초가 빼곡히 올라왔다(7-27 참조). 저 동그란 구멍은 길에 차량이 진입하지 못하도록 막는 철제 원통 기둥을 넣을 용도로 만든 것 같았다. 아직 차가 많이 다니지 않아서인지 원통 기둥은 없었고, 그 사이로 풀이 올라온 것이었다. 회색과 대비되는 색채도 눈에 들어왔지만, 생명력의 강인함이 무엇인지 보여 주는 것 같아서 길을 걷다가 잠시 머물러 서서 그 풀을 바라보았던 기억이 있다.

7-27 집 근처 아스팔트 길에서 만난 녹색 생명력

파랑

Chapter 8
파랑

파랑 *Episode*

스물여섯에 결혼했을 때 제가 할 줄 아는 요리는 거의 없었습니다. 친정엄마한테 요리를 좀 가르쳐 달라고 말씀드렸더니, 그때 잡채를 가르쳐 주시면서 '천하에 쉬운 요리'라고 하셨지요. 그 말을 들은 저는 도대체가 동의할 수 없었습니다.

그리고 딱 20년이 흐른 어느 날 아침, 잡채를 하는데 그 생각이 나네요.

잡채. 손이 좀 가긴 하지만, 어떤 요리를 한들 그 정도 손이 안 가려구요. 천하에 쉬운 요리 맞습니다. 그리고 집에 있는 두 남자가 좋아하는 요리이기도 하구요.

다 만들고 난 다음에 여러 색깔 재료가 들어간 잡채가 예뻐 보이라고 파란 접시에 담았습니다. 파랑이 식욕을 떨어뜨리는 효과도 있지만, 요리에 색이 많으면 파랑이 요리를 돋보이게 하거든요.

— 언젠가의 아침, 가족의 식탁을 준비하며.

파랑

파랑을 이야기하려면 꼭 빠지지 않는 이야기가 있다. 바로 하늘이 파란 이유다. 단순한 질문 같지만, 모든 세대의 아이들이 호기심 가득한 얼굴로 부모에게 던지는 질문이다. 또한 많은 사람들이 답하려고 노력하는 질문이기도 하다.

하늘은 왜 파란가?

태양의 빛이 지구의 대기층을 지날 때 대부분은 그대로 투과하지만 일부는 대기층의 질소와 산소 원자에 부딪혀 충돌하면서 산란한다. 이 산란현상을 처음 설명한 사람이 레일리 경(Lord Rayleigh)이어서 '레일리 산란(Rayleigh scattering)'이라고 부른다. 빛들 중 더 많이 흩어지는 것은 빛의 파장이 짧은 색인데, 파장이 짧으면 빛의 굴절률이 커지기 때문이다. 빨강이나 노랑은 굴절률이 작은 반면, 파랑이나 보라는 굴절률이 크다. 따라서 레일리 산란을 통해 파란색과 보라색 빛이 다수 산란되는데, 우리 눈의 원추세포는 보라색보다는 파란색을 잘 지각하기 때문에 하늘이 파란색으로 보인다.

어쨌거나 하늘이 파랗다는 것을 서두에 설명하는 이유는 파랑의 의미와 상징에서 하늘을 빼고는 이야기할 수 없기 때문이다. 파란 하늘. 그게 파랑의 의미다.

파랑은 3원색의 하나로 빨강, 초록과 함께 빛의 3원색을 이루고 있으며, 빨강, 노랑과 함께 색의 3원색을 이룬다.[1] 파랑의 파장 길이는 450~495nm에 해당한다. 남색(indigo)

---

1) 이 책에서 몇 번 언급하겠지만, 이름이 같은 '파랑'이라고 해서 색의 3원색에 나오는 파랑과 빛의 3원색에 나오는 파랑이 같지는 않다. 색의 3원색의 파랑은 '시안'이라는 하늘색-민트색 정도의 밝은 파랑이며, 빛의 3원

이라 불리는 어두운 파랑의 파장이 445nm 정도이며, 중간 정도의 파랑은 460nm 정도다.

파랑을 좋아하는 사람은 매우 많다. 어떤 색을 가장 좋아하느냐고 질문했을 때, 진한 파랑이라거나 밝은 파랑, 하늘색, 민트색, 비취색, 울트라마린, 코발트블루 등의 세부적인 명칭이 사용되는 것까지 포함하면 파랑을 선호색으로 지목하는 경우는 매우 많다. 우리나라 사람들을 대상으로 조사했을 때 가장 좋아하는 색이 파랑이라고 답한 비율은 남성의 36.3%, 여성의 20.0%였다.

심리적인 반대색

파랑의 심리적 반대색은 무엇일까?
보색관계로 보면 파랑의 어둡기 정도에 따라서 주황 혹은 노랑이 된다. 어두운 파랑의 보색은 노랑이며, 일반적인 밝기의 파랑이라면 보색은 주황이 된다. 그런데 파랑의 심리적인 반대색은 빨강이다. 파랑과 빨강이 심리적으로 반대되는 색이라는 것은 두 색깔이 가지고 있는 특성과 상징이 서로 대조적이며 상반된다는 것에서 확인할 수 있다. 빨강은 적극적이며 앞으로 전진하는 데 반해, 파랑은 수동적이고 수축하며 뒤로 물러간다. 빨강은 뜨겁지만 파랑은 차갑다. 빨강은 훨씬 시끄러운 색깔이지만 파랑은 조용한 색깔이다. 빨강은 육체적인 색깔이고, 파랑은 정신적인 색깔이다.

색의 파랑은 어두운 파랑이다.

파랑의 이름과 종류

파랑은 모두 몇 가지일까? 파랑에 해당되는 색은 종류가 매우 다양한데, 검은색에 가까운 파랑, 푸르디 푸른 파랑, 청록색 느낌의 파랑, 흰색이 포함된 파랑 등 다양한 파랑 색이 있다. 파랑은 적어도 100가지 이상의 색이 있다. 그리고 그중에서 10가지 정도는 색과 이름을 연결해서 알고 있으면 좋다.

파랑의 색과 이름을 상세하게 살펴보기로 하자. 먼저, 진한 순서대로 나열하면 다음과 같다.

- 인디고블루 – 프러시안블루 – 네이비 – 울트라마린 – 코발트블루 – 셀룰리안블루 – 컴포즈블루

스카이블루	민트색	네이비
코발트블루	인디고블루	피콕블루
미드나잇블루	셀룰리안블루	파랑
컴포즈블루	프러시안블루	터키즈블루
울트라마린	옥색	감색

인디고는 물감으로 보면 너무 진해서 검정처럼 보이기도 한다. 인디고는 '남색' 혹은 '곤색'이라 부르기도 하고, '쪽빛'이라고 부르기도 한다. 쪽빛은 매우 진한 파랑으로, 푸른 빛과 자줏빛의 중간 정도가 된다.

프러시안블루도 진하고 어두운 파랑이다. 프러시안블루는 국가의 이름과 색이름이 결합된 명칭이다. 이 같은 이름으로는 잉글리시레드와 러시안그린이 있다. 프러시안블루는 프로이센 군대가 어둡고 진한 청색의 군복을 입었던 것에서 유래한다. 프러시안블루는 '군청색' '진청색' '감청색' '미드나잇블루' 등과 유사하다. 감청색은 등푸른생선(고등어, 정어리, 꽁치, 청어 등)의 등쪽 색깔을 언급할 때 말하는 색 명칭이다. 이 물고기들의 등쪽이 검푸른 파랑인데, 프러시안블루와 가장 비슷하다.

네이비블루도 군대에서 사용했던 청색이며, 영국의 왕립해군이 입었던 어두운 파랑색을 지칭한다. 우리나라 남성 정장에서 '네이비블루'라고 이름 붙인 양복색은 색으로서의 네이비블루보다 검정이 더 섞인 어두운 톤의 파랑(프러시안 블루에 가깝다)을 지칭한다.

울트라마린은 인디고블루나 프러시안블루보다는 덜 진하면서 깊이를 느끼게 해 주는 파랑이다.

코발트블루는 푸르디 푸른 청색이며, 흔히 바다색을 이야기할 때 '코발트블루빛 바다'라고 한다.

셀룰리안블루와 컴포즈블루는 흔히 '하늘색'이라고 부르던 파랑이다. 셀룰리안블루가 컴포즈블루보다 파란 빛이 더 짙다. 셀룰리안블루에 해당되는 또 다른 명칭으로는 '하늘색' '물색' '스카이블루' 등이 있다. 컴포즈블루는 '민트색' '시안' '옥색' 등으로 불리기도 한다. 옥색은 파랑과 초록의 중간색이면서 흰색이 섞인 색인데, 색 자체의 범주가 약간 넓어서 녹색 느낌의 옥색도 있고 파랑 느낌의 옥색도 있다. 시안을 옥색이라 번역하기도 한다. 8-2는 옥색 지붕의 건축물인데, 뒷배경이 코발트블루 하늘이라서 두 개의 파랑이 얼마나 다른 느낌인지를 볼 수 있다. 터키즈블루도 파랑에 속하는데, 터키석이 가진 색상에서 이름이 온 것이기 때문에 파랑에 녹색이 살짝 들어간 느낌이 도는 빛깔이다.

8-2 군산 근대역사박물관

　그러면 이 색깔들이 사용된 예를 보면서 색을 구분해 보기로 하자. 색의 범위가 조금씩 다르더라도 하나의 명칭으로 색이름을 붙이기 때문에, 간혹 이름이 달라도 색이 겹치는 경우가 있다.

　컴포즈블루와 셀룰리안블루도 겹치는 부분이 있다. 8-3은 컴포즈블루 빛깔을 가진 호수다. 표면이 잔잔해서 하늘 위 구름이 호수 표면에 반사된 모습이다. 셀룰리안블루는 이보다 약간 더 진한 파랑이다. 8-4의 건물에서 문 색깔이 셀룰리안블루라고 할 수 있다. 컴포즈블루에 비해 좀 더 진한 파랑이지만, 여전히 흰색이 섞인 밝은 파랑인 것을 알 수 있다.

　코발트블루는 강렬한 파랑이지만 어둡지도 밝지도 않은 딱 보통의 파랑이다. 8-5의 건물 외벽이 코발트블루다. 8-6의 바다는 촬영 후에 색 보정을 하지 않은 바다색으로 코발트블루보다 훨씬 진했고, 울트라마린과 인디고블루가 보였다.

8-3 뉴질랜드 푸카키 호수

8-4 군산의 옛 군산세관

8-5 프랑스 파리에서 묵었던 코발트블루 색깔 호텔

8-6 호주 태즈매이니아 섬에서 남극을 바라보는 방향, 울트라마린 색깔 바다

민트색은 밝은 하늘색이라 할 수 있는데, 색깔 폭이 넓어서 청록에 흰색이 섞인 색과 하늘색에 초록이 약간 섞인 색, 혹은 파스텔톤 느낌의 하늘색 등 모두 민트색이라 불린다. 민트색은 특유의 청량감을 주는 느낌이 있어서 좋아하는 여성이 많다.[2]

민트색에 해당되는 색으로 영어 cyan(시안)이 있다. 시안은 중요하게 생각해 볼 수 있는 색인데, 컬러 프린트에서 사용하는 기본적인 세 가지 잉크 중 하나다. 컬러 잉크에서

8-7 민트색 조각상

---

2) 우리나라 성인에게 좋아하는 색을 물었을 때 "민트색이요."라고 특정한 파랑을 대답한 여성이 꽤 있었는데, 남성 중에는 그런 대답이 별로 없었다.

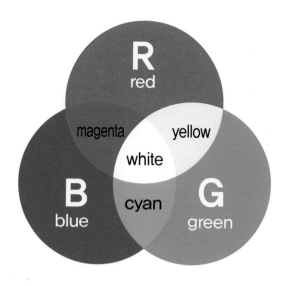

사용하는 3원색은 magenta, yellow, cyan이며, 이 색들을 감색혼합해서 여러 가지 색을 만들어 낸다.

컬러 TV나 컴퓨터 모니터와 같은 빛의 발광을 통해 색을 구현할 때에는 RGB 컬러를 사용하는데, 이때 RGB 3원색은 빨강, 초록, 파랑(짙은 파랑)이다. 시안은 초록과 파랑을 혼합했을 때 나오는 색이다. 숫자로 표시하면 시안은 RGB 컬러에서 (0,100,100)[3]이 된다.

민트색에 비해 터키즈블루는 조금 더 진하다. 터키즈블루라는 명칭이 나온 것은 이슬람권 국가에서 사용한 파랑이기 때문이다. 이슬람 도자기에 사용된 파랑이 주로 이 색깔이다(8-8 참조).

그리고 민트색에 비해 좀더 진하지만 터키즈블루보다 연한 색이 셀룰리안블루다. 8-7과 8-8, 8-9의 차이를 느낄 수 있는가? 이렇듯 비슷하지만 느낌이 다른 파랑이 많다.

---

3) 괄호 안의 숫자가 순서대로 Red, Green, Blue 값인 것을 생각하면 이해하기 쉽다.

8-8 15~16세기경 이슬람 도자기. 미국 시애틀 미술관.

8-9 한양사이버대학교 사이버2관 4층의 셀룰리안블루 색깔 화장실 표지

쉬어 가는 페이지

문제: 12색 물감을 산다면 파랑색은 몇 개일까? 그리고 그 파랑은 어떤 색깔일까?[4]

국가표준인증 통합정보시스템에서 색 표준을 찾아보면, 파랑과 남색으로 나뉘고 그 종류는 다음과 같이 나온다.

〈파랑〉
- 파랑
  - 선명한 파랑, 밝은 파랑, 진한 파랑(진파랑), 연한 파랑(연파랑), 흐린 파랑, 탁한 파랑, 어두운 파랑
- 흰 파랑
- 회청색
  - 밝은 회청색, 어두운 회청색
- 검은 파랑

〈남색〉
- 남색
  - 밝은 남색, 흐린 남색, 어두운 남색
- 회남색
- 검은 남색

파랑이 사용된 단어들을 살펴보면 다음과 같다.

---

4) 정답: 파랑은 2개이며, 코발트블루와 울트라마린이다.

- 파랑새: 반가운 소식 또는 희망
- 청사진: 미래의 일이나 사업에 대한 희망적 계획
- 청운의 꿈: 입신출세하려는 희망
- 청운지사(靑雲之士): 학문과 덕망이 높은 사람, 높은 벼슬에 오른 사람
- 청신호: 앞일이 순조로울 것을 알려 주는 징조

이러한 말을 통해 알 수 있듯이 파랑은 희망과 미래, 젊음, 이상향 등을 상징한다. 영어에서 파랑을 사용한 말을 살펴보면 다음과 같다.

- 블루오션(blue ocean): 광범위하고 상당한 잠재력을 지닌 시장
- 블루칩(blue chip): (포커) 블루칩; 우량주, 우량기업.
- 필 블루(feel blue): 우울한
- 블루 펑크(in a blue funk): (funk는 침체, 겁, 우울, 냄새 등의 뜻이 있다.) 몹시 기겁하여, 지독한 악운의.
- 블루 데빌스(blue devils): 우울한 상태, 진전 섬망증
- 블루 먼데이(blue Monday): 우울한 월요일, 사순절 전의 월요일(사순절은 그리스도의 죽음을 상징하는 40일간의 기간으로 부활절 이전까지 지속된다), 휴일이 끝나서 직장/학교에 가는 것이 내키지 않는 월요일
- 블루 펜슬(blue pencil): 정정이나 삭제를 하는 연필, 출판물 등의 내용을 고쳐 쓰거나 삭제·검열하는 것
- 블루 무비(blue movie): 포르노 영화
- 블루 블러드(blue blood): 귀족 혈통, 명문가(원래 이 단어는 영국에서 귀족이나 명문가의 혈통을 나타내며, 왕실의 여성이 빨강을 사용하는 것과는 다른 맥락으로 기품 있고 우아한 것을 나타내는 색이다.)
- 트루 블루(true blue): 지조가 굳은 사람, 충실한 사람, (영국에서는) 신념을 굽히지 않는 보수주의자

파랑의 의미

긍정적	부정적
희망, 청춘, 젊음, 행복 이성, 스마트 잔잔함, 청결, 정의, 전진 동경, 용기, 상쾌함, 자유 투명, 깊은 지혜, 안정, 도전, 성실 신앙, 믿음, 신용, 신뢰, 책임 신성함, 위엄, 숙연함, 심원	슬픔, 우울, 쓸쓸함, 고독 침묵, 적막 공포, 불안 차가움, 냉정 어두움

파랑은 하늘과 바다에 존재하는 보편적인 색으로 인식되며, 누구나 쉽게 호감을 가지는 색으로서 젊음, 자연, 신뢰, 희망을 상징하기도 한다. 파랑은 꿈과 미래를 암시하는 청춘의 색이라고 할 수 있으며 자주와 독립을 상징하는 평화의 색이라고도 할 수 있다. 밝은 파랑은 맑고 따뜻한 이미지를 가지고 있어 창조적이고 감각적인 특성이 있고, 어두운 파랑은 딱딱하고 단정한 이미지를 가지고 있어 신뢰감과 안정감을 준다.

파랑은 차갑고 시원하다. 여름에 파랑색이 주는 청량감이 얼마나 큰가. 파랑은 마음을 안정시키는 영향력이 있다. 파랑이 주는 믿음직한 느낌은 다른 색으로는 대체 불가하다. 파랑은 전 세계적으로 선호도가 가장 높은 색이며 상쾌함과 신선함, 조용함과 차가움을 느끼게 한다. 파랑의 기본적인 인상은 대개 호감을 주는 것으로 조화로움, 우정, 신뢰 등의 긍정적인 의미가 많다.

또한 파랑은 상상력의 색이며 정신적인 미덕을 보여 주는 색이기도 하다. 또한 하늘이 파란색이기 때문에 파랑에는 신성하다는 의미가 더해진다. 저 멀리 높은 하늘은 푸르다 못해서 짙고 어두운 색을 띤다. 그래서 짙은 파랑일수록 장엄하고 신비하고 숙연한 느낌과 함께 위엄을 느끼게 해 준다. 지상의 색이 녹색이라면, 천공의 색은 파랑이다. 그래서 파랑과 녹색의 결합은 하늘과 땅의 결합을 나타낸다.

8-10 하늘이 파랗던 어느 날

파랑은 심신을 회복시키고 신경 계통을 진정시키는 효과가 있어서 불면증을 완화시킨다든가 머리를 맑게 하고 창의성을 증가시켜 주는 효과가 있다. 그래서 파랑을 균형과 조화의 색으로 보기도 한다.

파랑은 벨기에의 작가 모리스 마테를링크(Maurice Maeterlinck)의 동화극 〈파랑새(Oiseau Bleu)〉(1908)에서 행복을 상징하는 색으로 나타난다. 그 동화극에서 시작된 파랑과 행복의 관계는 프랭크 시나트라(Frank Sinatra)의 노래 'somewhere over the rainbow'[5]에서 다시 한 번 더 나타난다. "무지개 너머 어딘가, 파랑새가 나는 곳"이라는 가사에서 볼 수 있다.

현대에 와서 남성들의 의복이나 기업체 로고 등에 파랑이 많이 사용되면서 파랑에 남성적인 느낌이 강해졌지만, 원래 파랑은 여성의 색이다. 파랑은 색깔의 느낌이 시끄럽지 않고 조용하며, 앞으로 튀어나오지 않고 안으로 함입해서 들어가며, 적극적이라기보다는 수동적이고 내향적이다. 이러한 특성들이 여성적인 것과 연결되고, 음양에서 '음'으로 연결된다.

라파엘로(Raffaello Sanzio, 1483~1520)의 성모 마리아 그림을 보면, 성모 마리아가 빨간 드레스 위에 파란 옷을 걸치고 있는 것을 볼 수 있다. 라파엘이 그렸던 수많은 성모상

---

5) 영화 〈오즈의 마법사〉(1939) 삽입곡이며, 이후 여러 번 리메이크되었다.

은 거의 예외 없이 빨간 옷에 파란 옷을 걸치고 있다. 대표작으로 〈성모와 아기 예수 (Madonna and Child)〉, 〈쿠퍼의 작은 성모(Small Cowper Madonna)〉, 〈브리지워터의 성 모(The Bridgewater Madonna)〉, 〈성모 마리아의 결혼(The Marriage of the Virgin)〉, 〈그 란두카의 성모(Maddonna del Granduca)〉, 〈콜론나 가문의 성모(Colonna Madonna)〉 등 이 있다. 그중에서 르네상스기의 성모 그림 중 널리 알려진 그림인 〈초원 위의 성모(The Madonna of the Meadow)〉를 보자(8-11 참조). 여기서도 성모가 빨간 드레스 위에 파란 옷을 걸친 것을 볼 수 있는데, 빨강과 파랑의 조합은 육체와 정신의 결합, 인간과 신성 의 조화로도 볼 수 있다. 아니나 다를까, 그림에서 묘사된 풍경은 단순히 목가적인 초원 이라기보다는 사람들의 세계와 천국을 조화롭게 표현했다고 볼 수 있다. 가까이 보이는

8-11 Raffaello Sanzio. 〈The Madonna of the Meadow〉(1505 혹은 1506).
오스트리아 빈 미술사 박물관.

풍경, 발치에서 자라고 있는 작은 풀들이 사람들의 세계라면, 마리아의 어깨선쯤에 보이는 저 먼 풍경은 아스라이 멀리 있는 또 다른 세계를 보여 준다. 이러한 점 때문에 이 작품은 르네상스 시기의 대표적인 기준 작품이 되었다.

로렌조 로토(Lorenzo Lotto, 1480~1556)의 성모 마리아 그림에서도 마리아는 푸른 옷을 입고 있다(8-12 참조). 아기 예수를 안고 있는 성모 마리아 뒤로 천사가 있고, 그 앞에는 성 야고보와 성 카타리나가 있다. 어두운 파랑에 비하면 밝은 파랑은 빛에 훨씬 더 가깝다. 마치 어두운 밤이 끝나고 새벽의 여명이 밝아 오기 시작하면서 점점 파란 하늘로 바뀌는 것처럼, 어두운 파랑보다는 밝은 파랑이 신성한 깨달음을 상징하게 된다. 빛나는 파랑을 마리아의 옷으로 선택한 것은 마리아에 대한 존경과 경외심을 담은 선택이기도 하다. 이후 파랑은 '성모 마리아의 파랑'으로 인식된다.

8-12 Lorenzo Lotto, 〈Madonna with child and the saints Catherine and Jacob the Elder〉(1529년 경). 오스트리아 빈 미술사 박물관.

계급과 관련해서 파랑은 극단적으로 반대되는 상징색이다. 한 가지는 '블루칼라'로 불리는 노동자 계급을 지칭하는 것이며, 다른 하나는 '블루 블러드(blue blood)'라는 귀족 계급을 지칭하는 표현이다. 상반되는 두 계급을 동일한 색으로 묘사한다는 것은 얼핏 이해가 되지 않는 일이다. 하지만 우리가 물과 공기를 색깔로 묘사할 때에도 역시 파랑이라는 색을 쓴다. 물과 공기는 매우 다른 성질을 지니고 있지만 말이다. 아마도 파랑이란 이름 아래에 다양한 파랑이 존재하기 때문에 그렇게 되었을 것이다.

파랑의 부정적인 상징 중에서 대표적인 것이 슬픔과 우울함이다. 'blue'라는 단어가 우울하다는 의미로 쓰인다는 것은 앞서 언급한 바 있다. 파랑의 조용함은 쓸쓸하고 외로운 느낌으로 연결되며, 궁극적으로 우울함으로 귀결된다. 어두운 파랑의 경우에는 우울의 느낌이 한층 더 강해진다.

파랑은 조용하고 적막한 색이기도 하다. 파랑에서는 시끄러운 소리가 들리지 않는다. 노랑이나 빨강이 시끄럽고 활발하게 움직이는 것과 다르다. 고요한 밤이 될 무렵 푸르스름하게 빛나는 색깔은 다가올 밤의 침묵을 알려 준다.

어두운 파랑은 공포와 불안을 뜻하기도 한다. 깊은 바다 아래로 내려간다고 상상해 보자. 그때 만나는 파랑은 점점 빛이 사라지면서 심연으로 들어가는데, 색깔 때문에라도 더 공포와 경외심을 불러일으킨다.

다양한 문화권에 사용된 파랑

나라별로 파랑을 좋아하는 나라도 있고, 파랑을 그다지 좋아하지 않는 나라도 있다. 파랑을 좋게 보는 나라는 대표적으로 우리나라를 비롯해서 이스라엘, 시리아, 그리스[6] 스웨덴, 프랑스, 벨기에, 네덜란드 등이 있다. 그에 반해, 파랑을 별로 좋아하지 않는 나

---

6) 고대 그리스에서는 파랑에 대해 전혀 다른 색 취향을 가지고 있어서, 심지어 파랑을 색으로도 여기지 않았다.

라는 중국과 이라크, 터키, 독일, 아일랜드, 스웨덴 등이다. 파랑을 좋아하지 않는 나라들은 빨강에 대해 강한 선호를 가지고 있다.

주황을 선호하는 인도의 경우에도 파랑에 대해서는 부정적인 상징이 더 많다. 파랑이 거부를 의미하거나 불행을 의미한다고 보는데, 파랑을 사별의 색으로도 생각하므로 남편이 있는 힌두교도 여인들은 파란색 사리를 입지 않는다고 한다.

노랑과 빨강을 좋아하는 중국도 파랑을 선호하지 않는다. 파랑은 고뇌를 뜻하며 사람들이 죽음과 연관 짓는 색이다. 중국 사람들은 파란 눈을 가진 사람들이 중앙아시아의 소수민족을 연상시키므로 아름답지 못하다고 여겼다.

대륙별로 보면, 대체로 오늘날의 유럽과 북미에서 파랑을 선호한다. EU의 깃발이 파란 바탕에 노랑으로 된 것 역시 우연이 아니다. 유럽에서 그리스는 국기 자체도 흰색과 파랑으로 이루어져 있는데, 우리나라처럼 그 나라도 삼면이 바다로 둘러싸여서 푸른 바다에 익숙한 덕분에 파랑을 선호하는 것인지도 모른다. 재미난 사실은 고대 그리스에서는 파랑을 색으로 취급하지 않았다는 점이다. 오늘날의 파랑의 인기와 비교해 보면, 파랑이 전혀 중요한 색이 아니었다는 사실을 믿기 어렵다. 하지만 11세기 이전까지 파랑은 유럽에서 중요하지 않은 색이었다. 고대 그리스인들에게 하늘은 파랑이 아닌 흰색 혹은 금색이었다. 고대 로마인들은 파랑을 미개인의 색으로 여기기까지 했다. 로마와 끊임없이 전쟁을 벌이던 켈트족과 게르만족이 파랑을 몸에 바르고 전장에 나왔기 때문이다. 이들은 대청이라는 식물을 사용해서 파랑 반죽을 몸에 바르고 나왔는데,[7] 시각적으로 적군에게 겁을 주기 위한 위협의 의미가 강했다. 또한 대청에 천연 살균 성분이 있어서 전쟁 시 발생하는 상처를 소독하는 역할을 해 주기도 했다. 로마 사람들이 파랑을 혐오하다 보니, 이들 역시 중국 사람들처럼 파란 눈을 가진 사람들을 아름답지 않다고 여겼다.

---

7) 멜 깁슨 주연의 〈브레이브하트(Braveheart)〉(1995)라는 영화를 보면, 얼굴에 파란 칠을 하는 것을 볼 수 있다. 이 영화의 배경은 스코틀랜드다. 스코틀랜드와 아일랜드에는 순수 켈트족이 많이 거주한다.

8-13 EU의 깃발

 파랑 염색에 대해 조금 더 살펴보자. 파랑을 염색하는 데 사용한 것은 인디고(indigo)라는 식물의 염료다. 식물 염료는 꽃이라든가 잎, 줄기, 뿌리, 나무껍질 등에서 추출한다. 이는 매우 오래된 염색 방법이며, 염료로 사용하는 식물만 하더라도 전 세계적으로 2,000여 종이 넘는다. 인디고에 속하는 식물은 쪽, 인도남(인디고페라, Indigofera), 대청(woad)을 비롯해서 350여 종에 이른다. 먼저 쪽잎으로 염색하는 방법은 기원전 2000년부터 시작되었으며, 어둡고 짙은 파랑을 만드는 염색법이다. 우리나라에서도 조선시대부터 쪽잎 염색을 했는데, 나주 지방에서 쪽을 재배했다. 인디고페라를 사용한 인도의 파랑 염색은 품질이 뛰어나서 여러 나라로 수출되어 이집트로도 수출되었고, 미이라의 옷을 염색하는 데 사용되었다는 기록이 있다. 어둡고 짙은 파랑의 이름을 '인디고블루'라고 부르는데, 인도에서 인도남을 사용해서 염색한 파랑이 높이 평가받으면서 붙여진 이름이다. 대청은 주로 영국을 비롯한 유럽에서 재배되었는데, 영국에서 기원전부터 재배되었다고 한다.

 광물 중에서는 청금석[라틴어로는 라피스 라줄리(lapis lazuli)라고 한다]이 파랑을 얻을 수 있는 귀한 재료였다. 이집트에서는 파라오의 황금 가면을 만들 때 청금석을 넣어서 금색과 어울리는 파랑을 구현했다. 또한 청금석을 갈아서 물감 안료로도 썼는데 값이 너무 비싸서 훨씬 더 저렴한 남동석으로 대체되었다.

 중세를 거치면서 파랑의 의미는 새롭게 재해석되었고, 18세기에는 파란색 합성색소가 만들어졌다.

 이후 오늘날에 이르기까지 파랑은 침착하고 정중하다고 여겨져 공식적인 석상에서 각광을 받아 왔다. 그래서 국기에 많이 사용되는 색이기도 하다. 파랑을 좋아하는 나라는 국기에 파랑을 사용하는 것을 좋아한다. 우리나라를 비롯해서 아시아권 나라들 중에서는 필리핀, 타이완, 라오스, 캄보디아, 태국, 인도, 말레이시아, 몽골 등의 국기에 파랑이 사용되었다.

오세아니아에서는 호주와 뉴질랜드, 북미권에서는 미국이 대표적이다. 아프리카와 유럽, 아시아 나라들 중에서 과거에 영국으로부터 독립한 나라들(시에라리온, 탄자니아, 보츠와나 등)과 프랑스로부터 독립한 나라들(코모로, 가봉, 차드, 네덜란드, 캄보디아, 지부티 등)도 국기에 파랑을 사용한다.

파랑을 국기에 사용하지 않은 나라는 주로 빨강을 선호하는 국가이거나 이슬람 국가(이들은 녹색을 선호한다)인데, 사우디아라비아, 아프가니스탄, 파키스탄, 이집트, 리비아, 오만, 수단, 몰디브 등이다.

성당의 둥근 지붕은 하늘을 상징하기 때문에 보통 파랑이다. 성당 건물 내부에서 파랑을 사용하는 것도 비슷한 맥락이다. 8-14는 캐나다 몬트리올의 노틀담 성당(Notre-

8-14 캐나다 몬트리올의 노틀담 성당 내부

Dame Basilica of Montreal) 내부 광경이다. 아래쪽은 장엄한 금빛으로, 그리고 위쪽은 신성한 파랑으로 조명을 해서 그곳을 찾은 사람들의 마음을 경외심으로 가득하게 한다.

종교적인 건물에 파랑을 쓴 것은 성당 내부뿐 아니라 이슬람 사원인 모스크도 마찬가지다. 터키 이스탄불에서 가장 중요한 사원 중 하나인 '블루 모스크'는 그 내부가 파란 타일로 꾸며져 있어서 블루 모스크라고 부른다고 한다.

유대인들에게도 파랑은 중요한 색이다. 유대인들은 팔레스타인 지역에 자신들의 나라를 다시금 세우는 것을 목표로 하는 민족주의 운동인 '시온주의(Zionism)'를 추구하는데, 시온주의를 표방하는 색이 파랑과 흰색이다. 그래서 이스라엘 국기도 흰 바탕에 파란색으로 '다윗의 별'이라 불리는 별이 그려져 있다.

중세에는 파랑이 진정으로 신적인 빛인 동시에 모든 형태의 악에 대항하는 구원자라고 믿었다. 파랑이 신성한 하늘의 색이라면 녹색은 자연적인 지상의 색이다. 파랑-녹색의 색조는 하늘과 땅을 결합시킨다. 한밤의 신비로운 검은 파랑은 계시(啓示)의 힘을 발산하고 있다. 어둠 속에서는 빛을 발하는 것처럼 보이며, 대기의 파랑은 밝고 맑은 하늘의 푸른색에서부터 밤의 블루, 블랙의 파랑까지 그 폭이 대단히 넓다.

파랑이 이처럼 모든 종교에서 최고의 색으로 여겨지므로, 파랑은 진정 종교적인 색이라고 할 수 있다. 앞서 성모 마리아의 파랑에 대해서도 언급했지만, 파랑이 주는 개방감과 평화, 깊이, 몰입감 등은 하늘과 바다의 깊고 넓은 장대함을 연상시키며, 이로 인해 파랑은 신화와 종교적 인물들을 상징하는 색으로 사용된다.

우리나라에서는 예로부터 진한 파랑인 남색이나 곤색, 초록색 등을 모두 총칭하여 '청(靑: 파랑)'으로 불렀다. 청색은 주요한 색 중 하나였는데, 중국에서 청(靑)·적(赤)·황(黃)·백(白)·흑(黑) 등 다섯 가지 색을 오방정색으로 삼았던 것을 그대로 수용한 것이다. 파랑은 오행 중 나무인 목(木)에 해당하며, 동서남북 방위에서는 동쪽을 의미한다. 사계절에서 봄을 상징하고 정서적으로는 기쁨을, 미각에서는 신맛을 의미한다.

중국을 중심으로 생각하고 발전시킨 오방정색은 동쪽을 파랑으로 두기 때문에 지리적인 위치상 중국의 동쪽에 자리 잡은 우리나라는 외교적인 힘의 관계에서 파랑을 사용해야 할 입장이었다. 물론 파랑에 대한 선호도 있었지만, 약육강식의 국제 관계에서 파랑을 쓸 수밖에 없는 면도 있었다. 국가의 주된 기관이나 관료들을 제외하고 일반 백성은 흰색을 선호하고 많이 사용했기 때문에 한때 흰색의 사용을 자제하도록 했다는 기록이 고려시대와 조선시대에 남겨져 있다.

일상생활에서 만나는 파랑

일상생활에서 파랑을 만나는 경험 중 자연물에서의 파랑은 하늘과 바다에서 압도적으로 많다. 셀룰리안 블루는 '셀룰리안'이라는 단어에서 이미 그 의미가 드러났듯이 '하늘의 파랑'이다. 울트라마린은 '마린'이란 단어가 있으므로 바다의 파란색이다.

파란 하늘 아래에서 아름답지 않은 것은 없다(8-15 참조). 현대 문명을 누리는 대신 지

8-15 군산 장미갤러리 앞 풍경

8-16 제주 바다

불해야 하는 가장 큰 대가는, 아마도 미세먼지와 같은 공기오염 때문에 파란 하늘을 매일 볼 수 없다는 점일 것이다. 희뿌연 회색 하늘을 볼 때면 드는 답답한 느낌이 허파로부터 느껴지는 실제적인 몸의 반응인지, 아니면 눈에 들어온 무채색 색감 때문인지, 혹은 둘 다 영향을 주는 건지 모르겠다 싶을 때가 있다. 무한함을 느끼게 해 주는 파랑. 우리나라의 하늘이 항상 파랗길, 그렇게 회복하고 지켜 나갈 수 있기를 바라는 마음이다.

하늘만큼이나 호수와 바다에서 만나는 파랑도 다양하다. 제주 바다는 민트색부터 코발트블루와 프러시안블루까지 다채롭게 보여 준다.

파란 꽃도 의외로 많다. 대표적으로 수국이 있고, 큰개불알꽃, 각시붓꽃, 붓꽃, 깽깽이풀, 풀모나리아, 등나무, 매발톱, 주름잎, 매발톱, 무스카리, 구슬붕이, 금창초, 수레국화, 닭의장풀, 모싯대, 물옥잠 등이 있다. 찾아보면 파란 꽃이 의외로 종류가 많다.

파란 식물로 대표적인 것 중에 하나는 '쪽'이다. '쪽빛 바다'라고 하는 말도 바로 이 식물 쪽에서 나온 것이다. 쪽의 잎을 사용해서 천을 어두운 청색으로 물들일 수 있다.

동물 중에서는 투구게의 '피'가 파란 것으로 유명하다. 흔히 피는 빨강이라고 생각하지만 그것은 철이 함유된 헤모글로빈이 혈액에 있기 때문이다. 투구게는 혈액에 구리 성분이 다량 함유된 헤모시아닌이 있는데, 혈액 내에 산소를 운반하는 과정에서 헤모시아닌이 산소와 만나면 파란색이 된다.

일상생활의 물건으로 눈을 돌려 보면 파랑 물건은 정말 부지기수다. 파랑을 좋아하는 우리나라 사람들에겐 다양한 색깔의 파랑 물건들이 정말로 많다. 겨울에 차가운 느낌을 주기도 하지만, 사계절 가리지 않고 사랑받는 색이다. 그중에서 여름은 특히 파랑을

8-17 수국

8-18 여름에는 파란 침구를 사용해 보자

8-19 시원해 보이는 물

찾게 되는 때이기도 하다. 간혹, 침구 색을 파랑으로 바꾸는 것만으로도 청량감을 더할 수 있다. 파란 침대보는 열대야를 이길 수 있을 것 같은, 그런 시원한 느낌을 준다.

물병을 투명한 파랑으로 사용하는 것 역시 마찬가지다. 더 시원하고 청량한 느낌을 줄 수 있다. 음료수 용기에 파랑을 쓸 경우 특히 청량감을 강조할 수 있다. 비록 식품업계에서 청색을 많이 사용하지 않지만 세련된 느낌을 주고 싶을 때 쓸 수 있고, 혹은 흰색이나 빨강 등 다른 색깔에 작은 포인트로 파랑을 쓸 수 있다. 예를 들면, 포카리스웨트가 처음 출시되었을 때 이온 음료 시장의 개척이라는 새로운 변화를 선고하듯, 파랑과 하양으로 만든 캔으로 출시되었다. 그 이전에는 이온 음료도 없었지만, 파랑을 주된 색으로 내세우는 음료캔 포장도 없었다. 미각에 호소하려면 주황과 같은 붉은색 계열이 유리하지만, '이온 음료'의 새로움과 신선함을 차별화해서 부각시키고자 파랑을 썼을 것이다. 해당 음료의 광고에 등장했던 그리스 산토리니의 이아마을 역시 파랑과 하양이 어우러져 상쾌하고 시원한 느낌을 보여 준다.

먹거리 중에는 파랑이 별로 없는데, 어두운 파랑의 블루베리가 대표적인 파랑 음식물이다. 블루치즈도 파랑 음식물인데, 푸른곰팡이로 만들어지며 연노랑 치즈 사이사이에 파란색 혹은 청록색 무늬가 마블링처럼 들어 있다. 향이 독특해서 호불호가 나뉘는 편이다. 고르곤졸라 치즈도 블루치즈의 일종이다.

주황을 다루었던 장에서 주황이 맛있는 색깔이라고 했는데, 주황과 보색을 이루는 파랑은 상대적으로 식욕을 떨어뜨리는 색이다. 음식물이 파랑으로 된 경우가 거의 없기도 하거니와 사람들에게 익숙한 음식물 사진을 파랑으로 색을 바꿔서 제시하면(예: 파란 떡볶이, 파란 국물의 라면, 파란 짜장면, 파란 튀김옷의 치킨 등) 대개 입맛이 싹 가시는 것을 느낀다.

한편, 파랑은 특히 기업 로고에 많이 사용되었다. 신뢰를 주고 안정감을 느끼게 하는 색 특성을 적극적으로 활용한 까닭일 것이다. 국내 10대 기업들의 로고 색깔을 찾아보면, 삼성(파랑), SK(빨강과 주황), 현대자동차(파랑 혹은 은색), LG(빨강), 한국전력공사(빨강과 파랑), 포스코(파랑), GS(파랑, 초록, 주황), 현대중공업(녹색, 노랑, 파랑), 롯데(빨강 혹은 금색), 한국가스공사(파랑) 등의 경우에서 절반 정도가 로고에 파랑을 쓴다는 것을 알 수 있다.

신뢰감이 중요한 은행의 경우도 다수가 파란 로고를 사용한다. 기업은행, 신한은행, 우리은행, 외환은행, 부산은행, 대구은행, 씨티은행 등 모두가 파랑을 기본색으로 사용한다. 사람들에게 신뢰감을 주어야 하는 기업들이 파란색을 선택한 데에는 그만한 이유가 있을 것이다.

보석을 다루는 회사 역시 신뢰감을 주는 것이 중요할 것이다. 세계 최고의 보석 디자인으로 그 이름이 널리 알려진 티파니(Tiffany)에서도 파랑을 사용한다. 이들이 사용하는 파랑은 민트색인데, 포장박스와 카탈로그, 브로셔를 비롯해서 홈페이지의 기본 컬러로 민트색을 쓰고 있다.

예술작품에 나타난 파랑

파랑은 파블로 피카소의 청색 시대(1901~1904년) 작품에서 인상적인 색채다. 울트라마린과 프러시안블루는 고통과 슬픔이라는 단어만으로 전달되지 않는, 무겁고 차가운 느낌을 전달해 준다. 피카소의 청색 시대가 화가의 우울과 고독을 드러내는 것이라는 설명이 지배적이지만, 이와 달리 피카소가 무명이었고 물감을 많이 살 수 없었기 때문에 주로 한 가지 톤으로 그림을 그렸다는 설명도 있다. 어쨌거나, 피카소가 청색 시대에 그린 다양한 인물화들을 보면, 얼굴도 옷도 배경도 모두 청색이며, 소리 내기 어려운 푸른 우울이 바닥까지 닿아 있는 느낌이다.

그다음에 함께 나누고 싶은 그림은 폴 고갱의 작품 중 가장 유명한 작품이 아닐까 한다. 고갱 스스로도 이 작품이 자신의 작품들 중 최고라고 했었는데, 일단 그 크기에서부터 다른 작품을 압도한다. 가로로 4m에 달하는 이 작품은 〈우리는 어디에서 왔는가, 우리는 누구인가, 우리는 어디로 가는가(Where Do We Come From? What Are We? Where Are We Going?)〉(1897~1898)라는 제목을 가지고 있다(8-20 참조). 이 제목과 그림 속 내용들은 모두 고갱이 가지고 있었던 실존적인 물음과 고뇌, 화두를 보여 준다. 무엇보다 그림 전반에 흐르고 있는 어둡고 차분한 파랑은 우울하고 고통스러운 정서를 보여줄 뿐 아니라 고갱이 근원적인 고민에 깊이 천착해 있었음을 느끼게 해 준다. 실제로 이 작품을 시작한 1897년은 고갱에게 정신적으로나 경제적으로 힘들었던 시기라고 한다. 고갱은 이때 타히티에 머물렀는데 발목 부상과 매독으로 계속 병원 치료를 받아야

8-20 Paul Gauguin. 〈Where Do We Come From? What Are We? Where Are We Going?〉. (1897~1898). 미국 보스턴 미술관.

했고, 과도한 음주로 인한 여러 문제도 있었다. 거기에 경제적인 어려움도 겪었을 뿐 아니라 둘째 딸이 폐렴으로 사망함에 따라 고갱은 우울증으로 자살까지 시도했었다고 한다.

자살을 시도했던 사람은 적어도 다음에 다시 시도하거나, 혹은 살아가면서 자살에 대한 생각을 계속 하게 된다. 아마도 이 그림을 그릴 때에도 고갱에겐 삶과 죽음이 마음에서 여러 번 교차했을 것이다. 누구에게나 바닥까지 추락하는 시기가 있는 것일까. 혹은 어느 순간에 견딜 수 없을 정도로 비참하거나 고독하게 고통을 견뎌야 하는 시기가 있는 걸까. 어쩌면 그 순간에 근원적인 물음을 품을 수 있다면, 그리고 그것을 표현할 수 있다면 그 사람에게는 그러한 과정이 구원이 되어 주지 않을까 싶다.

파랑은 서민들이 즐겨 입던 옷에도 사용되었는데, 피터 브뤼겔(Pieter Bruegel the Elder, 1525~1569)의 그림에서 볼 수 있다. 피터 브뤼겔은 서민들의 삶을 섬세하게 그려서 그 당시의 시대상을 볼 수 있게 해 주는 작가로 널리 알려졌다. 〈농부의 혼인(The Peasant Wedding)〉(1569)을 보면 결혼식 잔치가 벌어졌고, 사람들은 피로연에서 먹고 마시며 흥겨워하고 있다(8-21 참조). 음식을 나르는 사람은 밝은 파랑 웃옷을 입었는데, 결혼을 축하하는 의미로 빨간 모자를 썼다.[8] 그 외에 다수의 사람들은 짙고 어두운 파랑 혹은 갈색 옷을 입었다. 자세히 보면 청녹색 천이 드리워진 벽면 아래에 빨간 화환을 두른 신

8-21 Pieter Bruegel the Elder, 〈The Peasant Wedding〉(1569).
오스트리아 빈 미술사 박물관.

부가 남색 옷을 입고 앉아 있다.

8-22는 피터 브뤼겔의 〈아이들의 놀이(Childre's Games)〉(1560)라는 그림인데, 아이들이 무엇을 하고 놀 수 있는지를 총망라해 놓은 듯하다. 팽이치기, 철봉, 씨름, 물구나무, 말타기, 굴렁쇠 등 그 당시의 네델란드 아이들 사이에서 유행하던 놀이가 50여 가지쯤 표현되어 있다. 그림 속에 다수의 아이들과 엄마들이 파란 옷을 입고 있다. 이 당시의 염색 기술이 여러 가지 색을 내기 어려웠기 때문이기도 하며, 대청 염색을 통해 파랑을

---

8) 그래서 이 인물이 신랑이 아니냐는 의견도 있는데, 그림 속에서 신부는 분명하지만 신랑은 누구인지 명확하게 드러나 있지 않다. 아마도 음식을 나르는 사람, 혹은 테이블 위로 전하는 사람, 아니면 그림 왼쪽 아래에 맥주를 붓는 사람 중 한 명이 아닐까?

만드는 것이 저렴했기 때문이다. 그래서 중세에서 근대로 이어지는 시기에 유럽에 거주하는 농민들 다수가 파란색 옷을 입었다고 한다. 브뤼겔은 그러한 실제 사람들의 모습을 꾸미거나 바꾸지 않고 그대로 화폭에 옮겼다.

8-22 Pieter Bruegel the Elder. 〈Children's Games〉(1560). 오스트리아 빈 미술사 박물관.

파랑을 감상할 때 직접 찾아가서 보기를 추천하는 작품

'색채의 마술사' '바다의 화가'라고 불리는 전혁림 화백(1916~2010)은 경상남도 통영 출신이다. 금융조합에서 일하면서 독학으로 미술계에 입문하셨다고 하니, 아웃사이더 아티스트인 앙리 루소와도 공통점을 가지신 듯하다. 통영 바다의 아름다운 푸른빛은 작가의 작품에도 담겨 있고, '전혁림 미술관1'의 건물 외관에도 흰색과 함께 자리 잡고 있다. 1층 전시실에 전시된 색면추상 작품들은 오방색을 품으면서 조화를 이루는 파랑을 느끼게 해 준다. 필자가 전혁림 화백의 작품 중 가장 감동적으로 보았던 〈새 만다라〉(2007)는 미술관 2층에 전시되어 있다. 우선, 원이 아닌 사각 형태의 만다라여서 관심이 갔고, 적녹백흑청의 오방색이 눈길을 끌었다. 그 작품 옆에는 그림 작업하시는 모습을 담은 사진도 있다. 찬찬히 들여다보고 있으니, 이 작품을 만드시는 동안 무념무상으로 깊이 몰입하며 작품과 하나가 되셨을 작가를 상상으로 떠올릴 수 있었다. 같은 제목으로 작업하신 초대형 만다라 작품들 중에는 통영국제음악당 콘서트홀 로비에 전시된 작품도 있고, 경기도 이영 미술관에 전시되었던 작품도 있다.

전혁림 화백의 파랑은 〈통영항〉 작품에도 말할 수 없이 아름답게 나타난다. 故 노무현 대통령이 가장 한국적인 작품으로 외국 정상들이 방문했을 때 소개하고 싶노라며 직접 그림을 구매했던 일화가 유명하다(청와대 벽면에 걸기에는 작품이 너무 커서 통영항을 다시 그리셨다고 한다).

우리나라에 아름다운 곳들이 많지만 통영 또한 아름답기 그지없으며, 예술을 사랑하는 사람들이 많은 곳이다. 통영을 방문하는 분들에게 시간을 내서 미술관을 방문하시라고 권하고 싶다.

파랑을 감상할 때 인터넷으로 자료를 찾아보기를 추천하는 작품

- Céleste Boursier-Mougenot, 〈Clinamen〉 (2013).
  전시: 프랑스 메츠, 퐁피두-메츠 센터. 2015.
  호주 멜버른, 빅토리아 국립 갤러리. 2016.

이번에는 설치 작품을 하나 보자. 작품의 제목은 〈Clinamen〉(2013)이다. Clinamen
은 라틴어로 '원자가 예측할 수 없이 방향을 트는 것'을 의미한다. 이 작품을 설치한
Céleste Boursier-Mougenot은 프랑스 작가이며 처음에는 음악가로 시작했다고 한
다. 그러면서 소리를 찾아가는 과정 중에 새로운 악기(모든 종류의 소리 내는 도구)
를 만들기도 하면서 보다 종합적인 예술로 범위를 넓히게 된다.
이 작품은 물이 담긴 커다란 용기에 크기가 다른 그릇들이 떠 있다. 그리고 수중펌
프를 통해 물을 회전시키고, 이 그릇들은 물의 방향을 따라 떠다니다가 서로 부딪히
면서 소리를 내게 된다. 소리는 높은 것도 있고 낮은 것도 있다. 소리는 청명하고 아
득하게 들리며, 이 작품에 사용된 색은 밝은 파랑과 흰색이다. 작품은 거대하고, 그
주변으로 앉아서 쉬거나 혹은 공간이 충분해서 주변을 거닐 수 있도록 되어 있다.
관람객들은 그릇이 부딪히는 청아한 소리를 들으면서 잠시 자신의 상황으로부터 벗
어나서 '하늘에 속한 것'을 생각해 볼 수 있는 여유를 누린다. 의미, 꿈, 영원한 것,
참된 것 등.
이 작품은 연도를 달리하며 각각 유럽과 호주에서 전시되었다.

· · · · ·
색의 선호

파랑에 대한 우리나라 사람들의 색 선호는 가히 압도적이다. 1,507명의 한국 사람들
에게 좋아하는 색이 무엇이냐고 물었을 때 파랑(밝은 파랑, 파랑, 남색, 민트색 모두 포함)을
선택한 사람의 비율은 25.8%였다. 즉, 우리나라 사람 네 명 중 한 명은 파랑을 가장 좋

아한다는 결과다. 민트색(하늘색, 비취색 포함)이라고 특정한 파랑을 선택한 사람은 1.1%, 어두운 파랑(남색)으로 지목한 사람은 2.5%였고, 그 외 22.2%는 '파랑'이라고 답했다.

파랑은 좋아하는 사람들이 많은 데 비해 싫어하는 사람이 별로 많지 않은 것이 특징적이다. (분홍은 좋아하는 사람 만큼이나 싫어하는 사람도 많았다.) 말하자면, 안티가 별로 없이 팬 층을 확보한 색이라고나 할까. 싫어하는 색을 물었을 때 파랑(남색과 민트색 포함)이라 답한 사람들은 3.8%에 불과했다(파랑 2.1%, 남색 1.3%, 민트색 0.4%). 옷 색깔 중 가장 많은 색이 파랑(파랑 8.7%, 남색 8.5%) 계열로 답한 비율도 17.2%로 검정 다음으로 높았다.[9]

파랑에 대한 선호는 남녀를 가리지 않고 높았다. 여성이 선호색으로 파랑을 선택한 비율은 20.0%(파랑 17.1%, 남색 1.7%, 민트색 1.2%), 남성은 무려 36.3%(파랑 31.5%, 남색 3.9%, 민트색 0.9%)였다. 남성이 싫어하는 색으로 파랑을 지목한 비율은 3.8%, 여성은 3.9%였다.

연령대별로 살펴보면, 여성은 나이가 들수록 파랑을 좋아한다. 10대 미만 여자아이의 경우 파랑을 좋아하는 비율이 낮지만(이때는 압도적으로 분홍이 강세다) 10대가 되면 22.9%로 급상승한다. 이후 고르게 높은 선호도를 유지하다가 60대 이상에서는 6.8%로 하강한다(60대 이상에서 압도적 지지를 받는 색은 분홍과 보라였다).

남성들의 경우에도 어려서부터 파랑을 좋아하고, 이러한 선호 경향은 계속 이어진다. 연령대별로 보면, 10대 미만 남자아이가 파랑을 가장 좋아하는 색으로 꼽은 비율이 33.4%였고, 이와 같이 높은 선호 경향은 60대 전까지 계속 유지된다.

60대 이상의 남성을 제외하면, 남성이 여성 모두 파랑을 싫다고 보고한 비율은 전 연령에 걸쳐서 고르게 낮았다.

---

9) 파랑과 남색을 나누어서 보면, 검정 〉 흰색 〉 회색 〉 파랑 〉 남색 순서가 된다.

파랑을 좋아하거나 싫어하는 비율

(단위: %)

		10세 미만	10대	20대	30대	40대	50대	60대 이상
여성	선호색	0.1	22.9	17.4	19.2	23.3	24.7	6.8
	혐오색	5.9	6.5	4.4	2.1	3.6	3.9	3.4
남성	선호색	33.4	39.6	31.8	32.9	41.9	31.8	15.1
	혐오색	0.1	5.8	2.3	4.1	2.0	4.5	12.0

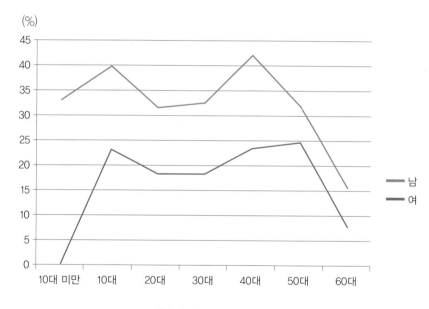

연령에 따른 파랑 선호 변화

색의 조화

파랑은 흰색과 어울렸을 때 특히 청명한 느낌을 준다. 8-23은 앞에서 소개한 통영의 전혁림 미술관 건물 일부다. 미술관 외벽은 작가 작품을 도자기 타일로 재현해서 붙여 두었는데, 전혁림 작가와 그 아드님인 전영근 작가의 작품들을 만날 수 있다. 흰색 타일과 파란 계단과 파란 난간은 곧이어 미술관 안에서 만나게 될 작품들의 깊은 파랑을 기

8-23 통영 전혁림 미술관. 2층에서 3층으로 올라가는 옥외 계단

8-24 뉴질랜드 오클랜드 타워   8-25 몬트리올 몽로얄 언덕의 오두막에서 본 풍경

대하게 만든다.

이와 달리, 파랑과 검정 조합은 다소간에 공포나 불안을 불러일으키기도 한다. 깜깜한 밤에 푸른 조명은 묘하게 화려한 느낌도 주지만 기괴하거나 무서운 느낌도 준다. 8-24는 뉴질랜드 오클랜드 타워가 보이는 풍경이다. 파랑 인공조명의 느낌은 밝은 태양 아래 파란 하늘에서 받는 느낌과는 사뭇 다르다. 더군다나 밤의 검정과 결합되어 느껴지는 색깔이다 보니 다소 불안정한 느낌도 준다.

그에 비해 8-25는 검정과 파랑이 함께 있지만 빛이 들어오면서 바닥의 아이보리색이 더해져 전체적으로 훨씬 더 안정적인 느낌이다. 검정 뒤로 빛나는 파랑은 문 아래로 길게 드리워진 햇살 덕분에 더욱 밝은 느낌이 된다. 이때만큼은 검정도 빛을 초대하기 위한 예비과정처럼 느껴진다. 파랑도 검정에 압도당하지 않는다.

쉬어 가는 페이지

〈잊지 못할 파랑〉

사람을 만난다는 것은 무엇일까요.
사람 없는 곳으로 여행하면서
만남에 대해, 인연에 대해 생각해 봅니다.

트레일을 걷기 전에 인적사항을 적습니다.
혹시 사고가 생기면 여기 정보를 사용할 수 있도록요.
지난번에 혼자 걷다가 곰 소리를 들은 뒤
의외로 어이없이 죽을 수도 있겠단 생각을 했었습니다.
그러니 미래는 모르는 법.
개인 정보를 적고 사인한 뒤 걷기로 합니다.

평생 살 것처럼 아등바등 살지만
뒤돌아보면 별 의미도 없을 고민들.
시간에 맡기기로 합니다. 그런 고민들은.

산길을 걷습니다.
조용합니다.

이곳 사람들에겐 워낙 넓은 땅에 항상 보는 아름다움이라 별 감흥이 없을까요,
아님 마음의 구석구석 그런 풍요가 스며들어 여유가 있는 것일까요.

길을 걸으며 보니 나무 기둥에 파란 페인트칠이 있습니다.
길 잃지 말라는 배려겠지요.
우리나라는 산악회 리본이 표지인데 말이죠.

하긴,
나뭇잎이 많이 떨어져 있으니
어디가 길인지 구분이 어렵습니다.

사람 관계에서도 구분이 어려울 때가 있지요.
상대방의 메시지가 무엇인지 말입니다.
그럴 때는 메시지를 굳이 읽거나 해석하지 않는 게 좋지 않을까요.
의미를 가진 것이라면
시간이 그 의미를 드러내 줄 테니까요.

시간은 참 소중합니다.
시간이 흘러도 유지되는 관계라면
그 관계가 지닌 의미 역시 가볍지 않습니다.

세상 살면서 중요한 것은 무엇일까요.
마지막까지 소중하게 남는 것 말입니다.

가족.
그리고 소중한 인연을 책임감 있게 잘 지킨 것 아닐까요.

저에겐 그렇습니다.
낱장 낱장의 경험과 기억들은
대단한 것이 아니겠지만
모이면 소중한 것이 되겠지요.

파란색 페인트 대신에 파란 가죽을 덧대어 두기도 했네요.
비취색 가죽…… 참 예쁘네요.
제 마음에서 잊지 못할 예쁜 파랑입니다.

그렇게 걷기를 마치고 차를 대 놓은 곳에 돌아옵니다.

보라

Chapter 9

보라

보라 *Episode*

1990년대 중반에 우리나라에서 생산된 자동차 중에 보라색이 나왔던 적이 있습니다. 현대자동차의 '엑센트'라는 소형차에 적용된 색이었지요. 지금도 그렇지만 그 당시에도 자동차 색은 흰색과 은색, 검정이 보편적이었던 터라 보라색이 나왔다고 하니 상당히 파격적이었습니다. 저의 첫 자동차가 바로 그 차였답니다. 색을 고를 때, 보라색이 있다고 해서 주저 없이 보라색을 선택하고는 아주 기대하며 기다렸습니다. 그런데 실제로 나온 차는 조금 연한 빛깔의 남보라색이었습니다. 개인적으로 붉은 보라를 더 좋아하고 연한 보라보다는 짙은 보라를 선호했던 까닭에 좀 실망했더랬습니다. 그 보라는 적어도 제겐 보라가 아니었으니까요. 그때도 역시, '사람마다 색깔에 대한 느낌이 이토록 다른데 동일한 명칭을 쓰다니!' 하면서 놀랐던 기억이 납니다.

보라

보라는 빨강과 파랑이 섞인 혼합색으로 그 비율에 따라 자주 혹은 남보라로 나타난다. 보라색의 스펙트럼 파장은 380~450nm의 범위에 있다.

보라는 대부분의 경우 빨강과 파랑의 혼합으로 인식된다. 일차색을 섞은 이차색이니 어찌 보면 당연한 결과겠지만, 또 다른 이차색인 녹색과 비교하면 그 차이가 분명하다. 즉, 녹색은 노랑과 파랑 사이의 혼합색이지만, 이차색으로 느껴지지 않고 심리적으로 일차색으로 보인다. 녹색을 볼 때 노랑과 파랑을 떠올리는 사람은 많지 않다. 하지만 보라는 심리적으로도 이차색이다. 사람들은 보라색을 볼 때 파랑이나 빨강을 쉽게 떠올리곤 한다.

보라의 이름과 종류

국어사전의 정의에 의하면, 보라는 엷은 남빛과 엷은 자줏빛이 섞인 색이다.

파랑과 빨강이 보색 관계는 아니지만, 심리적으로 반대되는 색깔이다 보니 이 두 색이 섞인 보라는 다른 색에 비해서 그 범위가 더 넓어지는 느낌이다. 이를테면, 자주도 크게 보면 보라에 속한다. 자주는 보라보다 더 붉은 빛깔을 지닌 색으로 '보라와 빨강 사이의 색'이라고 정의된다. 자주는 진한 분홍에서 붉은 보라에 이르는 색을 모두 포함한다. '마젠타(magenta)'라는 이름으로 알려진 진한 핑크빛은 자주색에 해당되는데, 보라를 언급할 때에도 포함할 수 있다. 자색(紫色)은 자줏빛 자(紫)를 쓰는 것이므로 그 뜻은 '자줏빛의 색'이다.

9-1 보라색 꽃인가 분홍색 꽃인가

9-2 선정릉 공원에서 보았던 보라색 열매

9-1의 꽃을 보자. 이 꽃은 보라색 꽃인가 분홍색 꽃인가, 아니면 자주색 꽃인가? 보라색이라고 하기에는 붉은 기운이 강하고, 분홍색이라 하기엔 너무 진하고, 자주색이라고 하기에는 너무 밝은 것 같다. 이 꽃은 마젠타색이라 부르면 된다. 진한 분홍색, 자주색에 해당되는 꽃 색깔이다.

가장 쉽게 보라색으로 얘기할 수 있는 색은 9-2의 열매 색이다. 이 색깔은 누가 보더라도 보라색이 맞다. 전형적인 보라라고나 할까.

위키피디아에서는 purple과 violet을 구분하고 있다. violet이 무지개 스펙트럼에 포함된 색 이름인 데 비해, purple은 무지개 색에 포함되지 않았고 빨강과 파랑을 섞은 혼합색을 일컫는다. 한편, purple과 violet을 우리말로 바꾸면 둘 다 '보라색'이어서 차이가 없다. 차이가 있다면 purple이 빨강에 좀 더 가깝고, violet은 파랑에 더 가까운데 purple보다 덜 밝고 덜 강렬한 색이다. 단어에서 차이를 더 두고자 하는 경우에는 purple을 자주색이라고 번역하고, violet은 제비꽃색 혹은 청자색이라고 번역한다. 보라색의 영어 이름에서 자주 언급되는 또 다른 색은 mauve며, 이는 연보라색을 칭한다.

관용 색이름에서 연한 보라를 가리키는 것으로는 라벤더색[1], 라일락색, 오키드색, 모

마젠타	붓꽃색	자주색
창포색	라일락	자감색
모브	가지색	오키드
포도주색	라벤더	보라

브색이 있고, 보라로는 창포색, 붓꽃색이 있다. 어두운 보라는 가지색과 자감색이 있다. 포도주색은 어두운 자주색이다.[1]

국가표준인증 통합정보시스템에서 색 표준을 찾아보면, 보라의 종류는 다음과 같이 나온다.

- 보라
  - 선명한 보라, 밝은 보라, 진한 보라(진보라), 연한 보라(연보라), 흐린 보라, 탁한 보라, 어두운 보라
- 흰 보라
- 회보라
  - 밝은 회보라, 어두운 회보라
- 검은 보라

---

1) 라벤더색도 라일락색처럼 식물에서 가져온 관용 색이름인데, 연한 보라색이면서 푸른 기미가 있다.

보라가 들어간 문구를 살펴보면 다음과 같은 것들이 있다.

- 자기동래(紫氣東來): 자색 기운이 동쪽으로부터 온다는 뜻이다. '자'는 자색으로 황제 혹은 하늘의 신선을 뜻하는 말이다.
- 자의(紫衣): 자주색의 옷을 가리키는 말로 자색은 궁궐 내의 물건의 색인데 세종 시대에 그 사용을 금지했다.

나라마다 '보라'의 색감이 차이를 보이기도 한다. 독일 사람의 경우에 '보라'라고 하면, 자주색 나는 붉은빛 보라를 떠올린다. 미국 사람이나 영국 사람들은 그에 비하면 빨강과 파랑이 섞인 중간 정도 되는 색을 '보라'라고 부른다.

보라가 두드러진 시를 한 편 나눌까 한다. 박목월 시인의 〈청노루〉다.

청노루

박목월

머언 산 청운사(靑雲寺)
낡은 기와집

산은 자하산(紫霞山)
봄눈 녹으면

느릅나무
속잎 피어가는 열두 굽이를

청노루
맑은 눈에

도는
구름

보라의 의미

긍정적 의미	부정적 의미
장엄, 권위	사치
풍요, 호화로움, 화려함	우울, 죽음
고급, 신비	단념, 불행, 침체
예술적, 낭만적	정신혼미
영감, 종교성	비현실적
독창적	허영

보라는 무엇보다 심리적으로 반대색인 빨강과 파랑을 혼합했다는 것에서 그 의미를 찾을 수 있다. 커다란 대립을 하나로 통합한 것이기 때문에 장엄하며 힘이 있고 지배자로 우뚝 서는 색이 된다. 쉽게 다가가기 어려운 색인 동시에 그 속내를 짐작하기 어려운 색이기도 하다. 보라는 차가운 것 같으면서도 뜨겁고, 후퇴하는 것 같으면서도 전진하고, 움직이는 것 같은데 머물러 있는 색이다.

보라의 연상 작용으로는 장엄, 풍요, 호화스러움, 인상적이다. 보라는 파랑과 빨강을 배합하여 만든 것이고, 이 두 가지 색채의 상징으로 빨강은 용감과 정력, 파랑은 영적인 것과 숭고한 것을 나타내고 있다. 보라는 왕권의 색채이며, 고대 왕들이 애호하는 색이다.

그리고 보라는 다른 색과 달리 자연물에서 흔히 접할 수 없는 색이다. 비록 보라색 꽃이 간간이 있지만, 그 외의 자연물에서 보라를 봤던 기억은 별로 없을 것이다. 녹색이나 빨강, 파랑과 비교했을 때 보라는 얼마나 귀한가. 그래서 보라는 우아하고 고귀한 색이면서 풍요와 부귀를 상징한다. 또한 자연물에 없기 때문에 인위적인 색으로 자리매김하여 부자연스럽다는 인상도 준다. 이러한 인상은 비현실적인 느낌으로 연결되어 상상력이라든가 불가능한 일을 가능하게 만들려는 동경을 상징하는 것으로 연결된다. 보라

9-3 영국 런던 과학 박물관. 보라색 조명은 과학의 신비함을 전달하는 것일까?

는 그런 면에서 심리적으로 마약의 색이라고도 부를 수 있다.

보라는 예술적인 느낌이 강하다. 파랑과 빨강의 결합은 마치 정신과 육체가 어우러진 상태와 같아서 일상적인 경지에서 한 단계 더 나아간 상태를 의미한다. 그래서 보라는 예술적인 영감을 강하게 의미하며, 신비로운 색깔인 동시에 종교와 연결되어 깊은 신앙심을 상징하기도 한다. 보라는 마법이나 사교(邪敎)에 사용되기도 한다. 마법사의 옷에 보라색이 얼마나 잘 어울리는가. 동화를 보면, 착한 요정들은 연한 보라색 옷을 입었고, 늙은 마법사는 짙은 보라색 옷을 입었다.

보라는 독창적인 색깔이다. 비관습적인 어떤 것, 신선하며 파격적인 어떤 것을 상징한다. 기존에 익숙하던 것, 관습적인 것, 습관적인 것들을 깨뜨리고 나올 때 보라색이 사용된다. 그래서 보라를 가리켜 창의적인 긴장이 가득한 색이라고 하며 또한 변화를 상징하는 색이라고 한다. 자, 보라색과 주황색, 이 두 가지 색깔이 같이 배열되어 있다고 한 번 상상해 보자. 이 조합은 강렬하고 파격적이다. 관습을 깨고 기존 질서를 위협하는 배색이라고 할 수 있다.

그래서 보라색은 정치권에서 파격적으로 사용하는 색이기도 하다. 먼저, 여성이 정치적으로 참정권을 얻게 되기까지 투쟁하는 과정에서 보라색 의복을 착용했다는 기록이 있다. 여성이 남성과 동등하게 선거에서 참정권을 가지게 된 것은 사실 그리 오래된 일이 아니다. 겨우 한 세기 정도밖에 되지 않은, 짧은 역사를 지닌 일이다. 영국과 프랑스를 비롯한 유럽에서 여권운동이 일어나던 20세기 초반에 주로 사용했던 색깔이 보라, 흰색, 녹색이라 하니 보라색이 지닌 파격적인 의미가 더 와닿는 것 같다.

현대로 넘어와서 정치적으로 보라색이 사용된 예를 보자. 배우 엘리자베스 테일러(Elizabeth Taylor)는 몇 번의 결혼 중 공화당 정치인인 존 워너(John Warner)와 결혼했던 적이 있다. 정치인의 아내로서 선거에 동참할 수밖에 없었는데, 엘리자베스 테일러 자신은 보라색 옷을 가장 좋아했지만 보라가 공화당과 어울리지 않는다는 주변의 조언 때문에 그 색깔을 입을 수가 없었다고 한다. 보라색은 지나치게 고급스럽고 왕과 귀족의 색깔이라는 인상이 있기 때문이다. 후일, 남편의 선거가 끝난 다음에야 보라색 차림으로 축하연에 나타났다고 한다.

우리나라 여성 정치인 중에서는 보라색을 주로 사용한 사람으로 강금실이 있다. 그 색깔은 당사자와 잘 어울렸지만, 다수의 서민들에게는 친근하게 다가가지 못하는 색깔이었다. 정치에 대한 평가는 결국 역사에 맡겨지는 것이겠지만, 어쨌거나 색으로만 보면 보라색으로 일반 대중의 마음을 사로잡기가 쉽지 않았을 것으로 보인다.

보라색은 동성애를 상징하기도 한다. 지금은 무지개를 더 많이 사용하지만, 그전에는 빨강과 파랑이 결합된 보라를 남성적인 것과 여성적인 것의 결합으로 해석해서 보라를 사용하였다.

보라의 부정적인 의미를 보면 흔히 우울과 죽음, 단념, 불행, 정신이 혼미한 상태를 뜻한다. 그리고 보라의 의미 중에는 허영도 있다. 현대에서 허영심이란 누구나 약간씩 가지고 있을 법한 심리일 것이다. 서구 문화권에서는 기독교 전통이 강했기 때문에 기독교에서 지목하는 일곱 가지 큰 죄들 중의 한 가지가 바로 허영이며, 보라는 그 허영을 상징하는 색으로 사용되었다. 따라서 보라색 사제복은 죄를 참회한다는 것을 의미하기도 한다.

보라의 의미는 보라색이 청보라냐 자주냐에 따라 나뉘기도 한다. 파랑이 강한 청보라는 정신적인 요소를 더 담고 있다. 그래서 고독과 헌신을 상징한다. 그에 비해 빨간 빛이 강한 자주색은 감정적인 요소와 육체적인 의미가 더해져서 화려하고 육감적이며 성적으로 유혹적인 면을 가진다. 연한 보라는 보라나 자주색에 비해 덜 위압적이며 더 부드럽고 여성적이다. 유혹하는 이미지가 있지만 우아한 느낌도 함께 가지고 있다.

다양한 문화권에 사용된 보라

동양에서 보라색의 사용을 살펴보면, 대개 자색의 사용으로 나타난다. 즉, 더 붉은 보라색을 썼다는 말이 된다. 우리나라의 역사를 거슬러 올라가면 삼국시대와 고려시대, 조선시대에 자색을 사용한 의복을 두루 입었다.

중국의 노자와 장자에서 비롯된 도가 철학은 이후 송나라 때 이르러 신선사상이 더해지면서 도교로 발전하였다. 도교는 자연과 우주의 바탕이 되는 궁극적인 힘과 합일을 이루는 것이 핵심이다. 도교에서는 붉은 보라색인 자주색/자색을 매우 고귀하고 신성한 색이라고 여긴다. 자색은 노자가 몸에 두르고 있었다는 기운의 색깔이기도 하며, 지고지상한 경지를 뜻한다. 도교에서 최고의 신선, 신선이 머무는 곳을 지칭할 때 각각 '자황' '자미원(북극성을 가리킨다)'이라 부른다. 우주는 '자주' '자궁'이라 부르며, 하늘은 '자소' '자허'라 부른다. 이와 같이 도교와 자색은 서로 뗄 수 없는 관계다.

중국의 자금성(紫禁城)은 명나라와 청나라 때 궁궐로 '자주색의 금지된 성'이라는 뜻을 가지고 있으며, 자주색은 고귀한 신분의 황제를 뜻한다. 따라서 황제가 머무는 궁궐이므로 일반 백성들은 그곳에 출입할 수 없었다. 자금성의 지붕은 노랑/금색으로 되어 있어서 황색을 사랑하는 중국 사람들의 색 선호를 볼 수 있다.

인도에서 보라는 방황하는 영혼의 색이라고 한다. 인도는 노랑을 고귀한 색으로 여기며 신성시하므로 노랑의 보색인 보라를 한 차원 낮게 평가 절하했을 것이다.

파랑과 빨강이 겹친 빛깔인 보라색은 파랑과 빨강 중 어떤 색이 더 많은가에 따라 여러 가지로 달라진다. 특히 서양에서는 명칭을 다르게 하는데, 빨강과 파랑이 동일하게 섞인 것은 라틴어로 비올라(Viola, 원래 '제비꽃'이라는 뜻이다), 빨강이 더 많이 섞인 것은 푸르푸라[Purpura, 보라색 염료가 나오는 고둥(Purpura)에서 유래했다], 파랑이 더 섞인 것은 히아킨투스[Hyacinthus: 파란 꽃이 피는 식물(Hyacinthus)에서 유래했다]로 나눈다. 이 중에서 푸르푸라(영어 purple의 어원이다)는 그 색깔을 내는 염료가 매우 비쌌기 때문에 쉽게 구할 수 없었다.

합성 색소가 개발되기 전까지 보라색 염색은 동물염료를 사용했다. '쇠고둥(Purpura)'과 '뿔고둥(Bolinus brandaris)'[2]이라는 고둥에서 보라색 염료를 얻었고, 이 염료로 물들인 보라색은 염료의 산지였던 페니키아의 도시 티레(Tyre)의 이름을 따서 티리안 퍼플(Tyrian purple)이라 불렸다. 뿔고둥은 지중해에서 채취하는데, 1g의 보라색 염료를 얻으려면 2,000마리의 뿔고둥이 필요했다. 1kg의 보라색 염료 가격이 금 20kg에 해당될 정도였다고 하니 가히 그 가격이 얼마나 높았는지 짐작할 수 있다. 이처럼 비싼 보라색 옷은 황제만이 입을 수 있었고, 따라서 보라색은 로마시대에는 '로얄 퍼플(royal purple)'이라 불렸다.

성경에는 예수를 십자가에 못 박기 전 군인들이 예수에게 자색 옷을 입히고 가시 면류관을 씌우고 희롱했다는 구절이 나온다("예수에게 자색 옷을 입히고 가시관을 엮어 씌우고" -마가복음 15장 17절). 그때 자색이 영어로 purple이다. 이후 가톨릭교회에서는 사순절에 자주색 제의를 사용하여 회개와 속죄를 상징하게 되었다.

서구에서 자수정의 보라색은 귀족을 상징하는 돌로 귀하게 여겨졌으며, 중세 왕관을 장식하는 귀한 보석이었다. 그리고 종교계에서는 율법과 금욕을 상징하는 보석으로 사

---

2) 볼리너스 브란다리스는 흔히 '뮤렉스 브란다리스'라고 불린다.

9-4 자수정 원석

제들의 반지에 사용하기도 하였던 보석이다. 자수정은 2월의 탄생석으로 사용된다.

칸딘스키는 "보라는 육체적 · 심리적 의미에서 '가라앉은 빨강'이다. 이러한 이유 때문에 보라는 어떤 병적인 것, 힘을 잃은 것, 자체에 슬픈 어떤 것을 지니고 있다."고 한다. 괴테는 적청색과 청적색으로 보라를 언급하면서 불안한 느낌을 준다고 했다. 보라가 붉은 빛깔을 띨수록 불안감이 증가한다고 하면서 아주 순수한 청적색(푸른 붉은색. 푸른 기미의 적색이므로 자주색이다)은 참을 수 없는 인상을 준다고 했다.

우리나라에서 보라색을 만드는 염료는 식물에서 얻었다. 자색 식물이라 불리는 지치와 뽕나무가 대표적이다. 지치나무는 뿌리가 자주색이라서 이 뿌리를 자주색 염료로 사용하며, 약용으로도 쓴다. 삼국시대에 고구려, 백제, 신라가 왕좌를 표시할 때 자색을 사용했다는 기록이 있다. 이후 고려나 조선에서도 자주색 염색에 대한 요구가 높았지만, 지치나무의 뿌리 껍질에서 염료를 얻기가 힘들어지면서 자주색 염색이 줄어들었다. 15세기 중반에는 황색과 홍색, 자색의 염색이 지나치게 고급스럽고 사치스러운 것이라 보고 일반 백성들이 해당 색을 사용하는 것을 금지하였다. 한편, 뽕나무도 자주색 염색을 할 수 있는 식물인데, 뽕나무 열매인 오디를 으깨서 체에 거르고 염액을 만들어서 염색한다. 오디 염색을 할 때는 매염제로 명반을 녹여 사용하면 청보라색이 되고, 식초를 넣으면 붉은 보라가 된다.

일상생활에서 만나는 보라

일상생활에서 만나는 보라에는 무엇이 있을까? 이 장의 서두에서 언급했듯이 보라색은 일상적으로 흔히 볼 수 있는 색은 아니다. 그래서 자연물에서 보라를 접하면 신비하다는 느낌을 받곤 한다.

우리나라와 반대편 남반구에 위치한 호주에 가면 보라색 꽃이 피는 자카란다 나무[3]

9-5 자카란다

---

3) 자카란다의 정확한 학명은 '자카란다 미모시폴리아(Jacaranda mimosifolia)'다. 아프리카의 벚꽃이라 불리며, 원산지는 남미의 브라질, 파라과이, 아르헨티나 등의 고원 지대다. 1864년, 호주 브리즈번의 보타닉 가든에 최초로 심었다고 하며, 지금은 호주의 큰 도시 어디에서나 어렵지 않게 볼 수 있다.

가 있다. 필자 역시 사진으로만 접했는데, 우리나라로 따지면 벚꽃 같은 그런 류의 나무가 아닌가 싶다. 호주는 우리와 계절이 반대되는데, 호주에서 10월에 꽃이 피니까 말하자면 봄에 꽃이 피는 나무인 셈이다.

우리나라의 보라색 꽃은 붓꽃, 도라지꽃, 나팔꽃, 제비꽃, 아이리스 등이다. 그 외에도 흔히 만날 수 있는 수련, 히야신스, 아네모네, 팬지가 있고, 허브 농원에 가면 볼 수 있는 라벤더도 있다. 백합과에 속하는 무스카리는 은방울꽃과도 비슷하게 생겼는데,

9-6 수련

9-7 히야신스

9-8 아네모네

9-9 무스카리

9-10 제주도 어느 밭의 콜라비　　　　　9-11 제주도 어느 밭의 자색 양배추

4~5월에 남보라색의 작은 꽃들이 아래로 늘어지게 피곤 한다.

　음식 중에 보라색은 '안토시아닌'이 풍부한 건강식품에서 찾아볼 수 있다. 안토시아닌은 보라색을 띠는 수용성 색소로 유해한 활성산소를 중화시키는 역할을 하며, 동맥 혈관에 침전물이 생기는 것을 방지함으로써 심장병과 뇌졸중을 예방해 주고, 시력에 관여하는 '로돕신(rhodopsin)'이라는 색소체의 재합성을 활성화하여 시력 보호에 효과가 있다.

　대표적인 보라색 과일과 채소로는 블루베리, 포도, 아사이베리, 오디, 머루, 복분자, 자두, 가지, 콜라비 등이 있다. 기존의 식품을 개량해서 보라색을 띠게 된 것들로는 자색 고구마, 자색 양파, 자색 양배추, 자색 감자 등이 있다. 언급한 식품들 중 블루베리는 미국 『타임』지에서 선정한 10대 슈퍼푸드[4]이며, 안토시아닌이 풍부해서 항산화 능력이 뛰

---

4) 토마토, 시금치, 레드와인, 견과류(아몬드), 브로콜리, 귀리, 연어, 마늘, 녹차, 블루베리 등이다.

9-12 보라색 캄파눌라 꽃

9-13 마젠타 색 꽃

어나고 노화방지에 도움이 된다. 콜라비는 원산지가 유럽이지만, 우리나라에서는 제주 지역의 겨울 특산물이다(9-10 참조). 콜라비는 양배추와 순무를 교배하여 개량한 품종의 채소로, 열량이 낮고 섬유질이 풍부할 뿐 아니라 양상추의 10배에 달하는 비타민 C를 함유하고 있고, 채소류로 섭취하기 힘든 칼슘을 풍부히 함유하고 있다. 자색 양배추도 세계 3대 장수 식품으로 꼽힐 만큼 건강에 좋은 음식이다. 특히 당뇨에 효과가 높다고 알려져 있다. 자색 양배추는 얼핏 보면 검은색처럼 보이기도 한다(9-11 참조).

일상에서 보라색을 이야기하면서 꼭 정리하고 넘어가야 할 부분이 있다. 그것은 다름이 아니라 '보라'라고 묶이는 색들 간에 변화의 폭이 넓다는 점이다. 다른 색깔의 경우에는 설사 변화의 폭이 크다고 하더라도 '이것이 그 색이구나'라고 인식한다. 하지만 보라는 빨강과 파랑을 혼합해서 나온 색이기 때문에 어느 쪽의 함량을 더 가지게 되느냐에 따라서 느낌이 큰 폭으로 달라지는 것이다(9-12, 9-13 비교). 보라의 종류가 많지 않음에도 불구하고, 너무 다른 느낌으로 보라색이 존재한다는 점을 염두에 둘 필요가 있다.

미술작품에 나타난 보라

보라색이 주로 사용된 작품들을 살펴보자. 9-14는 폴 고갱의 작품 〈망고의 여인 (Woman of the Mango)〉(1892)이다. 보라색 옷을 입은 여인이 망고를 손에 들고 있다. 뒤쪽의 노란 배경과 두드러지게 대조를 이룬다. 어쩌면 이 작품은 금빛 액자까지 전체가 하나의 작품인지도 모르겠다. 보라색 옷이 어울리는 여자가 진짜 미인이라는 말도 있는데, 작품 속 여인도 어딘지 모르게 매력적이다.

비슷한 연령대로 추정되지만 조금 더 원숙한 아름다움을 풍기는 여인의 초상도 있다. 피에르-오귀스트 르누아르(Pierre-Auguste Renoir, 1841~1919)의 〈마드모아젤 시콧(Mademoiselle Sicot)〉(1865)도 보라색 옷을 입은 여인의 초상화다. 아름다운 여인을 화폭에 담기를 즐겼던 르누아르는 건강하고 육감적인 살결을 잘 묘사하는 것으로 널리 알려져 있는데, 그에 비하면 이 작품은 어딘지 경직되어 보이기도 한다. 그도 그럴 것이, 르누아르가 본격적으로 그림 공부를 시작했던 것은 1862년이었고, 1860년대에는 그림을 그리면서 물감을 살 돈이 넉넉하지 않은 형편이었다고 한다. 그러다가 1867년 살롱에서의 전시를 계기로 이름을 알리게 되었다. 일반적으로 널리 알려진 르누아르의 그림 스타일은 카밀 피사로(Camille Pissarro)와 에두아르 마네(Édouard Manet)의 영향을 받은 것이며, 1874년 인상주의 화가들과의 전시를 통해 두드러지게 나타나기 시작한다. 우리에게 친숙한 르누아르의 그림들 중에서 〈물랭 드 라 갈레트의 무도회(Dance at Le Moulin de la Galette)〉가 1876년 작품이고, 〈두 자매(Two Sisters)〉는 1881년, 〈물조리개를 든 소녀(A Girl with a Watering Can)〉는 1876년인 점을 감안하면, 이 작품은 르누아르의 초기 작품에 해당된다. 위대한 작가의 초기 작품을 보는 것은 마치 이후의 결말을 알고 있으면서 영화의 전반부를 보는 것과도 비슷하다. 그런데도 재미있다고 느껴지는 것은 보라색의 매력 덕분일까.

고갱의 또 다른 작품으로 노랑과 보라 풍경화가 있다(9-16 참조). 사진에는 분명하게

9-14 Paul Gauguin. 〈Woman of the Mango〉(1892). 미국 볼티모어 미술관.

보이지 않지만, 고갱은 그림의 우측 하단에 "Parahi Te Marae"라고 적어 뒀는데, 그 말은 '여기에 사원이 있다.'라는 뜻이다. 'marae'가 사원/절인데, 그림에서 말하는 것은 특정한 종교의 건물이 아니라 신성하고 구분된 장소를 일컫는다. 그림의 하단 부분에 울타리가 있는데, 울타리의 모양은 동양적이고 중간 중간에 작은 해골들이 놓여 있다. 희생을 말하고 싶었던 것인지 토속적이거나 원시적인 의례를 말하고 싶었던 것인지 모르겠으나, 어쨌든 울타리 너머와 울타리 바깥 세계는 구분되는 것이 분명하다. 울타리 너머에 눈부시게 환한 노란 평원이 이상향이라면, 울타리를 따라 피어 있는 보라색과 빨간

9-15 Pierre-Auguste Renoir. 〈Mademoiselle Sicot〉(1865). 미국 워싱턴 DC 내셔널 갤러리.

색 꽃은 그러한 이상을 향한 신성함과 정열 아닐까. 〈신성한 산(Sacred Mountain)〉 (1892)이라는 이 작품에는 고갱이 타히티에 머물면서 어떤 색채를 좋아했는지, 무엇을 생각하고 있었을지 조금이나마 짐작하게 해 준다. 고갱은 자신이 눈에 보이는 자연을 그리는 것이 아니라 모든 것은 자신의 상상력으로부터 나온다고 말했다.

고갱에겐 보라색이 정말 중요한 색이었던 것 같다. 물론, 영감과 상상력을 중요시한 예술가에게 보라색만큼 어울리는 색도 없을 듯하다. 9-17은 고갱의 〈사신이 바라본다 (Spirit of the Dead Watching)〉(1892)이다. 이 작품은 고갱이 타히티에 첫 번째로 머물렀

9-16 Paul Gauguin. 〈Sacred Mountain〉(1892). 미국 필라델피아 미술관.

9-17 Paul Gauguin. 〈Spirit of the Dead Watching〉(1892). 미국 버팔로 미술관.

던 시기(1891~1893)에 그렸던 것인데, 그 기간 동안 대략 66개의 캔버스 작품을 그리고 다수의 조각들을 만들었다고 하니 상당히 생산적인 시간을 보냈다고 할 수 있다. 그림 속에서 침대에 엎드린 여성은 고갱의 여자친구 테후라(Tehura)인데, 나이가 열네 살이라고 한다(요즘의 관점으로 이 관계에 대해 뭐라고 말하는 것은 비판이 되겠지만, 어쨌거나 고갱은 1848년생이니 작품 완성 연도 기준으로 그 당시 마흔네 살이었다). 고갱은 이 작품에서 벽면이 보라색인 것과 흰 이불 아래 침대 시트에 노랑이 있다는 게 중요하다고 말했다. 벽면의 보라색은 사신이 전해 주는 두려움과 공포를 더 극대화할 수 있는 색이며, 침대 시트의 노랑에 대해서는 "반드시 노랑이라야 한다. 왜냐하면 이 색깔 때문에 그것을 보는 사람들에겐 뭔가 기대하지 않은 것들이 올라오기 때문이다."라고 말했다.

보라를 감상할 때 인터넷으로 자료를 찾아보기를 추천하는 작품

- Robert Colescott. 〈Feeling his Oats〉(1988). 미국 버팔로 미술관.
- Jean-Pierre Yvaral. 〈Polychromatic Diffraction〉(1970). 미국 버팔로 미술관.
- Gene Davis. 〈Black Popcorn〉(1965). 워싱턴 DC 내셔널 갤러리.

로버트 콜스콧(Robert Colescott)의 〈그의 오트밀을 느끼다(Feeling His Oats)〉는 아크릴로 그린 작품이다. 로버트 콜스콧은 흑인으로서 자신이 느꼈던 것들을 그림에 녹여서 표현한 작가다. 특히 풍자적인 표현에 강해서 그의 그림을 보고 있으면 마치 만화를 보는 것 같은 느낌을 주기도 한다. 그림에 나타난 여러 사람들은 각자의 표정과 자세로 뭔가를 하고 있다. 마치 그림을 통해 부단히 자신들의 목소리를 내고 있는 듯. 그림에서는 시끄러운 소리가 들린다. 그리고 그 이야기들은 그다지 가볍지 않은 것이면서 드러내 놓고 말하기엔 불편할 수 있는 주제들인데, 이를테면 인종갈등과 돈, 섹스. 어머니로부터의 인정/독립 등이다. 그림 속의 중앙에는 식탁이 자리 잡고 있는데(역시 먹는 것이 가장 중요하다) 식탁 위에는 담배와 빵, 커피, 사이드디시[내용물은 아마도 오트밀일 것이다. 그 옆에 퀘이커 오트(Quaker Oats) 통이 있다]가 있다. 퀘이커 오트는 미국에서 흔한 오트밀 상표다. 오트밀은 귀리의 껍질을 벗기고 건조시켜 볶아서 부수고 납작하게 눌러 만든 것을 말한다. 그래서 주로 아침 식사로 먹는데 시리얼처럼 우유에 넣어 먹는다. 작품의 제목이 '그의 오트밀을 느끼다'이므로, 아침 식사에서 뻐드렁거리며 잘난 체하는 속물 근성의 남자를 더 이해할 수 있을 것 같다. 그리고 그 남자가 인정 받고 싶어 하는 대상은 심드렁한 표정으로 앉아 있는 보라색 옷을 입은 중년 여성이다. 아마도 그의 어머니일 듯하다. 남자는 이렇게 이야기할 것 같다. "어머니, 제가 얼마나 잘 나가는지 아세요? 제 돈을 좀 보실래요? 제 차는 또 얼마나 근사하다구요. 저 운동도 해요. 제가 밖에 나가면 슈퍼맨 같은 사람이라구요." 등등. (화면 우측 뒤쪽에 슈퍼맨이 날고 있는데 흑인이라는 점을 주목하자.) 모든 것을 다 가진 듯한데, 보라색을 갖지 못한 이 남자는 자신의 보라색 어머니에게 어떻게 인정 받았을지 자못 궁금하다.

추상 회화에서 보라색이 어떤 느낌으로 다가오는지 두 개의 작품을 보기로 하자. 먼저, 장 피에르 이바랄(Jean-Pierre Yvaral)의 〈다색회절(Polychromatic Diffraction)〉이다. 이 작품은 아크릴로 그린 것이다. 검정 바탕에 위로 볼록하게 올라온 듯한 착시를 불러일으키는 색깔 선들이 있다. 빨강과 파랑이 연결되는 곳에서는 필연적으로 보라가 들어올 수밖에 없다. 독자들은 이 작품에서 어떤 색이 가장 많다고 느껴지는지 모르겠다. 실제 빨강과 파랑의 영역 비율은 비슷한데, 그 위치가 빨강은 가로, 파랑은 세로 배열이다 보니 파랑이 더 많다고 느껴질 것 같다(혹은 반대로 느끼는 사람도 있을 것이다).

진 데이비스(Gene Davis)의 작품은 어떤가? 어떤 색이 가장 많이 느껴지는가? 혹은 색 조합에서 느껴지는 느낌은 무엇이라고 할 수 있을까? 스트라이프 무늬(대개 세로 직선 무늬)에 대해서는 사람들의 선호가 강하다. 즉, 가로 직선보다 세로 직선에 대한 선호가 더 큰데, 아마도 길이가 같을 때 가로선보다 세로선을 더 길게 지각하는 착시와 관련 있을 것이다. 필자는 이 작품을 보다가 폴 스미스 지갑[5]이 떠올랐었다. 세로 줄무늬에 대한 보편적인 선호가 무엇일까 궁금해하면서 말이다.

---

5) 지갑 등 잡화를 생산하는 영국 패션 브랜드 중에 폴 스미스(Paul Smith)도 세로 줄무늬를 적극적으로 사용한다.

색의 선호

보라색에 대한 선호는 의외로 높은 편이다. 우리나라 사람 전체로 보았을 때 9.8%가 보라를 선호한다(여성 11.7%, 남성 6.4%). 가장 좋아하는 색으로 보라를 선택한 여성의 비율을 연령별로 보면, 유년기 시절과 50대 이상의 나이든 세대에서 선호한다는 것을 알수 있다. 남성의 경우, 50대 이상에서 선호가 높았고 그 외의 연령대에서는 그다지 관심을 두는 색이 아니었다.

싫어하는 색으로 보라를 지목한 비율은 전체 7.3%(여성 6.5%, 남성 8.8%)였다. 연령대별로 변화 추이를 살펴보면 여성은 10% 이하, 남성은 10% 안팎의 크지 않은 변화를 보였다.

보라를 좋아하거나 싫어하는 비율 (단위: %)

		10세 미만	10대	20대	30대	40대	50대	60대 이상
여성	선호색	17.6	9.2	9.2	11.5	12.3	16.9	24.1
	혐오색	0.0	4.6	7.4	8.1	5.0	5.2	10.3
남성	선호색	0.0	4.7	4.5	7.5	4.1	20.5	12.1
	혐오색	0.0	5.8	12.9	8.9	10.2	4.5	6.0

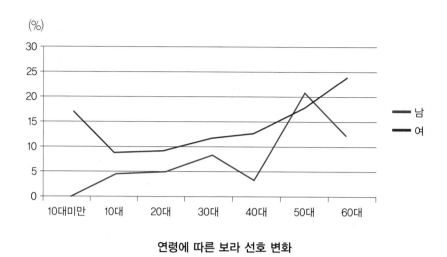

(%)

연령에 따른 보라 선호 변화

색의 조화

보라는 강렬한 색깔이므로 쉽사리 다른 색깔과 동화되지 않을 것 같지만, 의외로 여기저기 잘 어울린다. 보라 안에 빨강과 파랑이 있으므로 기본적으로 보라-파랑, 보라-빨강 조합은 어색하지 않다. 잘못 쓰면 촌스러울 수는 있겠지만, 어색한 것은 아니다. 보라와 노랑도 썩 잘 어울리는 조합이다. 두 색깔은 엄밀한 의미에서 보색 관계는 아니지만(보라의 보색은 연두다), 서로 상보적인 관계를 이루는 조합인 것은 분명하다. 그래서 금빛을 뽐내는 시계나 보석류를 포장하는 박스에 종종 보라색을 쓰곤 한다.

꽃 색깔로 보더라도 보라와 노랑의 관계는 상호 간에 보충적이라는 점이 확실한데, 남보라색 꽃과 노란 꽃은 적당하게 무겁고 가벼우면서 밝고 어두운 면을 함께 보여 주는 조화로운 조합이다.

9-18 보라색과 노란색 꽃

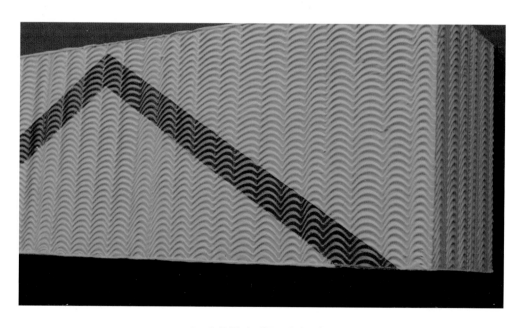

9-19 초록과 자주, 낯선 조합.

9-20 프랑스 스트라스부르 근현대미술관 벽면　　　9-21 마젠타 벽면의 미술관

　　혼치 않은 조합이지만 자주색과 초록은 어떤가? 이차색끼리의 만남이라고 부르는 것
도 나쁘지 않을 듯하다.

　　보라는 여러 개의 색깔이 있을 때 빠지면 섭섭한 색이다. 일차색만 있으면 그 조합이
얼마나 덜거덕거리겠는가. 이차색이 들어가면서 알록달록한 느낌은 좀 더 안정적인 높
낮이를 가지게 된다. 9-20은 프랑스 스트라스부르에 위치한 근현대미술관(Musée des
Beaux-Arts Strasbourg)의 벽면이다. 저 색유리들 중에서 마젠타색이 빠졌다고 상상하면
얼마나 재미없어지겠는가.

　　마젠타는 워낙 역동적인 색깔이기 때문에 통통 튀는 매력이 있다. 그런데 그러한 마

젠타를 벽면 배경색으로 쓰는 사람도 있다. 세상에, 그것도 미술관에서 말이다. 아니나 다를까, 색감이 남다른 프랑스의 미술관이었고, 르네상스 시기의 무거운 그림들(색감이나 표현에 있어서의 무게를 말한다)을 받쳐 줄 수 있는 것으로 금색 액자와 더불어 마젠타 벽면을 선택한 것으로 보인다. 빨간 벽면을 쓰는 것과 동일한 맥락이다.

마지막으로 보랏빛이 아름다운 무궁화로 마무리 지으려 한다. 아름답고 기품 있다, 우리나라 꽃.

9-22 연보라색 무궁화

갈색

Chapter 10
갈색

갈색 *Episode*

제가 20대였을 때 아버지는 몸이 편찮으셨던 적이 많았습니다. 그래도 유머 감각이 있으셨지요.

무슨 일이었는지는 기억나지 않지만 어머니가 어딜 다녀오시게 되어 아버지와 둘이 대구공항으로 마중을 나갔습니다. 아버지는 아직 비행기가 도착하지 않았다며 간이 스낵바에서 커피를 마시자고 했습니다. 얼마 지나지 않아 주문한 커피가 나왔고, 아버지는 크림과 설탕을 듬뿍 넣었습니다. 저한테도 권하시길래, "아빠, 전 블랙 마셔요."라고 했습니다. 아버지는 씨익 웃으시더니 나지막한 목소리로 "블랙이 좀 멋있어 보이지. 근데 크림 설탕 다 넣어서 먹어 봐. 정말 맛있어."라고 하셨지요. 아버지도 젊었을 땐 멋있어 보이려고 블랙을 마셨다고 하시면서요. 그 덕분에 아버지랑 둘이서 낄낄대며 커피를 마셨더랬습니다.

저의 블랙커피 사랑이 한순간에 '멋있어 보이기 위한 노력'으로 평가 절하되긴 했지만, 맞는 말이기도 했구요. 재미난 기억 한 조각을 그날 하나 더 얻게 되었네요.

지금 저는 블랙도 좋아하지만 갈색 커피를 사랑합니다. 정말 맛있는 색이지요, 갈색 커피는.

갈색

갈색은 여러 가지 색깔들 중에서 전면에 나서는 색은 아니지만, 어디에나 있는 색이다. 사람들의 눈에 확 띄지는 않지만, 모난 돌이 정 맞듯이 배제되는 경우도 없는 색이다. 우리나라 사람들을 대상으로 무슨 색을 가장 좋아하냐고 물었을 때 갈색(아이보리, 갈색, 고동색, 밤색 포함)이라고 대답한 사람은 1.7%에 불과했다. 그나마 여성의 경우에 '아이보리색'이라고 콕 집어서 대답한 사람이 몇 명 있었다. 그 덕분에 여성의 선호만 따로 떼어 보면 2.4%에 달했다. 싫어하는 색으로 갈색을 꼽은 사람은 상대적으로 많은 편이어서 11.4%에 해당했다. 그렇게 보면 갈색이 사람들에게 인기가 없는 색일 수도 있겠지만, 갈색만큼 우리 일상에서 늘 접하는 색도 없다. 갈색을 경험하는 대상을 보더라도 흙, 나무, 가죽, 커피, 빵, 초콜릿 등 친숙한 것들임을 알 수 있다.

색 조합에서는 보색끼리 섞었을 때 어두운 갈색이 나온다. 물감/안료의 삼원색 조합에서 갈색을 만들려면 빨강+노랑+검정으로 한다. 빛의 삼원색 조합에서는 빨강+녹색이다.

갈색의 이름과 종류

국어사전에서 갈색은 '주황과 검정을 섞은 색, 흙의 색과 유사해서 흙색이라고 부르기도 한다'라고 소개된다. 전통색에서는 굵은 베를 뜻하는 '갈(褐)'의 섬유 색이다. '다색(茶色)'도 갈색을 일컫는 명칭인데, 밝은 갈색을 뜻한다.

흔히 사용하는 관용적인 색이름으로는 아이보리, 갈색, 고동색, 밤색 등이 있고, 탁한 적갈색을 보이는 벽돌색이나 어두운 빨강인 마룬색이 있다. 영어로는 주로 라이트브라운과 다크브라운으로 나누어 부른다. 갈색의 종류를 검은빛과 붉은빛의 정도에 따라 나누면 다음과 같다.

이름	색깔 특징	비고
담갈색	옅은 갈색	아이보리는 담갈색 중에서 매우 밝은 톤의 색이다. 아이보리보다 크림색이 더 밝은데, 크림색은 갈색으로 분류하지 않는다.
회갈색	검은빛을 띤 갈색	
황갈색	검은색과 누런색이 섞인 갈색	
적갈색	붉은빛을 많이 띤 갈색	벽돌색과 마룬색도 적갈색과 비슷하다.
적동색	붉은 구리빛을 띤 갈색	
자갈색	검고 누런 바탕에 조금 붉은빛을 띤 갈색	
흑갈색, 암갈색	짙고 어두운 갈색	고동색, 밤색도 어두운 갈색이다.
암적갈색	짙고 어두우며 붉은빛을 띤 갈색	

국가표준인증 통합정보시스템에서 색 표준을 찾아보면, 갈색의 종류는 다음과 같이 나온다.

- 갈색
  - 밝은 갈색, 진한 갈색, 연한 갈색, 흐린 갈색, 탁한 갈색, 어두운 갈색
- 빨간 갈색(적갈색)
  - 밝은 적갈색, 진한 적갈색, 흐린 적갈색, 탁한 적갈색, 어두운 적갈색
- 노란 갈색(황갈색)
  - 밝은 황갈색, 연한 황갈색, 흐린 황갈색, 탁한 황갈색
- 녹갈색
  - 밝은 녹갈색, 흐린 녹갈색, 탁한 녹갈색, 어두운 녹갈색
- 회갈색
  - 어두운 회갈색
- 검은 갈색(흑갈색)

이름의 재발견: 카키색

카키색 야상점퍼. 우리나라 젊은 남녀들 중 카키색 야상점퍼를 한 번도 안 입어 본 사람이 얼마나 될까. 야외로 나갔을 때 입고 편하게 활동할 수 있고, 아무 데나 앉을 수 있고, 도시에서도 캐주얼하게 입을 수 있는 겉옷이다. 그런데 '카키색'이라는 것에 대해 너무도 당연히 '어두운 녹색, 칙칙한 올리브색' 정도로 생각했다면 오늘 그 생각을 좀 정리해 보도록 하자.

카키색이라는 명칭은 우리나라에서 관용적으로 '어두운 올리브색, 어둡고 흐린 녹색' 정도로 쓰인다. 하지만 영어 '카키(Khaki)'는 노란 황토색 혹은 옅은 갈색(담갈색)을 말한다. '카키'라는 말은 힌두어로 '흙의 색깔'이라는 뜻의 단어에서 나왔고, 페르시아어로 '흙'에서 파생되었다.

카키색은 여러 나라의 군복에 많이 사용되었다. 흙색과 유사하다 보니 위장색으로 쓰기도 좋았을 것이다.

위키피디아에서 카키색을 찾아보면, '밝은 카키'는 연노랑에 가깝고, '카키'는 옅은

갈색, 그리고 '어두운 카키'는 녹황색에 가까운 것을 볼 수 있다(그림 참조). 국어사전에도 카키색은 '누런 빛에 엷은 갈색이 섞인 빛깔'이라고 정의한다. 하지만 일상적으로 사람들이 받아들일 때에는 국방색이나 쑥색, 어두운 올리브색 정도를 카키색이라 부른다. 이렇게 된 직접적인 원인은 국내 의류회사 및 판매자들이 쑥색 옷을 카키색이라고 이름 붙여서 판매했기 때문이다. 보다 근본적인 이유를 생각해 보면 카키색 자체의 폭이 넓은 것도 하나의 이유가 될 것이고, 외국에서 군복 색을 그냥 카키라고 부른 것도 이유가 될 것이다. 외국의 군복은 흐린 황토색이 많지만, 우리나라 군복은 어두운 녹색, 칙칙한 올리브색이 많았기 때문이다. 제1차 세계대전 이후 미군에 올리브 담갈색 물품들이 지급되었다고 하는데, 그 역시 카키에 올리브색이 해당되게 하는 원인이 되었을 것이다.

위쪽 두 색과 왼쪽 아래 색은 카키색이고, 오른쪽 아래 색은 쑥색이다.

갈색의 의미

갈색은 땅의 색이며 자연의 색이다. 소박하고 안정적이며 견실한 이미지를 가진 갈색은 따뜻하면서 마음을 편안하게 만드는 색이며, 다른 한편으로는 엄격하고 중후한 느낌을 준다. 갈색은 특히 가을에 어울리는 색으로 풍성한 열매와 충만감, 성숙이라는 풍요로운 이미지를 전달해 주며, 또 다른 면에서는 외로움과 고독, 쓸쓸함을 느끼게 하는 색이기도 하다.

긍정적 의미	부정적 의미
부드러움, 자연스러움, 온화함 겸손함, 소박함, 수수함 안정적, 든든함 고전적, 클래식 맛있는, 향이 강한	낡은, 썩은 촌스러움 보수적, 늙음, 퇴락하는 자연 대변의 색 결벽증

어둡고 짙은 갈색은 중후한 느낌과 더불어 고전적인 아름다움을 느끼게 하지만, 쉽게 바뀌지 않고 보수적이며 오래되고 낡은 것이라는 이미지도 가지고 있다. 아이보리에 가까운 밝은 갈색은 부드럽고 자연스러우며 온화한 이미지가 있다. 갈색이 좋다고 말하는 다수의 여성들이 지목한 색이 바로 아이보리색이라는 점은 그러한 이미지와도 관련 있다.

갈색은 검정과 마찬가지로 나이 든 연령층에서 그다지 선호하지 않는 색이다. 갈색이 주는 '시들어 가는 것, 썩은 것, 흙으로 돌아간다'는 연상 때문일 수 있다. 우리가 먹는 음식물 중에서 썩으면 색상이 갈색으로 변하는 것들이 많은 것도 한몫을 한다. 예를 들어, 과일이 썩게 되면 갈색으로 변하기 시작한다. 갈변하는 것은 짙은 갈색을 띤다.

갈색은 '똥색'이라 불리기도 한다. 밝은 갈색이나 어두운 갈색 모두 '똥색'이 될 수 있

10-1 맛있는 갈색

다. 똥이 꼭 부정적일 필요는 없지만, 갈색의 느낌에 똥의 연상이 부정적인 영향을 주는 것은 확실하다.

아이러니하게도 갈색은 맛있는 음식의 색이기도 하다. 색깔이 줄 수 있는 '맛'이 있다면, 갈색은 뭔가 고소하고 바삭바삭하며 군침이 돌게 하는 색이다. 갓 구워 낸 빵은 매력적인 갈색을 띠고 있다. 윤기가 흐르는 갈색 빵 껍질은 색깔만으로도 향이 나는 것 같다. 음식을 말리거나 튀기거나 구운 경우 갈색일 때가 많다. 군밤과 군고구마, 그리고 돈가스와 스테이크, 갈비 등의 고기류가 그 예라고 할 수 있다.

향이 진한 음식 중에서도 갈색을 띠는 것들이 있는데, 커피, 차, 맥주, 코코아 등이다. 넓게 보면 모두 갈색(짙은 브라운 색을 포함하는)에 묶일 수 있다. 기호 식품 중에 담배도

10-2 짙은 갈색의 커피콩

맛이 강한 담배[6]나 시가는 갈색 종이에 말려 있다. 그래서 갈색이라는 색깔은 맛이 강하다는 느낌을 준다.

일상생활에서 만나는 갈색

일상생활에서 갈색을 느끼고 경험할 수 있는 것에는 무엇이 있을까?

갈색은 흔히 흙을 떠올리게 한다. 흙과 땅은 온전히 갈색을 경험할 수 있는 자연이다. 오늘날 도시에서 흙이 있는 땅을 보기가 어려운데, 회색 아스팔트로 뒤덮인 곳보다는 갈색 흙길이 마음을 편하게 해 준다는 것은 두말할 나위가 없다. 최근에는 황톳길을 관광 테마로 삼아서 개발하는 곳이 전국에 많아졌다. 맨발로 황토를 밟으며 걷는 것이 좋다고 소개하는 것을 보면, 현대인들은 맨발로 땅을 밟는 시간이 거의 없다는 것을 알 수 있다.

---

6) '말보로'는 필터 부분이 갈색이고, 국산 '보헴시가 마스터'는 잎이 들어간 부분이 갈색이다.

10-3 메타세쿼이어가 있는 황톳길

10-4 충남 서천 국립생태원(에코리움)

흙의 색깔이 갈색이다 보니, 자연을 테마로 하는 국립생태원[7] 에코리움 건물은 주된 색깔을 황토색으로 한다. 우아하게 뻗은 곡선형 건물은 담갈색 외관을 자랑한다.

땅과 바위가 갈색이 있다면, 강과 호수도 갈색이 있다. 중국의 황하를 비롯해서 동남아 국가의 호수 중에는 갈색 호수가 꽤 있다. 10-5는 캄보디아 똔레삽(Tonlé Sap) 호수다. 엄청나게 큰 규모의 호수인데 흙빛 물이 가득하다.

흙색은 기본적으로 노란 기미의 황톳빛이지만, 붉은 기미가 더해지기도 한다(10-6 참조). 특히 땅에 철 성분이 함유된 경우 주황빛이나 붉은빛으로 보인다. 그래서 '갈색'이라는 색이름 안에 노란 갈색과 붉은 갈색이 모두 포함된다.

10-5 캄보디아 똔레삽 호수

7) 충남 서천군 마서면 금강로에 위치해 있다. 홈페이지 www.nie.re.kr

10-6 미국 유타 주 모뉴먼트 밸리로 가는 길

건물에 사용된 갈색으로는 우리나라 전통가옥인 한옥의 기둥, 흙을 바른 벽체, 나무로 만든 울타리 등이 있다. 일본식 가옥이 다수 잔존해 있는 전라북도 군산의 건물들은 어두운 갈색을 다수 사용했다. 내가 가 본 군산은 관광지로 잘 다듬어져 있다는 인상을 주는 도시였는데, 표지판도 그러했다. 나무 표지판의 어두운 갈색 바탕과 흰 글씨의 조합은 전체적인 도시의 색조와도 잘 어울린다.

10-7 경주의 우리나라 전통가옥

10-8 군산 근대미술관 옆 골목

10-9 군산의 안내 표지판

10-10 갈색 도서관 풍경

어두운 톤의 갈색은 클래식한 아름다움을 전달하기에 그만이다. 도서관의 장서가 갈색 표지로 되었다든지, 책상과 걸상이 갈색으로 된 것은 클래식한 아름다움에 경건하고 정숙한 느낌까지 더해 준다.

가구 중에서 나무로 만들었거나 나무 느낌을 살리기 위해 꾸민 경우, 당연히 갈색이다. 갈색 나무 탁자 위에 짙은 갈색 커피가 담긴 갈색 커피잔이 놓여 있다면 커피 향이 더욱 그윽하게 느껴지지 않겠는가.

갈색 음식은 고기에서 절정을 이룬다. 족발은 치킨과 더불어 우리나라 사람들의 야식 리스트에서 빠지지 않는데, 족발과 치킨에 갈색이 없다고 상상해 보라. 도저히 그 맛을 전달할 수 없을 것이다. 파란 치킨이라든가, 녹색 족발 같은 것을 떠올려 본다면 말이다. 초콜릿은 짙고 어두운 갈색을 통해 강력한 유혹을 한다. 초콜릿은 그 혼자서도 완벽히 달콤 쌉싸름한 존재이지만, 딸기와 같은 과일을 감쌀 때에도 더욱 향긋하고 오묘한 단맛을 낸다. 그때 빨강과 어두운 갈색의 조합에서 오는 매력과 자연스러움은 말할

10-11 족발

10-12 딸기 초콜릿

것도 없다. 도대체 갈색이 옆에 있으면서 어울리지 않는 색이 어디 있단 말인가.

갈색이 저렇게 맛있는 색인데도 불구하고, 음식이 썩을 때도 갈색이라는 점은 아이러니하다. 과일이나 채소가 썩을 때 어두운 갈색으로 변한다. 아마도 음식과 식물이 시들고 썩으면 결국 흙으로 돌아가기 때문이겠지만, 빨갛던 사과에 갈색 반점이 생기기 시작한다든가, 싱싱하던 녹색 채소가 물컹거려 보이면서 갈색으로 바뀌면 식욕이 사라진다.

식물이 시들 때도 갈색으로 바뀐다. 봄이 막바지에 이르면 찬란하게 아름다운 크림색을 보여 주던 백목련과 화려한 자목련은 모두 짙은 갈색으로 바뀐다. '이제 끝이야'라는 것을 이보다 더 생생하게 알릴 수가 없다. 다음 번 목련이 피기까지는 꼬박 1년을 기다려야 한다. 가을에 떨어진 낙엽은 어떤가. 찬란하고 아름다운 갈색에서 서서히 그 빛을 잃어 가는 어두운 갈색에 이르기까지, 종료된다는 것의 마지막을 보여 준다.

10-13 크림색 목련

10-14 자목련이 지다

10-15 떨어진 낙엽

갈색은 동물에게서도 종종 볼 수 있다. 포유동물의 털색으로는 갈색이 흔한데, 포유동물에게 가장 많은 색소가 멜라닌 색소이기 때문이다. 멜라닌 색소는 다양한 갈색을 발현시키고, 검정과 회색 등의 색도 만들어 낸다. 우리 곁을 지키는 반려견과 반려묘를 비롯해서 누렁이[8]라고 불리던 우리나라 전통의 갈색 소가 있다. 털을 가진 동물들에게 가장 흔한 색이 갈색이다. 호랑이와 사자, 퓨마, 치타, 재규어 등이 모두 갈색 털을 가지고 있다. 사슴과 낙타, 라마도 갈색 털을 가지고 있다.

10-16 소

---

8) '누렁이'는 우리나라 개와 소 모두에게 붙이던 정겨운 이름이다.

10-17 호랑이

10-18 라마

예술작품에 나타난 갈색

10-19는 프랑시스 그뤼베르(Francis Gruber, 1912~1948)의 〈자화상(Autoportrait)〉(1942)이다. 그뤼베르의 작업실이 어떤 분위기였고 어떤 모습이었는지 이 그림 한 장으로 충분히 엿볼 수 있다. 화가를 제외하면 모든 것이 갈색이다. 갈색 벽에 갈색 나무 바닥, 갈색 이젤, 그리고 저 멀리 갈색 팔레트가 보인다. 화가의 머리카락도 갈색이다. 갈색을 띠지 않은 것은 화가가 입고 있는 와이셔츠와 타이, 자켓밖에 없다. 어쩌면 작가가 가진 자연적인 본능과 근원적인 추구를 다소간에 옥죄고 있는 것은 흰 와이셔츠와 푸른 넥타이로 대변되는 외부의 구속 같은 것일지도 모른다. 그 외에는 모두 자연의 색, 갈색 일변도니까 말이다.

10-19 Francis Gruber. 〈Autoportrait〉(1942). 프랑스 낭시 미술관.

10-20은 프랭크 브랭귄(Frank Brangwyn, 1867~1956)의 〈괴로워하는 사람들(The Afflicted Ones)〉(1923)다. 템페라 물감으로 그린 이 작품은 고통을 느끼는 사람들의 군상을 보여 준다. 여덟 명의 사람들은 얼핏 화려한 색의 겉옷(오렌지색, 노랑)도 걸치고 있지만 대다수는 칙칙한 갈색 계통의 모자를 쓰고 빛바랜 갈색 옷을 입었다. 굶주림이 길었던지 뼈가 앙상하게 드러난 개들조차 갈색과 회색 빛을 띠고 있다. 배경으로 칠해진 여린 푸른빛 하늘이 갈색과 더욱 대조를 이루고 있음은 말할 것도 없다. 이들의 고통은 원시적인 배고픔에서 비롯된 것 같다. 그리고 그러한 굶주림이 쉽사리 끝나지 않기에 절망적인 느낌이 더해진 것은 아닐까.

10-20 Frank Brangwyn. 〈The Afflicted Ones〉(1923). 벨기에 브뤼헤 미술관.

10-21 Suzanne Valadon, ⟨Le Lancement du filet⟩(1914), 프랑스 낭시 미술관.

젊은 남자 세 명이 나신으로 그물을 걷고 있다. 이들의 몸은 아름다운 갈색이다. 작은 호수(혹은 강이나 바다)를 둘러싼 언덕도 갈색을 띠고 있다. 수잔 발라동(Suzanne Valadon, 1865~1938)의 이 작품은 ⟨그물 출시(Le Lancement du filet)⟩(1914)라는 제목의 작품이다 (10-21 참조).

10-22는 기원전 6세기경에 만들어진 도자기다. 고대 그리스의 물병으로 표면에는 네 마리의 말이 이끄는 전차가 그려져 있다. 기원전에 저토록 섬세한 그림을 그린 물병 도자기를 사용했다니 놀랍지 않은가? 안료도 변변치 않았을 텐데 말이다. 이들에게 갈색은 얼마나 귀중한 색깔이었을까.

멕시코 멕시코시티의 문화인류학 박물관에 전시된 작품들은 갈색 벽면을 배경으로 하고 있다. 모든 것의 근원이 흙이라는 점을 생각해 보면, 앞서 에코리움의 건물이 흙색이었던 것이나 여기 박물관의 벽면이 흙색인 것을 충분히 이해함 직하다.

10-22 네 마리의 말이 끄는 전차가 그려진 물병.
미국 시애틀 미술관.

10-23 멕시코 멕시코시티의 문화인류학 박물관 전시품

색의 선호

좋아하는 색을 물었을 때 갈색(베이지와 어두운 갈색 포함)이라고 답한 비율은 1.7%에 불과했다. 싫어하는 색으로는 11.4%가 갈색을 꼽았다. 남녀로 나누어 살펴보면, 선호색에 대한 질문에서 갈색이라고 답한 비율은 여성 2.4%, 남성 0.6%였다. 싫어하는 색으로 갈색이라 응답한 비율은 여성 12.5%, 남성 9.4%였다.

여성의 응답을 연령별로 나누어 살펴보면, 10세 미만 여자아이는 싫어하는 색으로 갈색이 나온 비율(11.8%)이 1위인 검정(52.9%) 다음으로 2위였다. 10대도 비슷한 비율을 보였다. 좋아하는 색으로 갈색이 선택된 비율은 1.8%로 낮았고, 싫어하는 색으로는 10.1%가량의 답변이 나왔다. 이러한 답변은 20대 여성에게서도 비슷하게 나타났다. 30대와 40대 여성은 싫어하는 색으로 갈색을 꼽은 비율이 다소 증가한다. 50대에도 '좋다'는 응답보다는 '싫다'는 응답이 많았다. 60대 이상 여성의 경우는 '싫다'는 응답이 줄어드는데, 그렇다고 '좋다'는 응답이 높아지지는 않았다.

남성의 응답을 연령별로 나누어 살펴보자. 10세 미만 남자아이는 좋아하는 색으로 갈색을 지목한 비율이 6.7%이며, 싫어하는 색으로 지목한 비율은 0%였다. 이후 10대부

갈색을 좋아하거나 싫어하는 비율 (단위: %)

		10세 미만	10대	20대	30대	40대	50대	60대 이상
여성	선호색	0.0	1.8	2.2	3.0	2.7	2.6	0.0
	혐오색	11.8	10.1	8.5	12.8	10.5	7.8	3.4
남성	선호색	6.7	0.0	0.0	0.7	0.0	2.3	0.0
	혐오색	0.0	9.3	8.3	8.2	5.1	6.8	6.0

터 60대 이상에 이르기까지 갈색을 싫어하는 비율은 어느 정도 일정하게 유지된다. 반면, 좋아하는 색으로 갈색이 선택되는 경우는 거의 없었다. 이러한 선호 경향을 보면, 갈색은 색 자체로서도 두드러지거나 튀지 않는 색인데 선택의 순간에도 그다지 지목받지 못하는 색인 것으로 보인다.

색의 조화

색의 조합에서 갈색과 어울리는 색은 무엇일까? 아니, 어쩌면 질문을 바꿔야 할 것 같다. 갈색과 어울리지 않는 색이 무엇일까 하는 질문으로 말이다. 그만큼 갈색은 어떤 색과도 조화를 이룬다.

먼저, 갈색과 흰색의 조합은 깔끔하고 아름답다. 자연스러우면서도 고루하지 않은 느낌을 준다. 10-24는 호주 멜버른의 주립 도서관 내부다. 우리나라의 예능 프로그램인

10-24 호주 멜버른 주립 도서관

〈런닝맨〉에서도 방문해서 촬영을 했을 만큼 그 내부가 우아하고 아름답기로 유명하다. 도서관에서 흔히 사용하는 갈색에 흰색을 매치했는데, 중앙의 중정을 넓게 틔워서 확 트인 개방감을 더했다. 그 덕분에 갈색은 깊은 아래쪽에 위치해서 안정감을 가지게 하고, 흰색은 위로 올라가며 사방을 두르고 있지만 엄청난 공간의 개방감 덕분에 위압하지 않으면서 한없이 우아해진다. 이렇게 아름다운 도서관에 빈자리가 많다니, 한국에 사는 필자로서는 이해되지 않는 면이기도 했다.

더 밝은 갈색과 흰색의 조합도 잘 어울린다. 10-25는 동대문디자인플라자 내의 계단이다. 동대문디자인플라자 건물의 외형도 창의적이지만 건물 안에 자리 잡은 계단을 좀 보라. 이 얼마나 창의적인가. 갈색에 흰색 조합이 아니었다면 어지럽게만 느껴졌을 것

10-25 동대문디자인플라자 내의 계단

10-26 프랑스 퐁피두 센터 메츠 분관

같다.

갈색과 흰색 조합을 하나만 더 보기로 하자. 이번엔 프랑스의 퐁피두 센터 메츠 분관 (Centre Pompidou-Metz)의 외관이다(10-26 참조). 현대미술의 전초기지라 할 수 있는 파리의 퐁피두 센터가 개관 30년차에 파리 동쪽 320km쯤 떨어진 메츠에 분관을 개관했다. 분관 건립 초기에 설계 공모를 거쳤으며, 건축가 시게루 반(Shigeru Ban)과 장 드 가스틴느(Jean de Gastines)가 당선되어 이들의 디자인으로 건축되었다고 한다. 이 건축물에서 가장 인상적인 부분으로는 다들 지붕을 꼽는다. 부드러운 천처럼 곡선을 한껏 뽐내며 건물 위에 얹힌 흰색 지붕을 그 아래에 강하고 단단한 갈색 나무가 지탱해 주고 있다.

갈색은 빨강과도 조화롭게 어울리며, 주황과도 매치된다. 노랑과 갈색, 연두/초록과 갈색 역시 썩 잘 어울리는 조합이다. 파랑과 갈색이나 보라와 갈색은 어떤 대상에 어떻게 사용했느냐에 따라 괜찮은 조합이 된다. 청바지에 갈색 허리띠를 떠올려 보면 이해가 쉬울 것이다.

어두운 갈색은 파스텔톤의 색깔과도 잘 어울린다. 특히 노랑과 빨강 계열의 파스텔색은 갈색과의 궁합이 좋다. 연한 노랑-어두운 갈색, 연한 주황-어두운 갈색, 살구색-어두운 갈색 등 모두 썩 잘 어울리는 조합이다. 10-27은 독일 뉘른베르크(Nürnberg)의 골

10-27 독일 뉘른베르크의 골목

목인데, 방금 언급한 색깔들의 조합을 볼 수 있다. 집집마다 건물 본체의 색은 다르지만, 나무를 덧댄 부분에서 어두운 갈색을 공통으로 사용했다.

이와 같이 갈색은 거의 모든 색상을 받쳐 줄 수 있는 여력이 있다.

Chapter 11
흰색

흰색 *Episode*

흰색에 대한 제 기억 중에 가장 강렬하게 남아 있는 기억은 슬픔입니다. 제가 20대 중반이었던 겨울에 아버지가 돌아가셨는데요, 이후 장례를 마치고 공부를 하러 미국으로 갔습니다. 20대 중반이란 나이가 어리지도 않았지만, 성숙하지도 못했던 때였습니다. 그래서 아버지가 돌아가셨을 때, '천국에 가셨으니 슬퍼하지 마라.'라는 말을 글자 그대로 받아들이려고 애썼습니다. 슬플 때 충분히 울지 못하면 지연된 애도를 하게 되지요. 겨울과 봄은 그런대로 넘어갔습니다만, 어느 여름날, 운전을 해서 워싱턴 DC로 들어가면서 저 멀리 흰색 건물을 보는데 갑자기 울컥했습니다. 흰색이 그렇게 슬퍼 보일 수가 없었습니다. 그리고 그런 느낌은 몇 번이나 반복되었습니다. 일상생활에서 별로 어려운 것이 없던 때라서 '왜 이럴까? 무엇 때문에 이러지?' 이유를 찾으려고 애를 쓰기도 했습니다. 그렇지만 그냥 흰색을 본다는 게 너무나 마음이 아팠습니다. 슬픈 감정에 몇 번 압도되고 나서야, 그때 충분히 슬퍼하지 못했다는 것을 조금씩 이해할 수 있었습니다.

유난히 눈에 들어오던 흰색.

제게는, 부인하고 있었던 마음속의 슬픔을 일깨워 준 색입니다.

흰색

흰색은 검정과 더불어 무채색의 양극단을 형성하는 색이다. 어떻게 보면 한없이 약해 보이고, 어떻게 보면 강력하고 위엄이 있는 색깔이다. 상징학의 관점에서 보면 흰색은 모든 색깔 중에서 가장 완벽한 색이다. 모든 빛의 총화이고, 모든 색이 모여서 이루어 내는 색이기 때문이다.

흰색 역시 검정과 마찬가지로 '빛의 색'으로 보면 '색깔'이라고 할 수 없다. 빛이 없음을 '검정'이라 하고 빛이 있음을 '흰색'이라 한다면, 이것은 색이 아니다. 하지만 검정과 마찬가지로 하나의 색깔로서 흰색을 생각해 볼 수 있다. 다른 한편으로, 흰색은 모든 가시광선의 색이 더해져서 반사될 때 나오는 색이므로 물리학이나 광학의 의미에서도 단순한 색 이상의 의미를 가진다.

11-1 창문으로 들어오는 빛은 흰색이라 부를 수 있을까?

흰색의 이름과 종류

국어사전에서 흰색은 '눈이나 우유처럼 순수하고 선명한 색깔'이라고 정의한다. 흰색의 종류는 이 색깔이 어느 만큼 광택을 지니느냐에 따라 유광 흰색과 무광 흰색으로 나눌 수 있다. 또한 가미된 색채가 노란 빛을 띠는지 혹은 푸른빛을 띠는지, 아니면 붉은빛을 띠는지에 따라서 서로 다른 흰색이 된다.

국가표준인증 통합정보시스템에서 색 표준을 찾아보면, 하양의 종류는 다음과 같이 나온다.

- 노란 하양
- 초록빛 하양
- 파란 하양
- 보랏빛 하양
- 분홍빛 하양

흰색의 느낌에 따라 나눈다면 따뜻한 흰색과 차가운 흰색으로 나눌 수 있다. 따뜻한 흰색은 노란 기미가 도는 흰색이고, 차가운 흰색은 파란 기미가 도는 흰색이다. 파란 기미의 흰색이 훨씬 더 희고 깔끔하게 보이며, 노란 기미의 흰색은 빛이 바랜 듯한 느낌을 주기 때문에 따뜻하지만 오래된 인상을 준다.

흰색에 대한 명칭을 가장 많이 가지고 있는 문화는 북방 이누이트(에스키모)[1] 민족이

---

[1] 에스키모라는 단어는 그린란드에 들어간 서양인들이 '날고기를 먹는 사람들'이라는 뜻으로 붙인 명칭으로 비하적·차별적 뉘앙스가 있다. 우리나라의 경우로 바꾸어 말하면, 중국 사람들이 우리 선조를 동이(東夷, 동쪽의 오랑캐)라고 부른 것과 유사하다. 그래서 요즘은 캐나다에서도 에스키모라는 말을 쓰지 않고 이누이트라고 부른다. 이누이트는 이들이 스스로를 부르는 명칭이며 '인간'이라는 뜻을 지녔다.

11-2 노란 하양의 샹들리에가 멋진 네덜란드 암스테르담 도서관

라 한다. 이들에게는 눈을 나타내는 흰색만 하더라도 열 개가 넘는 단어가 있고, 희다는 의미의 단어가 16개나 있다.

흰색이 사용된 단어의 용례를 살펴보자.

- 머릿속이 하얗게 되다: 마치 머릿속이 텅 빈 상태가 된 것처럼 아무런 생각이 나지 않는다는 뜻. 긴장하거나 당황했다는 것을 강조하는 표현이기도 하다.
- 백기를 들다: 항복하다
- 백마 탄 왕자: 여성들이 바라는 완벽한 남자를 지칭하는 문구
- 백서(白書): 정부의 공식 조사 보고서(예: 노동백서, 경제백서). 이 단어는 영국의 외교 보고서 표지에 흰 종이를 사용하던 것에서 유래된 영어 'white paper'로부터 생겼다.
- 백의종군(白衣從軍): 벼슬 없이 전장에 나가는 것을 뜻한다.
- 백주대낮: 한참 밝은 대낮을 말한다. '백주'는 '대낮'을 뜻하므로, 마치 '역전 앞'처럼

중복되는 표현이다.

- 백지수표: 서명은 되어 있지만 금액이 적혀 있지 않은 수표를 뜻한다.

- 백악관(The White House): 미국의 대통령이 거주하는 공관

- 하얀 거짓말(white lie): 예의를 지키기 위한 선의로 하는 거짓말. 상대방이 들었을 때 마음에 위안이 되는 경우가 많다.

- 화이트칼라(white collar): 사무직 노동자를 지칭하며, 이들이 주로 하얀 와이셔츠를 입고 있는 것에서 생긴 표현이다. 일반적으로 상품 생산에 직접 관여해서 신체적 노동을 하는 노동자를 블루칼라(blue collar)라고 부르는 것과 대비된다.

- 화이트칼라 범죄(white collar crime): 직업적 지위를 이용해서 저지르는 범죄. 대개 피를 흘리지 않는 범죄로 검은 돈과 관련된 경제사범이거나 조직체에서 목표를 달성하기 위해 저지르는 범죄인 경우가 많다. 이를테면, 세금 탈세, 횡령, 자금 유용, 뇌물 수수, 부패 등이 해당된다.

흰색의 의미

긍정적 의미	부정적 의미
빛, 빛의 밝음 신의 존재, 부활 순수, 순결, 깨끗함, 청결 투명, 완전성, 완벽함 덕, 구원, 고결함, 성스러움, 숭고함 명료함, 천진함 공평성, 신뢰성, 정직성, 진실함 엄격함, 정확함 여성성 지혜, 영적, 풍요로움 정화시킴	죽음, 장례식 무서움, 두려움 삭막함, 차가움 공허

흰색의 상징은 긍정적인 것이 많다. 이는 검정과 대비되는 특성이다. 검정의 상징에서 부정적인 것이 많은 것처럼, 흰색은 긍정적 연상이 많다. 왜냐하면 흰색과 검정은 각각 빛과 어두움을 가리키는 명칭이기도 한 까닭이다.

빛의 총화라고 볼 수 있는 흰색은 그 자체로 밝음을 의미한다(11-3 참조). 또한 종교적

11-3 흰색은 때로는 빛 그 자체다

11-4 캐나다 온타리오 주에 있는 세상에서 가장 작은 교회.

으로는 신의 존재와 부활을 의미한다. 기독교에서 흰색은 예수 그리스도의 부활의 상징이다. 마지막 날이 되었을 때 부활한 사람들이 입는 옷 색깔 역시 흰색이다. 가톨릭의 사제들이 입는 옷에는 여러 가지 색이 있지만, 그중에서 가장 많이 사용하는 색은 흰색이다. 교회 건물 또한 흰색이 선호된다. 다른 색을 첨가하더라도 기본적으로 흰색이 중심색깔이다.

흰색은 다른 색이 묻지 않은 순결하고 순수한 색이며, 더없이 깨끗하고 청결한 색이다. 위생이 중요한 곳에서 흰색은 최고의 색이기도 하다. 하얀 앞치마와 하얀 작업복을 입은 요리사, 하얀 가운을 입은 의사와 하얀 간호복을 입은 간호사는 모두 직업상 청결함과 위생이 중요한 사람들이다. 호텔 침대의 하얀 시트와 하얀 이불 역시 깨끗함과 청결함을 시각적으로 확인시켜 주는 색이다.

우리나라에서 1920년대를 전후해서 여학생들의 교복은 흰 저고리에 검정 치마가 되

11-5 하얀 고양이

었다. 이후 몇 번의 변화를 거쳐서 여전히 교복으로 선택되었던 흰색 상의와 검정색 치마는 순결함과 청결함, 그리고 여성성을 강조한 것이다.

흰색은 다른 색에 비하면 좀 더 천진난만해 보인다. 특히 회색이나 검정에 비교하면 그러하다. 그래서 사람들이 동물 중에서도 하얀 동물을 좋아하는지도 모른다. 검은 고양이가 불운의 상징인 데 반해, 하얀 고양이는 그저 애완묘일 뿐이다(11-5 참조).

흰색은 신뢰할 만한 진실한 색이다. 흰색이 믿을 만하지 못하다면, 다른 어떤 색도 믿을 수 없다. 우리나라 사람들이 백의민족이라 하여 유난히 흰색을 좋아한 이면에는, 진실함에 대한 염원이 있었을 것이다. 혹자는 염색의 어려움으로 인해 흰색을 차선책으로 선택했다고 하지만, 그럼에도 불구하고 흰색에 대한 선호는 분명해 보인다. 조선시대에 중국에 대한 외교적 문제로 백성들에게 되도록 흰색을 입지 말고 청색을 입도록 규제[2]

11-6 무궁화의 꽃말은 '일편단심'이라고 한다. 흰색 무궁화는 더없이 진실해 보인다.

---

2) 중국을 중심으로 하는 음양오행설의 방위와 색깔에 따르면 동쪽은 청색이다(좌청룡). 그래서 조선시대에는 중국에 대한 사대의 예절로 백성들에게 흰색을 입지 말고 청색을 입으라고 권장했다.

를 했다는 것을 보면, 일반적으로 우리나라 사람들이 흰색을 선호했다는 것을 알 수 있다. 또한 오늘날 선호색에 대한 질문을 던졌을 때에도 우리나라 사람들의 흰색 선호 경향이 외국 사람들에 비해 훨씬 더 높다.

흰색은 완벽주의의 색깔이다. 정확하고 엄격하며 엄밀한 특성을 갖는다. 그래서 사람들은 흰색 옷이 더욱더 희게 되기를 갈망한다. 조금의 군더더기도 없이, 어떤 얼룩도 없이 깔끔하고 깨끗한 흰색이 되기를 바라는 욕구가 있다. 다른 어떤 색에 대해서도 조금 더 그 색답게 되었으면 하는 마음이 없는 사람들도, 흰색에 대해서 만큼은 완벽한 흰색이 되기를 원한다.

흰색은 지혜와 풍요로움을 상징한다. 도서관이나 미술관, 박물관 내부가 흰색으로 되어 있을 때, 우리는 그 공간에서 삭막한 느낌보다는 지적인 유희와 즐거움, 지혜와 풍요로움을 느낀다. 11-7은 서울의 동대문디자인플라자의 계단이다. 흰색을 다수 사용한 이

11-7 동대문디자인플라자 계단

건물은 이라크 태생의 건축가 자하 하디드(Zaha Hadid)가 디자인했는데, 그녀는 곡선적인 내외부 디자인으로 널리 정평이 나 있다.

흰색은 다른 색깔들과 달리 부정적인 의미가 많지 않지만, 무채색이기 때문에 검정과 마찬가지로 죽음을 상징하는 측면이 있다. 중국이나 일본, 아프리카 등지에서는 특히 흰색이 죽음을 상징하며 슬픔을 나타낸다.

한편, 흰색이 무서운 대상이나 두려움을 상징하기도 한다. 유령이라든가 영적인 존재를 흰색으로 묘사하는 것도 흰색의 상징 중에서 두려움을 나타내는 것이다. 그렇게 된 이유 중에는 망막에 맺히는 상 중에서 분명하게 잘 보이지 않는 대상은 어렴풋한 흰색으로 명암 구분 정도만 되기 때문이다. 그래서 귀신을 흰색이라고 여겨 왔을 수 있다.

흰색은 삭막하고 차가운 느낌을 준다. 겨울철 내리는 눈이 흰색이라서 더 그런 느낌이 드는지도 모른다. 시리도록 밝은 하얀색에서 차가운 느낌은 절정을 이룬다.

11-8 눈 내린 계룡산 장군봉

다양한 문화권에 나타난 흰색

흰색은 서양에서 상당한 대접을 받는 색이다. 인종을 나타낼 때 '백인'이라는 명칭을 생각해 보면, 이들이 흰색을 좋아하는 것은 당연하다. 자신들을 'white'라고 부르는 사람들이 어찌 흰색을 싫어할 수 있겠는가.

백인 문화권에서 중요한 건물은 백색으로 건축된다. 청색을 좋아하는 우리나라에 '청와대'가 있다면, 미국에는 '백악관'이 있다. 각자 가장 중요한 색으로 국가 원수가 머무는 공관을 만들었다고 했을 때 어떤 색을 최고로 여기는지 알 수 있는 대목이다.

한 가지 에피소드를 더 살펴보자. 미국의 45대 대통령을 뽑는 2016년 대선 경쟁에서 민주당은 힐러리 클린턴(Hilary Clinton)이 후보로 나오고, 공화당은 도널드 트럼프(Donald Trump)가 후보로 나왔다. 민주당의 대통령 후보 지명을 공식 수락하는 연설을 할 때, 힐러리 클린턴은 위아래로 흰 바지 정장을 입었다. 이때 클린턴의 색 선택은 흰색이 가지는 위치와 의미를 생각하면 상당히 의미 있는 선택이었다. 백악관을 향해 나아가는 걸음을 보여 주면서, 또 동시에 모든 빛을 모은 권위를 상징한다. 더 나아가 20세기 초 미국에서 여성들이 참정권을 요구하며 시위를 했을 때에도 모두가 흰색 옷을 입고 행진을 했다는 기록이 있으므로, 클린턴이 여성으로서 최고 정치인이 되기 어려운 유리천장을 깨려고 노력했던 것과 일맥상통한다. 정치인들이 자신의 옷 색깔을 통해서 생각과 의견을 표출하는 점을 고려하면, 후보 수락 연설 때 입은 클린턴의 흰색은 여러 가지 의미를 복합적으로 전달하는 좋은 선택이었다.

기독교가 크게 영향을 미쳤던 유럽과 미국에서 흰색은 순수하고 성스러운 색깔로 여겨진다. 교회와 성당 건축물이 흰색으로 건축된 것은 말할 것도 없고, 교황을 비롯한 성직자들의 복장에서 흰색이 자주 사용되는 것을 보아도 알 수 있다. 성경에 천국은 '젖과 꿀이 흐르는 땅'으로 묘사된다. 여기서 '젖'은 영어로 'milk'이므로 하얀 우유가 흐르는 땅이 천국이라는 것을 알 수 있다.

11-9 세이크 자이드 그랜드 모스크

이슬람 성전에도 흰색 건물이 사용된 것을 볼 수 있는데, 아부다비의 세이크 자이드 그랜드 모스크(Sheikh Zayed Grand Mosque)가 대표적이다. 이 모스크는 이슬람교도가 아닌 일반인에게도 출입이 허용되어 있어서 아부다비를 방문하는 사람들이 빼놓지 않고 방문하는 곳이라 한다. 세계에서 다섯 번째로 큰 모스크로 4만 명이 동시에 예배를 드릴 수 있는 곳이며, 흰색 대리석으로 건축되어서 '화이트 모스크'라고도 불린다.

결혼하는 여성의 옷인 웨딩드레스가 흰색으로 된 데에는 서양의 역사를 빼놓을 수 없다. 흰색을 최고의 색으로 여기는 유럽과 미국에서 흰색 웨딩드레스를 입는 것은 너무나도 당연한 일이다. 역사 속에서는 영국의 빅토리아 여왕이 1840년에 결혼하면서 입었던 하얀 웨딩드레스가 유행의 시작이었다는 기록이 있다.

동양에서 흰색을 선호하는 정도는 상대적으로 덜하다. 음양오행설에 따라 흰색은 서쪽에 해당하는 색이며, '목화토금수'에서 금(金, 금속)에 해당하는 색이다. 흰색은 '음'과 '양' 중에서 '음'을 나타내며, 여성의 색이다.

흰색을 여성적으로 바라본 것은 동양과 서양에서 모두 일치한다. 명도가 높은 색이 무게가 가볍고 강약에서 약한 쪽을 상징하기 때문일 것이다. 흰색과 검정을 나란히 두고 보면, 남녀의 구분에서 흰색은 여성, 검정은 남성이 된다. 고대 그리스의 기질론에서 색깔과 기질을 연결할 때에도 평온한 관망자의 특징을 가진 '점액질'과 흰색을 연관시킨다.

일상생활에서 만나는 흰색

일상의 의식주에서 흰색을 살펴보면, 의복의 흰색을 빼놓을 수 없다. 우리나라 민족이 '백의민족'인 것도 흰색의 일상적 활용을 보여 주는 것이다.

11-10 하얀 식탁보를 두른 만찬장

11-11 하얀 접시에 담긴 음식

흰색 정장은 특별한 날의 예복으로 활용된다. 그래서 흰색은 관혼상제의 의례에 종종 사용되었다. 결혼식에서 여성의 웨딩드레스가 흰색이라든가, 상갓집의 상주와 가족들이 모두 흰색 옷을 입는 것이 그러하다.

흰색은 특별히 격식을 갖추어야 하는 만찬 장소에서도 선호하는 색이다. 흰 테이블보가 둘러진 식탁 위에 하얀 냅킨이 있고 또 하얀 접시가 있다면, 그 자리가 꽤 신경 쓴 곳이라는 것을 쉽게 짐작할 수 있다. 집에서 흰색 테이블보를 사용해 본 사람은 경험했겠지만, 흰색을 깔끔하게 유지하려면 정성이 꽤 들어가야 한다. 뭔가 묻거나 때가 타는 등 쉽게 색이 변할 수 있어서 매번 삶거나 표백해서 깨끗함을 유지해야 하기 때문이다.

하얀 접시는 그 위에 올리는 음식이 무엇이든, 음식을 돋보이게 한다. 여러 가지 색깔의 식기를 써 본 사람은 결국에 흰색 접시로 돌아오게 되는데, 흰색만큼 우아하고 정중하게 요리를 담아내는 그릇이 없기 때문 아닐까.

하얀 고무신은 요즘은 잘 사용하지 않지만, 1970년대까지만 하더라도 흔히 사용하던 물건이다. 검정 고무신과 더불어 하얀 고무신은 이젠 추억의 물건이 되어 버렸다.

11-12 하얀 고무신과 검정 고무신

    부정적인 연상이 별로 없는 흰색이 유독 음식물과 관련해서 부정적인 연상을 가지게 된 데에는 흰색의 모순적 상징이 작용한다. 즉, 흰색 식품은 청결하고 정제된 음식이라는 인상을 주지만 인위적인 느낌이 강하다 보니 건강식품이 아니라는 느낌을 준다. 식품으로 건강한 색깔은 흰색보다는 차분한 갈색이다. 특히 먹거리가 풍부해진 현대사회에서 건강식품에 대한 경각심이 높아지면서 좋은 먹거리에 대한 인식이 달라져 이제는 '흰' 식품이 건강을 해치는 것으로 여긴다. 대표적으로 '흰 쌀' '흰 밀가루' '흰 설탕' 등이 입에는 달지만 건강에는 도움이 안 되는 식품으로 여겨진다. 그보다는 도정을 적게 한 갈색 쌀(현미), 갈색 밀가루, 갈색 설탕 혹은 흑설탕 등이 더 건강한 것으로 여겨진다. 그렇다면 왜 원래 식재료를 희게 만든 것일까? 다름이 아니라 흰색 식품이 귀하게 보였기 때문이다. 눈에 보기 좋은 것이 몸에도 좋겠거니 하는 막연한 믿음으로 흰색 식품을 만들었던 것도 있고, 입에 단 음식이 입맛을 당기기 때문이다. 흰 설탕은 흑설탕이나 갈색 설탕에 비해 미네랄을 함유하지 않고 순수하게 단맛을 내는 성분만 가지고 있다. 흰 쌀 역시 도정을 많이 했기 때문에 영양소를 가진 부분들이 떨어져 나가고 단맛을 내는 부분만 남는다.

자연풍경에서의 흰색은 어떠한가? 유난히 사계절이 뚜렷한 우리나라의 경우, 겨울에 내리는 눈은 온 세상을 하얗게 덮는다. 겨울 눈꽃은 말할 수 없이 아름다운 흰색이다. 덕유산의 눈꽃, 태백산의 눈꽃 등 설화(雪花)는 언제 보더라도 시리도록 아름답다. 온통 흰색도 아름답지만, 검은 돌 위에 내린 눈이 보여 주는 흰색은 흑백 대조로 더 찬란하게 보인다.

겨울의 흰색이 파랗고 시리다면, 봄의 흰색은 따스하고 정겹다. 우리나라에서 봄이 왔음을 알리는 꽃들 중에서 하얀 매화를 빼놓을 수 없다. 매화는 다른 꽃들에 비해 개화시기가 빠르다. 그래서 설중매(雪中梅)라는 이름을 얻었는지도 모른다. 한참 눈이 많이

11-13 눈 내린 계곡

11-14 섬진강변 매화꽃

내리는 겨울에 매화가 피는 것은 분명 아니지만, 간혹 늦은 3월이나 4월에도 눈이 내릴 때가 있는 것을 감안하면 3월에 피는 매화는 눈을 맞기도 한다. 매화 색은 몇 가지가 있지만, 한없이 화사하고 아름다운 색 중에 하나가 바로 흰색 매화다. 매화가 가장 유명한 길이 섬진강변인데, 유유히 흐르는 강 옆으로 눈부신 매화가 피면 봄이 오는 설렘을 느낄 수 있다.

하얀 꽃은 너무 많아서 일일이 열거하기가 어렵다. 들꽃 중에는 하얀 꽃이 많은데, 꽃잎은 희고 중앙 부분이 노란 들꽃에는 쑥부쟁이, 벌개미취, 구절초, 마거리트, 망초, 개망초, 데이지 등이 있다. 이 꽃들은 흰색과 노란색의 조합 덕분에 '계란꽃'이라는 애칭으로도 불리곤 한다. 사람들은 이 꽃을 보면 달걀 프라이랑 닮았다고 느낀다. 이 꽃들은 비슷비슷하게 생겼기 때문에 구분하는 사람들이 많지는 않다. 마치 봄철에 진달래와 철쭉을 혼동하는 것과 비슷하다. 구분하는 사람들은 잎을 보고 꽃을 구분하는데, 잎의 가장자리가 밋밋하고 폭이 좁고 길면 벌개미취, 잎의 가장자리가 톱니처럼 되어 있으면 쑥부쟁이, 잎의 가장자리가 몇 갈래로 찢어져 있으면 구절초다.

구분하기 쉽지 않은 들꽃들이지만, 계속 보다 보면 꽃 이름이 무엇인지 궁금해지기도

11-15 계란꽃이라는 애칭을 가진 들꽃들

한다. 아마도 그런 마음을 담아서 쓴 것이 아닐까 싶은 시 한 편을 소개한다.

　　　　무식한 놈

　　　　　　　안도현

　　　　쑥부쟁이와 구절초를
　　　　구별하지 못하는 너하고
　　　　이 들길 여태 걸어왔다니

　　　　나여, 나는 지금부터 너하고 절교다!

　흰 꽃은 장례식장이나 애도를 표해야 할 곳에서 슬픔을 나타낼 때 사용하는데, 특히 검정을 배경으로 할 때에는 그 의미가 더 배가된다.

　동물들 중에서도 흰색 동물이 꽤 많은 것을 볼 수 있다. 흰 비둘기는 전 세계적인 '평화의 상징'으로 여겨진다. 동물에게 여러 가지 색깔이 있을 때 흰색이면 왠지 더 온순하게 보인다. 흰 염소와 흑염소가 있을 때 흰 염소가 순해 보이지 않는가 말이다. 재미난 것은, 건강식품으로 염소를 먹을 때에는 역시 흰 염소보다는 흑염소라는 점이다.

11-16 검은 배경의 흰 꽃

11-17 흰 비둘기

11-18 흰 염소

미술작품에 나타난 흰색

흰색을 사용한 작품이라고 하면 필자가 가장 인상적으로 보았던 작품이 떠오른다. 다름 아닌 존 싱어 사전트의 〈앰버그리스의 향(Smoke of Ambergris)〉(1883)이다. 크기가 꽤 큰 이 작품은 가로 90㎝에 세로 139㎝다. 이 정도로 큰 작품의 대부분의 공간이 흰색으로 이루어져 있어서 그 앞에 섰을 때 그 작품의 우아함에 한동안 자리를 뜰 수 없었다.

11-19 John Singer Sargent. 〈Margaret Stuyvesant Rutherfurd(Mrs. Henry White)〉(1883).
미국 워싱턴 DC 내셔널 갤러리.

존 싱어 사전트는 초상화의 대가인데 특히 흰색 사용에서 우아함과 노련함의 세련된 극치를 보여 주고 있다. 흰 옷을 입은 여인의 초상화인 〈Margaret Stuyvesant Rutherfurd〉(1883)(다른 명칭으로는 Mrs. Henry White라고도 한다)에서도 전체적인 느낌은 위엄과 깨끗함, 고결함, 순결함 등이다(11-19 참조).

사전트의 다른 작품에서도 흰색은 빠지지 않고 등장한다. 〈자신의 스튜디오에 있는 화가(An Artist in His Studio)〉(1904)는 아마도 사전트 자신을 그린 것일 것이다(11-20 참조). 작업실에 있는 화가라는 그림 주제는 램브란트, 마네, 쿠르베 등 많은 화가들이 그린 주제다. 오늘날로 얘기하면 휴대폰으로 찍는 셀카 인증샷 정도가 되지 않을까? 그렇게 생각하고, 사전트의 인증샷에 흰색이 차지하는 비중을 보자. 무려 절반이나 차지한

11-20 John Singer Sargent. 〈An Artist in His Studio〉(1904). 미국 보스턴 미술관.

11-21 John Singer Sargent, 〈The Daughters of Edward Darley Boit〉(1882), 미국 보스턴 미술관.

다. 방 안 가득 들어오는 햇빛은 또 어떤가. 의자에 비스듬히 앉은 화가의 등 뒤로 밝은 빛이 쏟아져 들어와 침대 가장자리까지 길게 뻗친다. 아마도 이 방의 창은 꽤 큰 모양이다. 작업실에 침대도 있는 것을 보니, 피곤하면 언제든 누워서 쉴 수 있는 공간이기도 했던 것 같다. 예술가의 예민함도 있었겠지만, 다른 한편으로는 신경 쓰지 않는 털털함도 있지 않았나 싶다. 침대 위에도 작품을 늘어놓고 바라보는 것을 보니, 물감 묻는 것을 신경 쓰지 않았던 것 같다.

모든 색의 총화, 색 위의 색이라 할 수 있는 흰색, 그리고 그 흰색을 자유자재로 쓸 수 있었던 사전트. 저 그림으로 미루어 보건대, 사전트 자신에게도 흰색을 쓰는 즐거움이 컸던 것이 분명하다.

그다음으로 살펴볼 사전트의 작품은 〈에드워드 데일리 보잇의 딸들(The Daughters of Edward Darley Boit)〉(1882)이다. 조금 큰 세 명의 딸은 원피스 위에 흰 앞치마를 걸쳤고, 아직 어린 막내딸은 하얀 원피스를 입고 바닥에 앉아 놀고 있다. 이 집은 아무래도 부유한 것 같다. 그 당시에 잘사는 집이라면 외국 물건 한두 개는 포인트 장식으로 썼을텐데, 커다란 중국풍 청화백자가 있는 것만 보더라도 얼마나 잘사는 집이었을지 대충 짐작된다. 그런데 특이하게도 그림 속 청화백자는 두 개 중 한 개가 화폭에서 절반이 잘렸다. 마치 '네가 주인공이 아니야.'라는 점을 강조하는 듯하다. 그 덕분에 네 명의 딸은 도자기보다 훨씬 더 눈길을 끈다. 순수하고 맑은 모습은 흰색 옷차림에서 역시 정점을 이룬다. 흰색은 이 딸들을 밝고 빛나며 순수한 존재로 부각시킨다. 특히 화면 뒤쪽에 서 있는 두 딸은 흰색 앞치마로 인해 깨끗하고 청결한 느낌, 교육을 잘 받은 분위기마저 풍긴다. 보스턴 미술관에 전시된 이 작품은 작품이 걸린 바로 그 앞에 비슷한 청화백자가 배치되어 있어서, 마치 작품 속으로 들어가서 이 소녀들을 만나는 것 같은 느낌을 들게 한다. 물론, 그런 느낌은 사전트의 인물 묘사에 힘입은 바가 제일 크겠지만 말이다.

흰색은 슬픔을 표현하고 애도를 전달하기에 가장 적합한 색이기도 하다. 필자가 연구년에 뉴질랜드를 방문했을 때 크라이스트처치(Christchurch)에서 도심 예술 프로젝트 작품들을 둘러볼 기회가 있었다. 여러 작품 중 두드러지게 인상적이었던 작품으로 185개의 빈 의자[3]가 있었다.이는 크라이스트처치에서 발생했던 지진으로 인해 희생된 사람들을 애도하는 기념비였다. 2010년 9월 4일에 진도 7.1의 강한 지진이 크라이스트처치에 발생했고, 이듬해 2월에도 진도 6.3의 지진이 발생했다. 이 두 지진과 그 사이의 여진들로 인해 185명이 목숨을 잃었다고 한다. 필자가 그곳을 방문했던 2016년은 두 번의 지

---

3) 구글 등의 검색엔진에 '185 empty chairs'라고 검색하면 사진을 쉽게 볼 수 있다.

진 후 5년이 지난 시점이었지만 여전히 도시는 재건 중이었다. 남겨진 사람들은 그 작품을 통해 슬픔을 공유하고 나눌 수 있는 계기를 마련하고 있었다. 비어 있는 의자들은 그 의자에 앉을 수 있는 사람이 떠나고 없음을 형상화한다. 모든 의자는 각각의 형태를 가지고 있으며, 동일한 형태의 의자는 하나도 없다. 그리고 그 모든 의자들은 흰색이었다.

추상화가인 피트 몬드리안(Piet Mondrian)의 작품을 보자. 몬드리안은 직선과 삼원색을 사용한 추상작품으로 널리 알려져 있다. 수직선과 수평선은 화면을 구성하는 가장 기본적인 요소이면서, 면을 구성하는 기초이기도 하다. 만들어진 직사각형 격자 몇몇은

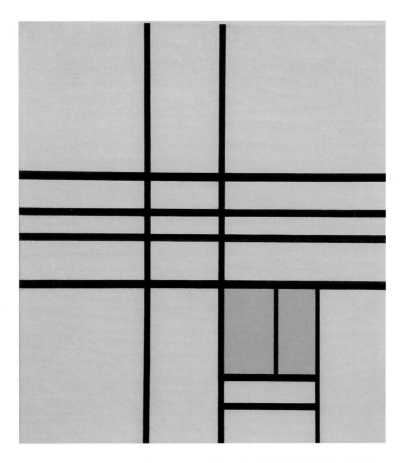

11-22 Piet Mondrian. 〈Composition〉(1936). 미국 필라델피아 미술관.

빨강과 파랑, 노랑의 원색으로 채워진다. 그리고 그 외에는 모두 흰색을 비롯한 밝은 회색 등의 무채색이다. 11-22는 1936년 작품으로 흰색 면과 검정 선, 노란 면으로 절제된 기하학적 형태를 보여 주고 있다. 색마저도 절제되어서 흰색과 검정을 제외하면 노랑이 전부다. 이 작품에서 어떤 명쾌함 같은 느낌이 든다면, 그 느낌은 바탕의 흰색이 든든하게 받쳐 주고 있기 때문이다. 바탕이 다른 색이었다면, 결코 지금의 느낌을 줄 수 없었을 것이다.

흰색을 감상할 때 인터넷으로 자료를 찾아보기를 추천하는 작품

- Jean Paul Lemieux. 〈Highway〉(1963). 캐나다 퀘벡 국립미술관.
- Jean Paul Lemieux. 〈The Express Train〉(1968). 캐나다 퀘벡 국립미술관.
- Jean Paul Lemieux. 〈The Masks〉(1973). 캐나다 퀘벡 국립미술관.

흰색을 정말 감동적으로 표현한 작가 중에 캐나다의 장 폴 르미유(Jean Paul Lemieux)가 있다. 장 폴 르미유는 20세기 캐나다 퀘벡의 대표적인 작가 중 한 명이다. 그의 작품들에는 매우 다른 스타일의 그림들이 있는데, 하나는 마치 민속화처럼 다채로운 색깔과 다수의 사람들이 등장하는 마을 풍경이며, 다른 하나는 절제된 색과 최소한의 형태로 무한한 공간감을 느끼게 하는 작품이다. 어쩌면 그러한 상반된 모습은 그가 살았던 퀘벡의 모습과도 닮지 않았나 싶다. 눈부시게 화려하고 아름다운 여름과 지루하리만큼 길고 온통 하얗거나 회색인 겨울을 가진 곳이니 말이다. 그리고 그러한 양극단은 감각이 발달한 사람이라면 자신 내면의 모습에서도 분명히 자각할 수 있을 것이다.

장 폴 르미유의 작품 중 흰색이 두드러진 작품을 몇 점 나누고자 한다. 먼저, 소개하고 싶은 작품은 〈고속도로(Highway)〉(1963)다. 이렇게까지 명료하고 절제된 작품이 있을까 싶다. 캐나다처럼 땅이 넓은 곳에서는 중앙 분리대를 도로 폭보다 더 넓게 둔다. 그러니 그림 속에서 어두운 청색은 도로이며, 중간의 흰색은 중앙 분리대, 그리고 도로 바깥쪽의 흰색 역시 눈이 쌓인 주변 풍경일 것이다. 저 멀리 어렴풋이 보이는 건물들은 회색으로 덮여서 회색빛 하늘과 구분되지 않게 섞여 있다. 지평선에 맞닿은 도로 끝 부분에 차가 있는 것이 보인다. 하지만 작품 전체에 흐르는 것은 절대적인 고요함이다. 고속도로가 이렇게 고요하다니. 눈 내린 날의 적막함이랄까. 흰색이 줄 수 있는 절대 고독이 그림에 담겨져 있는 것만 같다.

〈고속열차(The Express Train)〉(1968)라는 제목의 작품은 한층 더 깊은 고요함을 보여 준다. 열차가 온다면 시끄러운 소음이 들릴 텐데. 마치 음향이 삭제된 영화처럼 이 그림은 우리에게 깊은 고요함을 전달한다. 온통 눈 덮인 벌판뿐이라서 그럴까. 저 벌판에 흰색 눈이 없었다면 과연 그러한 고요함을 느낄 수 있을까 싶다.

세 번째로 나눌 르미유의 작품은 〈마스크(The Masks)〉(1973)다. 사람들이 얼굴에 쓰고 있는 가면이란 무엇일까. 페르소나 같은 것일까? 참된 자신을 드러내고 산다는 것은 위험하거나 불가능하거나 손해 보는 일이라서, 하나씩 가면을 쓰고 다니게 되는 것인지도 모른다. 우리가 성장하면서 받게 되는 교육도 다른 면으로 보면 어떤 가면을 언제 어떻게 쓰는 것이 적절한지에 대해 가르치는 것이라고도 볼 수 있으니까 말이다. 그들은 왜 흰 옷을 입고 있는 것일까? 자신의 색깔을 감추는 'white lie'를 의미하는 것일까? 마침 그 옷들은 형태에서도 옷을 입은 사람의 몸을 드러내지 않고 그저 펑퍼짐하게 감추어 버리고 있다. 그래서 이들은 각자의 진실한 모습을 드러내지도 만나지도 못하는 것 아닐까?

. . . .
색의 선호

흰색에 대한 우리나라 사람들의 선호는 어느 정도일까? 필자가 했던 조사에서 선호색으로 흰색을 꼽은 사람의 비율은 7.9% 정도였다. 싫어하는 색으로 흰색을 답한 사람의 비율은 2.4%였다. 남녀로 나누어 보면, 여성이 흰색을 좋아하는 비율이 더 높았다(여성 9.1%, 남성 5.8%). 흰색을 좋아하는 이유로는 '순수하고 맑은 느낌 때문에'라는 응답이 많았다.

외국의 연구에서 흰색을 선호하는 경향은 이보다 더 낮은데, 대략 응답자의 2%만이 흰색을 좋아한다고 말했고, 남성의 2% 여성의 1%는 가장 싫어한다고 대답했다. 우리나라 사람들이 흰색을 좋아하는 비율이 더 높은 것은 우리가 백의민족인 것과 맥락을 같이하는 듯하다.

흰색을 좋아하거나 싫어하는 비율   (단위: %)

		10세 미만	10대	20대	30대	40대	50대	60대 이상
여성	선호색	0.0	10.1	10.0	10.7	8.7	0.0	0.1
	혐오색	5.9	0.9	4.1	0.9	1.4	7.8	6.9
남성	선호색	0.0	11.6	6.8	5.5	1.0	4.5	6.0
	혐오색	0.0	2.3	1.5	4.8	2.0	2.3	6.0

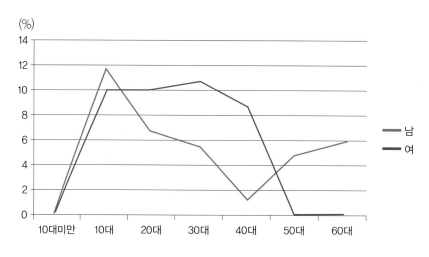

연령에 따른 흰색 선호 변화

색의 조화

흰색은 거의 모든 색과의 조합에서 긍정적인 영향을 끼치며 조화롭게 잘 어울린다. 흰색과 빨강의 조합, 흰색과 노랑의 조합, 흰색과 파랑의 조합은 자주 사용되며, 원색이 가진 긍정적 의미와 상징을 한껏 끌어올린다. 흰색-빨강의 산타클로스, 코카콜라, 헬로키티(흰색과 핑크 이전에는 흰색과 빨강이었다) 등이 빨강의 의미를 더 긍정적으로 부각시킨 조합이다. 거대한 흰 건물에 빨강 창틀만 사용하더라도 흰색과 빨강의 경쾌한 조합을 볼 수 있다.

흰색-파랑은 격식을 갖추어야 하며 신뢰를 주고 싶을 때 가장 선호하는 색 조합으로,

11-23 캐나다 퀘벡시티 올드타운의 거리

대기업 로고와 각종 간판, 공식 문서 등에 자주 사용된다. 파랑을 좋아하는 우리나라 사람들의 색 선호를 고려하면, 흰색과 파랑은 서로의 장점을 상승시키는 최고의 조합이다.

신선함이 강조되는 색조는 흰색-녹색이다. 흰색과 녹색을 섞어서 하나의 색으로 만들면 '옥색'이라 불리는 색이 되어 전혀 다른 느낌이 된다. 옥색도 고유의 아름다움이 있긴 하지만 뭔가 나이 들고 점잖은 느낌을 준다면, 나란히 배치한 흰색과 녹색은 신선하고 젊은 느낌을 준다.

흰색과 어두운 갈색의 조합은 클래식하고 우아하며 고급스러운 느낌을 준다. 쉽게 다가가기 어려운 권위를 풍기지만 책임감과 전통을 잘 지켜 가는 '건강한 보수'의 느낌이랄까, 그런 권위를 풍긴다.

Chapter 12

회색

Chapter 12
회색

회색 *Episode*

전 좋아하는 색깔이 참 많은 편입니다. 오렌지 빛깔의 주황, 살구색 분홍, 버건디 레드라고 불리는 짙고 검붉은 빨강도 좋아합니다. 민트색과 비취색 파랑, 어두운 파랑, 특히 프러시안블루를 좋아합니다. 이렇게 좋아하는 색이 많은데, 한 번도 좋아한다고 생각해본 적이 없는 색이 회색입니다.

그러다가 참 재미있는 것을 발견했습니다. 어느 날 제 옷장을 열고 옷 색깔을 살펴보았는데요, 외출복 말고 집에서 입는 옷들은 회색 옷이 꽤 많다는 것을 알았습니다. 그때 얼마나 놀랍던지요. 관심을 주지도 않았던 색이지만, 늘상 저와 함께했다는 것이니까요. 회색을 음식에 비유하면 '집밥' 같다고 해야 할까요. 그날, 왠지 회색한테 좀 미안한 느낌도 들었습니다. 가까이 있고 늘 이용하면서도 한 번도 좋아한다는 생각을 못했었다는 점 때문에요.

이후로 주변을 둘러보았더니 회색이 정말 많더군요. 저를 둘러싼 환경의 절반은 회색이라 해도 말이 될 것 같았습니다. 요즘, 집밥이 소중하다는 것을 느끼면서 다시 새롭게 집밥이 각광받고 있지요. 어쩌면, 회색도 언젠가 그 가치를 좀 더 평가 받을 날이 오지 않을까요?

회색

회색은 흰색과 검정 사이에 위치한 모든 색을 포함한다. 흔히 회색을 밝지도 어둡지도 않은 무채색이라고 하지만, 회색이야말로 색깔 중에서 가장 다양한 명암을 지녔다. 다만, 채도와 색채가 없다 보니 회색은 우울하거나 가라앉은 느낌을 주기도 한다. 색깔로서의 회색은 다른 색에 비해 상대적으로 특성이 없는 색이다. 흰색과 검정의 양쪽 극단 사이에 어중간하게 자리 잡고 있기 때문이다. 그래서 회색은 흰색에서 더럽혀진 색이기도 하고, 검정에서 탈색된 색이기도 하다. 중간에 자리 잡은 까닭에 '중용'의 의미를 가지기도 하고 자기주장이 강하지 않은 조화로운 색이라고 보기도 하지만, 다른 한편으로는 애매모호하거나 불분명한 색이라고도 본다. 회색은 따뜻하지도 차갑지도 않고, 정신적이지도 물질적이지도 않다.

미세먼지 문제가 심각해진 요즘에는 회색 하늘이 무엇보다 답답한 느낌을 준다. 희뿌연 아침 안개보다 미세먼지는 더 어두운 회색 빛깔이다. 색깔만으로도 이미 목이 따갑고 가슴이 답답해진다. 그러다가 미세먼지가 걷히고 푸른 하늘이 드러나면, 얼마나 청명한 느낌이 드는지 모른다.

회색의 이름과 종류

국어사전에서 회색을 찾아보면, '재의 빛깔과 같이 흰빛을 띤 검은색'이라고 나온다. 또 다른 의미로는 '정치적·사상적으로 그 경향이 뚜렷하지 않은 상태를 비유적으로 이르는 말'이 회색이다.

그리고 색깔 회색과는 다른 단어인데, 뉘우칠 회(悔)자를 쓴 '회색(悔色)'이라는 단어도 있다. 그 뜻은 '잘못을 뉘우치는 태도나 얼굴빛'인데, '회색을 띠었다'와 같이 사용된다. 비록 색깔 회색과는 다른 단어지만, 한글로 썼을 때 같은 단어를 쓰다 보니 알게 모르게 분위기나 느낌에서 영향을 받을 수 있다. 회색의 의미가 더 부정적으로 된 데에는 이러한 점들이 조금씩 다 영향을 줬는지도 모른다.

검색어로 회색을 찾아보면, '회색 앵무, 회색의 심연, 회색 머리, 회색 곰, 회색 변, 회색 도시, 회색 무지개[1]'라니. 도대체 무지개가 회색이면 그러한 세상에서 어떻게 살아갈 수 있을까.

회색의 종류를 찾아보면 다음과 같은 것들이 있다.

- 회백색(灰白色) – 잿빛을 띤 흰 빛깔. 농회색(濃灰色)
- 암회색(暗灰色) – 짙고 검은 회색
- 회청색(灰靑色) – 잿빛 바탕에 다소 청색이 포함되어 있다.

12-1 제주도 알작지 해변의 돌들

---

1) 2012년도에 제작 · 방영되었던 일본 드라마 제목이라고 한다.

회색 중에는 노란빛이 감도는 회색도 있고, 푸른빛이 감도는 회색도 있다. 노란빛이 감돌 때에는 마치 탈색된 어두운 베이지색처럼 보이기도 한다. 12–1의 돌들은 모두 회색이다. 노란 기미가 가미된 회색도 있고, 회백색과 암회색도 있다.

그 외에 회색에 광택이 가미되면 은색 혹은 은회색이 된다.

국가표준인증 통합정보시스템에서 색 표준을 찾아보면, 회색의 종류는 다음과 같이 나온다.

- 회색
  - 밝은 회색, 어두운 회색
- 빨간 회색(적회색)
  - 어두운 적회색
- 노란 회색(황회색)
- 초록빛 회색(녹회색)
  - 밝은 녹회색, 어두운 녹회색
- 파란 회색(청회색)
  - 밝은 청회색, 어두운 청회색
- 보랏빛 회색
  - 밝은 보랏빛 회색, 어두운 보랏빛 회색
- 분홍빛 회색
- 갈회색
  - 어두운 갈회색

청회색	어두운 보랏빛 회색	어두운 갈회색
밝은 회색	밝은 청회색	분홍빛 회색
암회색	갈회색	밝은 녹회색
보랏빛 회색	어두운 녹회색	검정
어두운 회색	회백색	황회색

짙은 회색을 일컫는 관용화된 색이름 중에는 '쥐색'이라는 표현이 있다. 짙은 잿빛, 혹은 어두운 회색을 말하는데, 색의 어감은 그다지 호의적이지 않다. 아마도 쥐에 대한 연상이 별로 긍정적이지 않아서 그럴 것이다. 만화 캐릭터로 나오는 미키마우스가 오죽하면 회색이 아니라 검정 바탕에 사람의 피부색 얼굴을 가지고 있겠는가. 〈톰과 제리〉에 나오는 쥐도 흔한 회색 쥐가 아니라 갈색 쥐다. 그 만화에서 회색 동물은 바보스러운 고양이 톰이다.

다음은 각국의 회색을 이용한 다양한 표현법이다.

덴마크에서 '회색을 보다'라는 말은 '더럽히다' '어지럽히다'라는 뜻이 있다. 프랑스에서 '날씨가 회색이야'라는 말은 '하늘이 잿빛이다'라는 뜻이 있다. 노르만족[2]의 말에서는 '회색'이 '술에 취했다'와 동음이의어로 쓰인다. 스웨덴어에는 '회색'이 '아기돼지' 또는 '게으른 사람'이란 뜻으로 쓰인다.

---

2) 노르만은 '북방의 사람'이라는 뜻으로 스칸디나비아와 덴마크를 원거주지로 하는 게르만족의 일파다.

회색의 의미

긍정적 의미	부정적 의미
중용, 중립 지혜, 성숙 고상함, 고급스러움 끈기, 신중함 조용함, 차분함 회개	애매함, 모호함, 불분명 고독, 의기소침, 침울 불친절 스모그, 미세먼지 고집스러움, 은폐 무감각, 미결정, 무기력 현실외면

회색은 종종 모호하거나 불분명한 색으로 언급되곤 하는데, 그 이유는 무엇일까? 그것은 회색의 밝은 정도를 결정하는 것이 주변색과의 비교에 달려 있기 때문이다. 주변에 더 밝은 색이 있으면 그 회색은 어둡게 보이고, 주변이 더 어두우면 그 회색은 밝게 보인다. 그리고 회색의 명도 폭은 그 어떤 색깔보다도 넓어서 흰색과 검정을 제외한 모든 무채색이 회색이다. 다른 색깔들도 명도 차이가 나지만 회색만큼은 아니다. 예를 들어, 빨강의 명도가 높아져서 흰색에 가까워지면 더 이상 빨강이라 부르지 않고 분홍이라고 부른다. 다시 말하면, 회색은 폭넓은 명도를 가진 색채이므로 이름만으로 그 색이 어느 만큼 밝거나 어두운 색인지 알기가 쉽지 않다. 그래서 더 모호하게 느껴질 수 있다.

대체로 밝은 회색은 흰색이 가지는 느낌에서 파생된 상징을 가지며, 어두운 회색은 검은색의 속성과 유사한 상징을 가진다. 흰색에 가까운 밝은 회색은 고상하고 강인하며 지적인 느낌과 고급스러움을 나타낸다. 그에 비해 검정에 가까운 어두운 회색은 고독하고 침울하며 의기소침하고 슬픈 이미지를 가지고 있다. 중간 정도의 밝기를 가진 회색은 조용하며 차분한 느낌을 주고 세련된 감각을 주기도 한다. 중간 정도의 밝기부터 어두운 회색에 이르기까지 회색은 흔히 우울한 감정의 색으로 느껴진다. 빛바랜 회색은 삶의 기쁨을 파괴하는 비참한 색이다. 이렇게 슬픔의 상징으로 사용되는 회색과 가장 대립되는 반대색은 다름 아닌 노랑과 주황이다. 노랑과 주황은 삶의 즐거움을 나타내는 색이기 때문이다.

회색은 불친절한 색이기도 하다. 날씨를 보더라도 그러하다. 비가 올 때, 안개 낄 때, 구름이 드리울 때 모두 회색이며, 그림자가 생겼을 때도 회색이다. 스모그 역시 회색이며, 미세먼지가 낀 날도 회색이다. 회색의 의미를 살펴보다 보면 대부분 부정적인 것들이 많다는 점에 놀라게 된다. 잔혹한 색이라거나 은밀한 색, 노년의 색, 그리고 망각과 과거의 색을 상징한다.

회색의 긍정적인 의미를 찾아본다면 중용, 중립, 지혜와 성숙을 의미한다. 회색은 깊이 생각하는 색이면서 이론의 색이다. 파랑과 흰색, 회색을 함께 조합하면 객관성과 학문을 상징하게 된다. 지적인 느낌을 주고자 할 때 세 가지 색이 어우러진 복장을 하면 대체로 좋은 인상을 준다.

일상생활에서 만나는 회색

자연에서 회색이 두드러지는 경우를 먼저 살펴보자. 털을 가진 동물 중에는 회색을 많이 볼 수 있다. 회색 토끼, 회색 여우[3]/늑대/코요테, 회색 곰, 회색 앵무새, 회색 고양이/개, 회색 다람쥐/쥐 등, 털을 가진 동물 중에 다수가 회색 털을 가지고 있다. 부드러운 털뿐 아니라 뻣뻣한 털도 회색이 많다. 코끼리는 그 털을 이쑤시개로 사용할 수 있을 정도라고 하는데, 코끼리는 대부분 짙은 회색이거나 옅은 회색이다. 해양 포유류도 회색이 많다. 물범과 고래, 돌고래가 대표적이다.

---

3) 회색 여우를 더 매력적으로 보이도록 '은빛 여우'라고 부르기도 한다. 이는 여우 털을 판매하는 사람들의 오래된 마케팅 전략이 아닐까 한다.

12-2 **회색 고양이**

　회색 식물은 나무 기둥의 껍질과 낙엽이 회색인 경우가 더러 있고, 그 외에 일부러 색을 입힌 것이 아니면 회색을 보는 일은 흔치 않다. 회색은 돌이나 자갈, 흙에서 흔히 볼 수 있고, 흐린 하늘의 색이면서 흐린 날 강과 바다의 색이기도 하다. 회색이 '재의 색'이므로 화산 지형의 자연환경에는 회색이 많다. 우리나라 제주도의 현무암들이 구멍 송송 뚫린 회색 돌인 것을 떠올려 보면 그러하다.

　산과 물이 모두 회색으로 된 곳도 있다. 환태평양 조산대에 위치한 뉴질랜드는 화산과 온천이 많은 나라다. 뉴질랜드 남섬에 위치한 마운트 쿡(Mt. Cook)은 해발 3,724m로 뉴질랜드에서 가장 높은 산이다. 산 정상을 비롯해서 곳곳에 빙하가 있고, 산을 흐르는 물은 빙하가 녹은 물이다. 만년설과 빙하호수로 유명한 마운트 쿡은 날씨 변화가 심해서 맑은 날을 보기가 쉽지 않다고 한다. 다행히 필자가 사진을 찍던 날은 날씨가 매우 맑았는데, 그 덕분에 하늘의 파랑과 대비해서 그 산이 가진 회색이 두드러졌다. 물의 색

12-3 마운트 쿡의 회색 강과 회색 흙

깔도 회백색으로 특이했고, 산에는 짙은 회색이 다양하게 분포되어 있었다.

회색을 많이 경험하는 곳은 아무래도 도시다. 콘크리트와 아스팔트, 시멘트로 대표되는 도시의 색은 회색이 특히 많다. 회색은 은색과 더불어 도시를 보여 주는 색이다. 연립주택에서 초고층 빌딩에 이르기까지 기본 색상을 회색으로 잡으면 약간씩의 변화만 가미해서 좋은 색으로 뽑아낼 수 있다. 12-4는 땅이 넓은 북미의 흔한 연립주택의 모습이다. 연립주택이라 하더라도 모두 똑같은 외관을 가지고 있지는 않다. 약간씩 다른 집의 외관처럼 색상도 조금씩 다르다. 그 기본은 회색이며, 밝은 회색, 푸른 회색, 노란 회색, 녹색이 섞인 회색 등으로 다양하다.

건물에서 회색을 잘 사용하면 상당히 세련된 느낌을 줄 수 있다. 도회적인 느낌을 주는 건축물 중에는 노출 콘크리트를 외관이나 실내에 그대로 사용하는 경우가 많은데, 이러한 건물은 모두 회색을 중심 색상으로 사용한다. 건물 내부에 회색이 많이 사용되었을 때 이를 현대적인 느낌으로 풀어 내면서 분위기가 가라앉지 않게 하기 위해서는 자연스러운 파랑을 곁들이는 것이 좋다. 유리를 사용해서 바깥의 하늘이 보이도록 하면 회색과 청색은 자연스럽게 어울리며 조화를 이룬다. 12-5를 보면, 회색 건물에 하늘이 들어오도록 유리를 넣어서 우아하고 밝은 내부를 만들었다.

12-4 북미의 흔한 연립주택

12-5 캐나다 오타와 국립미술관[4] 복도

제주도의 방주교회[5]는 이타미 준(伊丹潤, 1937~2011)의 건축 작품인데, 건물의 지붕에 세 가지 종류의 금속판을 사용하여 색이 다른 회색빛을 발하고 있다. 건물의 뒤쪽 벽면은 목재인데 나무색을 절제시켜서 첫눈에 갈색보다는 회갈색으로 보인다. 차분하고 수수한 색 선택은 방주교회가 지닌 '방주'라는 상징성과도 잘 어울린다. 교회 건물을 감싸고 있는 잔잔한 물 덕분에 방주교회는 더욱더 방

---

4) 캐나다 국립미술관의 건축가는 모셰 샤프디(Moshe Safdie)다.
5) 네모반듯한 모양으로 만든 배를 방주라고 한다.

12-6 제주 방주교회

주로 느껴진다. 노아의 홍수 때 삶과 죽음의 갈림길에서 겸손하게 신 앞에 무릎 꿇고자 하는 신앙을 색채로 표현한다면, 회색과 파랑, 흰색일 것이다. 이미 제주의 하늘에 넘치 도록 충만한 파랑을 배경으로 단아하게 서 있는 회색빛 교회 건물은 절제와 조화의 아름다움을 더없이 잘 보여 준다. (사진에 나오지 않았지만, 건물의 앞쪽 벽면은 외벽이 흰색이다.) 방주교회의 절제미는 색깔에서 두드러질 뿐 아니라, 주변 풍경과의 조화에서 빛난다. 건물은 그 주변을 감싼 물과 어울리면서 조화를 이루고, 물 위에 떠 있는 듯한 건물은 하늘을 배경으로 완성된다. 이처럼 함께 존재하며 완성을 향해 나아갈 때 회색은 얼마나 잔잔하고 아름다운 색인가. 겸손하고 소박하며 한없이 깊고 폭이 넓어서 모든 것을 품어 줄 수 있는 색이다.

길을 걸으면서 바닥을 유심히 보면, 정말 다양한 회색을 만나게 된다. 돌과 자갈은 회색이 얼마나 다양할 수 있는지 보여 주는 회색들의 총화다. 어느 하나 동일한 회색이 없다 싶을 정도로 많은 회색이 있지만, 회색 고유의 특징 덕분에 눈에 두드러지거나 튀지 않는다.

12-7 다양한 회색 돌바닥

회색 길 위에 다니는 자동차도 회색이 많다. 선호하는 자동차 색상이 나라마다 대륙마다 약간씩 다른데, 회색을 가장 좋아하는 지역은 유럽이라 한다. 유럽은 회색, 은색, 흰색 순서로 차량 색상 선호를 보였다. 그에 비해 우리나라는 은색을 비롯해서 검정, 흰색, 회색 순서로 색 선호를 보였고, 중고로 나오는 차량의 90%는 무채색이다. 자동차 색깔 선호를 조사하는 해와 생산된 차종이 무엇이냐 하는 점에 따라 영향을 받겠지만, 무난하게 선택할 수 있는 무채색으로서 회색이 자동차의 주요 색상이라는 점은 변하지 않는다.

회색은 신문지에서 흔히 보는 색이다. 신문지 종이는 대부분 밝은 회색을 사용한다. 간혹 흐린 노란 분홍 용지를 쓰는 신문도 있지만, 밝은 회색에 검정으로 인쇄된 신문이 흔하다.

회색은 톤온톤(tone on tone) 배색을 활용해서 깔끔한 인상을 줄 수 있다. 외국의 어느 건물 외벽에 층별 안내판을 달아 두었는데, 안내판을 모두 회색으로 만들기로 정하고 규격도 정해 두었다. 다양한 회색 네모의 조합이 꽤 깔끔하고 세련되어 보인다.

12-8 벤츠 박물관에 전시된 회색 자동차

12-9 신문지의 회색

12-10 건물 외벽 안내판   12-11 제주 월령리 마을 지도

   제주도의 서쪽 월령리 마을의 어느 담벼락에 마을 지도를 벽화로 그려 놓았다. 바탕에 약간 진한 회색을 사용하였고, 그 위에 마을 도로를 흰색으로 그렸다. 흔히 전경-배경으로 쓰는 색깔(흰 바탕에 검정 도로가 평범한 조합이다.)을 역발상으로 사용한 덕에 개성 강한 지도가 되었다.

   회색은 양복 정장과 같은 옷에서 다수 사용된다. 검정이 너무 완고해 보이고 청색이나 밤색은 두드러진다 싶을 때는 회색 계열의 양복이 제격이다. 밝은 회색부터 어두운 회색, 그리고 청회색까지 회색 계열의 양복은 절대적인 지지를 얻는 색깔이다. 회색 양복에 흰 와이셔츠, 그리고 푸른 넥타이는 그 사람의 지적인 면을 돋보이게 해 준다. 조금 더 적극적인 기운이 필요하다면 회색 양복, 흰 와이셔츠, 버건디색 넥타이도 좋다. 회색은 또한 계절에 상관없이 언제든 입을 수 있다. 굳이 여름과 겨울을 나누어 생각한다면 여름에는 밝은 회색, 겨울에는 어두운 회색 양복을 선호하는데, 때론 이를 거꾸로 사용하는 역발상도 세련된 느낌을 준다.

예술작품에 나타난 회색

예술작품들 중 평면 회화에서 회색이 두드러지게 사용된 예는 많지 않다. 그중에서 의외로 회색을 과감하게 쓴 화가는 파블로 피카소다. 피카소의 회색 작품 중에서 대중에 가장 널리 알려진 작품은 〈게르니카(Guernica)〉(1937)라고 할 수 있다. 〈게르니카〉는 검정 바탕에 회색으로 그린 그림이며, 스페인 내전 당시 히틀러가 엄청난 양의 폭탄을 게르니카라는 작은 마을에 떨어뜨린 것에 격분해서 만든 작품이다. 그 폭탄 투하로 마을이 이틀 내내 불탔고 인구의 2/3가 죽거나 다쳤다(사망자 1,500명 이상). 그러니 이 얼마나 끔찍하고 엄청난 비극이었을까. 게르니카 작품에는 폭격으로 파괴된 도시의 사람들 모습이 담겨 있다. 모두 회색인 이들은 한결같이 고통스럽고 절망적인 표정과 몸짓을 보인다. 전쟁의 한복판에서 인간성이 말살되고 생명이 가차 없이 파괴당하는 모습을 표현하기에 어쩌면 회색이 더 없이 적합한 색이었는지도 모른다. 〈게르니카〉만큼은 아니지만, 우리나라 사람들에게 와 닿는 작품은 아무래도 피카소의 〈한국에서의 학살(Massacre in Korea)〉(1951)일 것이다. 이 작품은 한국전쟁 당시에 황해도 신천의 양민학살을 소재로 그린 그림이며, 그림 속 인물을 회색으로 표현한 점이 두드러진 작품이다.

그 외에도 피카소의 작품들 중 인물에 회색을 쓴 그림은 어렵지 않게 찾아볼 수 있다. 〈남자와 여자(Homme et femme)〉라는 제목의 1971년 작품은, 남자와 여자의 얼굴, 그리고 배경까지 회색으로 묘사되었다. 그 작품에서 두 사람의 관계가 어떤 것이었을지 짐작하는 것은 쉽지 않다. 단순하지만은 않은 관계쯤 된다고나 할까. 그저 좋기만 한 것도 아니고 애증이 강렬해 보이는 것도 아니다. 비슷한 얼굴 모습과 색깔이 섞인 상태에서 어쩌면 너와 나를 굳이 구분하지 않아도 되는 세월의 흔적을 읽을 수 있는지도 모르겠다. 〈남자와 여자〉라는 제목 때문에, 그리고 그림 속 두 얼굴 때문에 당연히 두 사람이겠거니 생각이 들지만, 다른 한편으로는 한 사람의 내면에 들어 있는 남성적 요소와 여성적 요소를 표현했다는 느낌도 든다. 어쨌든 그림 속 여성에게는 딱히 몸통도 주어

12-12 Fernand Léger. 〈Animated Landscape〉(1924). 미국 필라델피아 미술관.

지지 않은 것을 보면 말이다. 더군다나 회색 얼굴이라니.

　회색 인물화는 현대인의 소외와 쓸쓸함을 드러낼 때에도 사용되었고, 낯선 느낌의 인물을 묘사할 때에나 이국적인 풍경을 묘사할 때에도 사용된다. 먼저, 현대인의 소외를 드러낸 작품을 보자. 12-12는 페르낭 레제(Fernand Léger, 1881~1955)의 〈생기 있는 풍경(Animated Landscape)〉(1924)이다. 작품의 제목은 역설적인 느낌이다. 혹은, 회색빛 도시의 회색빛 두 남자 뒤로 빨간 벽면이 생기를 불어넣어 주기를 기대하는 것일까. 그림 속의 두 인물은 각각 작가 자신과 작품 딜러라고 알려져 있다.

　사실적인 묘사의 회색 인물화인 12-13은 벤자민 뒤트로(Benjamin Duterrau, 1767~1851)의 〈트루거나나(Truggernana)〉(1834)로, 유화 작품이다. 트루거나나는 그림 속 인물인 태즈매이니아 원주민 소녀의 이름이다. 전시된 그림 옆에 이 인물에 대한 간략한 설명이

12-13 Benjamin Duterrau. 〈Truggernana〉(1834). 호주 태즈매이니아 호바트 미술관.

있어서 읽어 보았더니, 비극적인 일생을 살았다고 적혀 있었다. 그녀가 열일곱 살이 되기 전 자신의 어머니와 삼촌, 약혼자가 살해되었고, 여동생은 납치되었다고 한다. 이후 자신의 민족을 돕기 위해 헌신했지만, 식민지화되는 것을 목도했을 뿐이었다. 짧게 서술된 그 일생을 읽는데 마음이 애잔했다. 눈망울이 똘망똘망한 저 소녀는 10대에도 어려운 시간들을 보냈고, 나이가 들어서도 비극적인 역사를 목도했다고 하니 뭐라 할 말이 없었다. 그러한 개인사를 알고 있었던 작가는 회색 피부색에 모든 것을 담기를 원했던 것일까, 아니면 자신과 다른 피부색을 지닌 이들을 바라보면서 낯선 느낌을 표현하고 싶었던 것일까.

자크 마조렐(Jacques Majorelle, 1886~1962)[6]의 〈마라케시, 카펫 시장(Le Souk aux tapis, Marrakech)〉(1924)은 카펫을 사고파는 사람들로 가득하다(12-14 참조). 뜨거운 아프리카의 태양 때문에 사람들은 온통 천으로 몸을 가렸다. 자크 마조렐은 가구 디자이너로 유명한 아버지 밑에서 자랐고, 이후 아프리카의 아름다움에 매료되어 모로코의 마라케시에 거주했다고 한다. 마조렐은 아프리카를 여행하기를 즐겼고, 아프리카의 뜨거운 햇빛과

12-14 Jacques Majorelle. 〈Le Souk aux tapis, Marrakech〉(1924). 프랑스 낭시 미술관.

---

6) 자크 마조렐이 만든 정원은 모로코의 마라케시에서 가장 유명한 관광지라고 한다. 자크 마조렐이 이혼한 뒤 정원 관리와 유지가 어려워졌을 때, 입생 로랑이 그 정원의 가치를 알아보고 사들여서 보존했다고 한다.

그 햇빛 아래에 빛나는 풍경들을 강렬한 색감의 그림으로 묘사하곤 했다. 그림 속에는 워낙 인물들이 많은데다, 카펫 시장의 특성이겠지만 다양한 무늬와 색깔을 가진 카펫들이 널려 있어서 마치 시장통의 분주하고 복잡한 소음을 듣고 있는 듯하다. 어쩌면 회색은 그 소란스러움을 조금이라도 진정시켜 줄 수 있는 색일 것이다. 물론, 실제 북아프리카에 거주하는 사람들이 뜨거운 햇빛을 피해서 피부를 보호하고자 몸에 두른 천들이

12-15 El Greco. 〈St. Francis and Brother Leo Meditating on Death〉(1600~1605).
캐나다 오타와 국립미술관.

12-16 회색 뼈 항아리. 국립 경주 박물관.

무채색이었던 까닭도 있을 것이다.

이번에는 훨씬 더 차분한 느낌의 회색이다. 12-15는 엘 그레코(El Greco, 1541~1614)의 〈죽음에 대해 명상하는 프랜시스 성인과 평수사[7] 레오(St. Francis and Brother Leo Meditating on Death)〉(1600~1605)다. 엘 그레코는 종교적인 그림들을 많이 그린 화가로, 특히 수도사들을 그린 그림들을 남겼는데, 그가 선택한 회색은 신 앞에서 겸손한 수도사들의 마음 자세와 이들의 성숙, 지혜를 보여 주는 색이다.

회색이 사용된 또 다른 예로는 토기를 들 수 있다. 특히 뼛가루를 보관하는 '뼈 항아리'는 회갈색 혹은 회색으로 만들어졌다. 무덤 속에 함께 넣는 장식물 같은 경우에도 회색조로 만드는 경우가 많다. 죽은 자를 위로하고, 그가 가는 황천길이 외롭지 않도록 담담한 회색 뼈 항아리에 넣어 회색 길동무를 함께 매장해 주는 것이다.

---

7) 평수사는 신부가 될 성사를 받지 않은 자, 또는 받을 준비를 하고 있는 자를 가리킨다.

회색을 감상할 때 인터넷으로 자료를 찾아보기를 추천하는 작품

- René Magritte, 〈The Voice of Space〉(1928).

르네 마그리트(René Magritte)의 〈공간의 목소리(The Voice of Space)〉(1928)라는 작품도 회색이 주된 색깔이다. 르네 마그리트가 자란 곳은 벨기에 지역인데 그곳을 다른 말로 '검은 나라(black country)'라고 부른다고 하니, 어쩌면 이 작품의 공간은 그가 자라난 곳과도 관련이 있다고 하겠다. 그림 속에는 검은 하늘을 날고 있는 방울들이 보인다. 방울이 쇠로 만들어진 것인지, 아니면 어두워서 회색으로 보이는지는 알 수 없다. 달빛 같은 빛에 반사된 부분이 있는데도 색이 어두운 것으로 보아 쇠구슬이 아닐까 싶다. 저 구슬들은 날고 있으면서 어떤 목소리를 낼까. 크기가 서로 다르니까 울림이 다른 소리를 낼 것만 같다. 그리고 왜 이 그림은 회색일까? 이 역시 알 수 없다. 마그리트는 자신의 작품에 대해서 '이것이 무엇을 의미하나요?'라는 질문을 받으면 다음과 같이 답했다고 한다.
"아무것도 의미하지 않습니다. 왜냐하면 신비(mystery)란 알 수 없는 것이기 때문에 아무것도 의미하지 않거든요."

색의 선호

필자가 우리나라 사람 1,507명을 대상으로 색깔 선호를 조사했을 때, 가장 좋아하는 색으로 회색을 선택한 비율은 1.2%였다. 좋아한다는 말을 쓰기가 어려울 정도로 회색은 '좋아하는 색'에서 멀리 떨어져 있다. 순위로 따지면 회색은 13위였다. 싫어하는 색을 묻는 질문에 회색을 선택한 비율은 8.7%였다. 순위로는 5위이며, '없다 > 검정 > 분홍 > 갈색' 다음에 해당한다. 남녀로 나누어 보면, 좋아하는 색이 회색이라고 응답한 여성은 1.0%, 남성은 1.5%였다. 싫어하는 색으로 회색을 꼽은 여성은 8.4%, 남성은 9.2%였다.

회색을 좋아하지는 않지만 회색 옷이 많다는 응답율은 검정과 흰색에 이어서 세 번째로 높았고, 특히 나이가 어리고 젊은 여성에게서 그러한 경향이 두드러졌다. 10대 여성은 11.9%, 20대 10.0%, 30대 8.1%였으며, 40대 이상은 그 빈도가 더 줄어들었다.

남성의 경우도 회색을 좋아하지 않지만 옷 색깔로는 가장 많은 색이 회색이라고 답한 비율이 선호도에 비해서 훨씬 더 높았다. 자신의 옷 중 회색이 가장 많다고 답한 비율이 10대 남성 5.8%, 20대 12.9%, 30대 14.4%, 40대 6.1%, 50대 6.8%, 60대 이상 7.7%였다.

회색을 좋아하거나 싫어하는 비율   (단위: %)

		10세 미만	10대	20대	30대	40대	50대	60대 이상
여성	선호색	0.0	0.1	2.6	0.9	0.5	0.0	0.0
	혐오색	0.0	5.5	6.3	9.4	11.4	7.8	13.8
남성	선호색	0.0	1.2	2.3	2.1	1.0	0.0	0.0
	혐오색	6.7	5.8	5.3	9.6	15.3	9.1	9.0

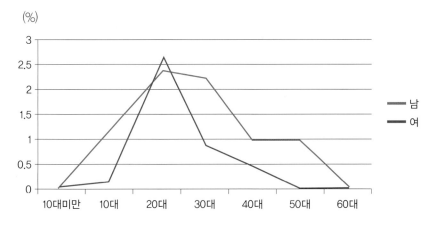

연령에 따른 회색 선호 변화

색의 조화

회색과 어울리는 색은 무엇일까? 앞서 회색이 파랑, 흰색과 결합하면 객관성과 학문을 상징하며, 지적인 느낌을 준다고 했다. 청명한 날, 흰 구름이 드문드문 보이는 파란 하늘 아래 회색 아스팔트 도로를 본 적이 있는가? 그때야말로 회색 아스팔트가 멋지게 어울리는 때다.

회색 자체가 '재'의 색깔, 생명이 없는 것들을 보여 주고 있기 때문에 차분하게 배경으로 사용하는 경우에 색 조합을 하기가 좋다. 실내 색채배합에서 회색은 현대적이고 도회적인 느낌을 준다. 흰색 천장과 나무 마룻바닥에 회색 벽면이라면 현대적이면서 차분하게 따뜻한 느낌을 준다.

원색과 회색의 조합도 꽤 괜찮은 선택이다. 빨강과 회색, 노랑과 회색 등 회색은 원색

12-17 파란 하늘 아래 회색 아스팔트 도로

12-18 제주도의 현무암

을 더 두드러지고 생기 있게 보이게 한다. 다만, 초록과 회색은 그 의미(생명과 재)에서 지나치게 대조적이어서 동일한 표면에 놓는 것보다는 전경-배경이거나, 서로 다른 대상에 색을 적용하고 한 화면에서 보는 정도가 괜찮다. 제주도의 현무암이 여름철 녹색 풀을 배경으로 얼마나 아름다운 잿빛을 보이는가. 회색 돌이 없다면, 빛나는 유채꽃도 그렇게까지 빛나 보이지 않을 것이다. 대부분 회색은 배경에 해당하는 색이지만, 그것이 없이는 주변을 밝게 해 주지 못하므로 더없이 중요하다.

12-19는 프랑시스 그뤼베르의 〈칼로의 오마주(Hommage a Callot)〉(1942)다. 프랑스 표현주의 화가인 그뤼베르는 자크 칼로(Jacques Callot)에게 많은 영향을 받았고, 그래서 그에 대한 오마주로서 저 작품을 그렸다고 한다. 두드러진 것은 회색과 초록의 긴장 섞인 사용인데, 삶과 죽음이 교차하는 곳이라는 점을 극명하게 드러내 준다.

12-19 Francis Gruber. ⟨Hommage a Callot⟩(1942). 프랑스 낭시 미술관.

　파스텔톤과 회색을 조합할 때에는 파스텔톤의 명도에 회색의 명도를 맞출 경우 세련된 조합이 된다. 옅은 핑크와 밝은 회색의 조합이라거나, 하늘색과 밝은 회색, 연보라와 밝은 회색 등의 조합이 그러하다.

Chapter 13

검정

Chapter 13

검정

검정 *Episode*

제가 가르쳤던 한 학생에게 들었던 일화로 검정에 대한 이야기를 시작하려 합니다. 그 학생의 친구는 지하철에서 공익 근무를 했습니다. 2014년에는 근무복이 검정이었는데요, 이듬해 파랑으로 바뀌었다고 합니다. 그 이유가 색채학적으로 참 의미 있게 들렸습니다. 사연인즉, 공익요원은 보건소, 동사무소, 지하철 등 할아버지, 할머니들이 많이 계신 곳에서 근무하는데, 그분들을 도와드리려 하면 검은색 옷이 저승사자 같아 보인다며 도움 받기를 거부하고 저리 가라고 손사래 치는 경우가 많아서 근무복 색깔을 바꾸었다고 합니다.

근무복의 색이 바뀐 진짜 이유는 그것이 아닐 수도 있겠지요. 이를테면, 파란색 옷이 깔끔하게 유지하기 쉽다거나, 혹은 천이 더 저렴하다거나 실용적이라거나 하는 이유가 있을 수도 있습니다. 하지만 그 학생의 경험은 검정에 대해 우리가 가진 마음 한 자락을 확실하게 보여 주는 것이 아닌가 싶습니다.

검정

검정은 모든 빛을 흡수한 색으로 사람이 태어나서 최초로 인식하는 색이다. 다른 한 편으로는 빛이 박탈된 상태가 검정이기 때문에 검정은 색이 아니라는 설명도 있다. 그렇지만 검정을 색으로 본다면, 기본색 중의 하나에 해당되는 무채색이며 색의 세 가지 속성 중 명도가 가장 낮고 채도와 색상이 없는 색채다. 낮은 명도와 무채색 특성 때문에 검정은 흔히 권위와 위엄, 무거움, 우울, 두려움이나 공포, 죽음 등을 상징한다.

검정의 이름과 종류

검정은 색 종류나 이름이 많지 않다. 다른 색깔이 약간 포함되는 경우 그 색의 기미가 보인다 해서 이름을 붙인 정도다. 국가표준인증 통합정보시스템에서 색 표준의 검정은 다음과 같은 종류가 있다.

- 빨간 검정
- 초록빛 검정
- 파란 검정
- 보랏빛 검정
- 갈흑색

그리고 다음과 같은 검정의 종류가 있지만, 실제 생활에서 이러한 이름들을 활용해서 사용하기보다는 제조 과정에서 검정이 만들어진 역사를 보여 주는 명칭들이며 유화물감이나 수채물감에 붙이는 제품명이다.

- 아이보리 블랙(ivory black): 아이보리 블랙은 코끼리의 상아를 태워서 만든 검은색 물감에서 나온 이름이다. 수요에 비해 상아의 공급량이 한정되다 보니 뼈도 함께 재료로 사용했고, 아이보리 블랙은 bone black이라 불리게 되었다.
- 카본 블랙(carbon black): 기름이 연소될 때 생기는 그을음을 원료로 만든 검정이다.
- 아닐린 블랙(aniline black): 아닐린[1]을 산화시켜서 만든 검정색이다.
- 피치 블랙(peach black): 복숭아씨를 태워서 만든 검정 물감으로 청색 기미가 돈다.

우리나라 말 중에는 검정을 뜻하는 '흑(黑)'자를 쓰지만 실제로는 검지 않고 어두운 색 인 것도 있다. 흑장미처럼 말이다. 그리고 흑색의 부정적 상징을 활용해서 만든 다음과 같은 단어들도 있다.

- 흑색선전: 근거 없는 말을 만들어 내어 상대방을 중상모략하는 정치적 술수
- 흑의재상(黑衣宰相): 중의 신분으로 정치에 큰 영향을 미치는 사람
- 흑마술: 악의적인 목적으로 초자연적인 힘을 이용하는 것

영어에 사용된 검정을 살펴보면 다음과 같다.

- 블랙리스트(blacklist): 요주의 인물들의 목록
- 블랙메일(blackmail): 상대방을 협박하다, 공갈하다
- 검은 목요일(Black Thursday): 목요일에 발생하는 부정적인 일들을 가리키는 용어다. 이 용어는 1929년 10월 24일 목요일에 뉴욕 주식시장이 붕괴되면서(이날 하루 동안에 매도물량이 1,300만 주가 쏟아졌고 주가는 대폭락했다고 한다.) 대공황이 시작되었던 데서

---

1) 아닐린은 일종의 유기물질로 염료나 약, 폭약, 플라스틱, 고무화학 제품을 만들 때 사용되는 물질이다. 아닐린 이라는 이름은 인디고를 만드는 식물인 인디고페라 아닐의 이름에서 비롯되었다.

유래한다.

- 흑기사(black knight): 주군과 명확한 주종 관계를 맺지 않은 기사
- 블랙아웃(blackout): 정전, 암전(black out이라고 띄어 쓰면 '의식을 잃다' 소등하다라는 뜻의 동사구가 된다.)
- 흑해(Black Sea): 흑해는 지리적으로 유럽 남동부와 서아시아 사이에 위치한 바다다. 지중해보다 위쪽에 있으며, 이 바다에 접해 있는 나라로는 불가리아, 루마니아, 우크라이나, 러시아, 조지아, 터키 등이 있다. 이 이름은 바다의 실제 빛깔과는 상관이 없고, 이 지역에 진출했던 튀르크족이 사용하는 동서남북 방위에 따르면 북쪽은 검은색을 상징하므로 흑해라는 이름을 썼다.

검정의 의미

긍정적인 의미	부정적인 의미
고급 엄숙, 절제 힘, 권력 세련된, 품위 있는, 정중한 우아한, 관능적인	어두움, 죽음, 소멸 두려움, 공포 죄, 악마 절망, 정지, 침묵, 허무 시체, 반항

검정하면 떠오르는 것들로는 어두운 밤, 권위적인 제복, 검은 상복, 까만 연탄, 까마귀 등이 있다.

검정은 어떤 의미가 있을까? 다른 색깔도 그렇지만, 특히 검정은 연령대에 따라 참 다른 느낌으로 다가오는 색이다. 10대, 20대에는 검정이 주는 멋스러움에 빠지기도 하고 30대, 40대에는 검정이 주는 권위를 부러워하기도 하지만, 나이가 더 들게 되면 색채가 사라진 검정이 부담스럽게 느껴지기도 한다. 특히 죽음과 검정이 연결되면서 그러한 부

담감은 더 커진다.

색 자체로는 변하지 않고 항상 일정하게 자리를 지키지만, 그 색을 바라보는 사람의 마음과 상태에 따라 참 다르게 다가오는 색깔, 검정. 그래서 어쩌면 검정은 마법의 색인지도 모른다.

검정은 고급스러울 뿐 아니라 엄숙하며 힘과 권력을 느끼게 해 준다. 종교인의 복장이나 권력기관의 복장, 관용차량, 군대 제복 등에 사용된 검정은 침착하고 절제되어 있으면서 강력해 보인다. 검정의 이미지가 힘과 권력으로 연결된 것이다. 강력하고 힘이 센 색깔 중에는 빨강도 있다. 얼핏 보면 색채가 워낙 두드러지기 때문에 빨강과 검정이 유사한 속성을 가진다는 것이 와 닿지 않을 수도 있다. 그러나 흑백 사진으로 빨강을 확인해 보면 명도가 낮다는 점을 알 수 있다. 명도의 관점에서만 빨강을 바라보면, 흰색보다 검정에 가까운 색이다. 아마도 빨강이 가지는 돌출되고 두드러지는 속성 때문에 명도도 높은 색으로 오인되었을 것이다. 어쨌든 힘과 권력의 색은 명도가 낮아서 어둡고 무거운 느낌을 줄 수 있어야 한다.

검정은 무채색이면서 세련된 색이다. 특히 디자이너와 젊은이들이 선호하는 색이다. 이때 검정이 지닌 느낌은 크게 두 갈래로 나뉘는데, 하나는 우아하고 관능적인 것이며, 다른 하나는 세련되고 정중한 것이다. 검정에 광택이 더해지거나 질감이 가미되면 훨씬 더 생기를 지니게 된다. 무광의 검정도 어떤 재질로 제시되는가에 따라 현대적이고 도회적이고 감각적인 색이 된다. 품위 있고 정중한 자리이거나 격식을 갖추어야 하는 비즈니스 자리에 입는 양복은 대체로 무채색이 많은데, 검정은 클래식하고 보수적인 취향을 지닌 사람들에게 선호되는 색상이다. 검정을 선호하는 사람들은 검정을 '아름다움의 색'이라고 말한다.

한편, 검정의 부정적인 의미를 살펴보면 죽음과 소멸이 대표적이다. 죽음을 애도하는 상복에 사용하는 검정색은 여러 문화권에서 공통적으로 사용하는 색이다. 색채가 배제된 검정은 생명이 박탈된 것을 간접적으로 보여 주며 깊은 슬픔과 고통을 상징한다. 역사적으로 우리나라에서는 상복으로 누런 삼베옷이나 흰색 소복을 입었다. 하얗게 차려입은 옷을 일컫는 '소복'은 주로 상중에 입는 옷이다. 현대에 들어서도 흰색 상복, 누런

13-1 빛과 검정

삼베옷, 검정 상복 등을 모두 사용한다.

검정은 빛이 사라진 어두움에서 지각되는 색이므로 공포를 느끼게 하기도 한다. 칠흑 같이 어두운 밤에 등장하는 귀신이나 악마도 검정과 연합되며, 범죄라든가 절망적인 것, 부정적인 것 등이 모두 연결된다.

검정은 확실하게 모든 것을 흡입하고 하염없는 깊이를 만들어 낸다. 13-1의 두 사진은 동일한 장소를 각각 바깥과 안쪽에서 찍은 것이다. 중앙이 검정으로 함입하는 경우와 그와는 반대로 가장자리가 검정이고 중앙은 빛이 들어오는 경우를 대조해서 볼 수 있다. 아마 전자는 긴장되면서 그곳으로 들어갈지 말지 망설이게 되고, 후자는 빛을 향해 나아가고 싶은 마음이 들 것이다. 그래서 검정은 깊이 있는 색이지만 쉽게 다가설 수 없는 색이기도 하다. 알 수 없는 깊이를 가지고 있어서 경외심과 공포를 불러일으키기 때문이다.

검정의 깊이를 보여 주는 13-2에서도 마찬가지다. 빛이 통제되고 절제된 공간에서는 검정이 깊이를 만들어 낸다. 하염없는 공간감을 느끼기 위해서 검정의 존재는 없어서는 안 된다.

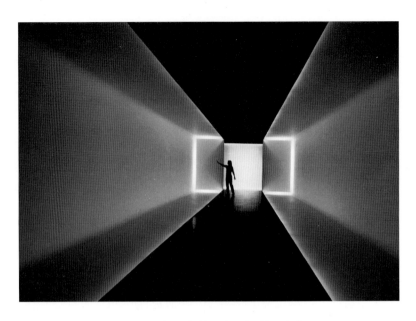

13-2 공간의 깊이를 만들어 내는 검정

다양한 문화권에 사용된 검정

우울하다는 의미의 '멜랑콜리'라는 단어는 그리스어에서 비롯되었다. 그리스어로 검정은 '멜라스', 노랑은 '클뢰'라 한다. 그래서 이 멜라스에 클뢰가 결합하면 멜랑콜리가 된다. 이 당시의 사람들은 우울한 사람의 피는 검다고 생각했다. 이들도 사람의 피 색깔은 빨강이라는 것을 봤을 텐데 어찌 피가 검다고 생각했을까? 아마도 피가 탁한 경우 검붉은 색인 것을 보았거나, 응고된 피가 어두운 갈색인 것을 보고 그렇게 추측했을 수 있다. 어쨌거나 멜랑콜리라는 어원에 검정이 포함된 것은 서양 문화권의 색채 인식을 이해할 수 있는 대목이다.

히포크라테스의 기질론을 살펴봐도 검정은 우울하다. '흑담즙'이라 불리는 체액은 우울질과 관련되어 있고, 우울질의 색깔은 검정이다. 이 기질의 사람들은 분석적이고 현명하고 조용하고 우울한 경우가 많다.

서양 문화권에서 검정은 흰색과 대비되어 부정적인 의미로 사용되었다. 이들에게 '마녀'란 검은 옷을 입은 여성이며 검은 고양이를 데리고 있다. 검은 고양이는 특히 에드거 앨런 포(Edgar Allan Poe)의 소설에서 부정적인 의미의 최고봉을 찍는다. 그에 비해 검정이 가장 대접받는 경우는 절제된 화려함을 뽐내는 검정 파티복에서 볼 수 있다. 여성의 검정 파티복이 흔하지는 않지만, 남자들의 연미복은 검정이 가장 멋지게 어울린다. 이때 사용되는 검정은 광택이 죽은 무광 검정이 아니라 윤기가 더해진 검정으로 옷의 소재에서 은은한 광택이 도는 천을 사용하거나 혹은 공단처럼 부드럽고 광택이 있는 것을 쓴다.

베라 왕(Vera Wang)은 오늘날 미국에서 매우 유명한 웨딩드레스 디자이너이다. 그녀가 디자인한 드레스를 제니퍼 로페즈라든가 킴 카다시안 등의 헐리우드 배우들이 입으면서 한층 더 유명세를 타게 되었다. 베라 왕의 웨딩드레스 중에 검정 웨딩드레스가 있는데, 전체 검정색이면서 옷의 모양이 매우 섬세하고 화려해서 절제된 검정과 잘 어우러진다. 검정 웨딩드레스는 '검정'이 주는 미묘한 부정적 뉘앙스 때문에 대중적인 인기를 얻지는 못하지만, 남들과 다른 선택을 하고 싶어 하는 사람들에게는 상당한 유혹이 된다. 문화적으로도 검정 웨딩드레스가 전혀 없었던 것은 아니다. 스페인의 로마 가톨릭 전통에 따르면 결혼하는 신부는 검정 옷을 입었는데, 죽음이 부부를 갈라놓을 때까지 결혼에 헌신하겠다는 것을 의미했다고 한다. 웨딩드레스도 하나의 문화이고 색 선택이 문화와 개인의 취향을 반영한 것임을 고려하면, 오늘날 검정 웨딩드레스는 의외의 색이긴 하지만 나름의 지지층을 가진 색이라 할 수 있다. 특히 검정을 모든 색 중에서 최고의 색이라고 여기는 사람들에게는 말이다.

아프리카에서는 검정이 긍정적 의미와 부정적 의미를 고루 가지고 있다. 아프리카에 사는 흑인들의 피부색이 검기 때문에 검정에 대해 긍정적인 의미를 부여한 것은 여러 군데에서 확인할 수 있다. 예를 들면, 전미흑인지위향상협회(National Association for the Advancement of Colored People: NAACP)의 헌장에서 범아프리카 색을 빨강, 검정, 녹색으로 정했는데, 빨강은 피, 검정은 흑인, 녹색은 아프리카의 풍요로운 자연을 상징한다.

흑인 작가의 작품 중에는 예수를 검은 피부를 가진 흑인으로 그린 그림도 다수 존재한다.

검은 성모 마리아상 역시 검정의 의미를 바라볼 때 서양 백인들의 관점—검정에 대해 부정적으로 바라보는—에서 벗어나서 다른 각도로 바라볼 수 있도록 촉구한다. 검정은 조용하게 침묵하면서도 소박하고 위엄이 있으며 깊이가 있고 힘이 있는 색이다. 그래서 다른 사람들을 위로해 줄 수 있고 품어 줄 수 있다. 마치 성모 마리아처럼 말이다. 검은 성모 마리아상으로 유명한 곳은 몇 군데 있는데, 스페인의 몬세라트 수도원(Montserrat abbey), 스위스 아인지델른 수도원(Einsiedeln abbey), 폴란드 쳉스토호바(Częstochowa)의 검은 성모 마리아 등이 우리나라 여행자들에게 알려져 있다. 기독교 역사가 길게 이어졌던 유럽의 경우 검은 성모 마리아상과 그림이 상당수 존재한다. 위키피디아에서 '검은 성모 마리아(Black Madonna)'라고 검색하면, 검은 성모 마리아 그림/조각이 소재하는 여러 나라의 목록이 나온다. 목록을 살펴보면 검은 성모 마리아상이 가장 많은 나라는 프랑스이며 독일, 이탈리아, 스페인에도 다수 분포한다. 아메리카 대륙에도 있으며, 아시아에서는 필리핀에 몇 군데 있다. 필리핀을 제외한 아시아나 아프리카에 많지 않은 이유는 종교의 분포에 따른 것으로 보인다.

검정의 아름다움은 성경의 아가서에도 언급된다. "예루살렘 딸들아 내가 비록 검으나 아름다우니……"(아가서 1:5), 영어로는 "I am black, but comely."(영어 성경 King James Version)라고 적혀 있다. 검정이라서 더 아름답다고 말하지는 않았지만, 검정에 대한 가치 평가를 새롭게 하고 있는 것은 예전이나 지금이나 꾸준히 시도되는 중이라고 할 수 있다.

이슬람에서 사용하는 검정은 주로 여성들의 차도르와 히잡에서 볼 수 있다. 차도르는 이슬람교 여성들이 외출할 때에 남에게 얼굴을 보이지 않도록 전신을 덮는 긴 망토를 말한다. 히잡은 머리와 목만 가리는 스카프를 일컫는데 이 역시 검정색이다.

이번에는 동양의 관점에서 검정을 살펴보자. 천자문의 첫 문구는 '하늘 천, 땅 지, 검을 현, 누를 황'으로 시작된다. 땅을 노랑으로 표현하고 하늘은 검정으로 표현했다. 그래서 호기심이 많은 초등학생들은 왜 하늘을 검정으로 표현했냐며 잘못된 것이 아니냐고 묻곤 한다. 여기서 말하는 '검을 현'의 검정은 우리가 말하는 새까만 검정이라기보다는, 붉은빛이 약간 감도는 아득하게 멀리 느껴지는 검정이다. 하늘이 높고 먼 것을 표현하는 말로 '아득한 검정'이 적절한 표현이 아닐까 싶다.

그리고 동양에서 말하는 하늘의 이치, 우주의 원리를 '음-양'이라고 할 때, 음은 검정에 해당하고, 양은 노랑에 해당한다. 오방색을 말하면 빨강, 노랑, 파랑의 삼원색에 검정과 흰색이 더해진 것이다. 이 색들 각각에는 방위가 있어서 중앙에 노랑이 자리 잡고, 동서남북 방향으로 각각 파랑, 흰색, 빨강, 검정이 위치한다.

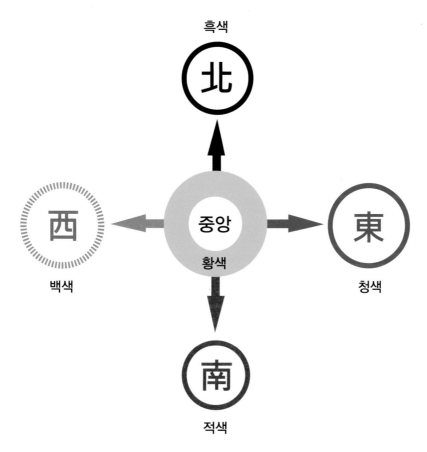

13-3 오방색과 방위

일상생활에서 만나는 검정

자연에서 만나는 검정은 무엇보다도 어둡고 깜깜한 밤이다. 대도시 생활은 빛 공해라 불릴 만큼 야간 조명이 많고 화려해서 '깜깜한 밤하늘'을 보기가 어려워졌지만, 그래도 밤은 검정의 시간이다. 검은 밤은 마음을 차분히 가라앉히며 하루의 피로를 회복하게 하고, 휴식과 수면의 시간이 된다.

식물들 중에는 흑단나무,[2] 흑박주가리,[3] 그리고 검은색 튤립[4]처럼 관상용으로 개량한 검은 꽃들이 있다.

동물 중에도 유독 검정이 두드러진 동물들이 있는데, 검은 곰이 대표적이다(13-4 참조). 곰의 털 색이 검정이 아니라 핑크였다거나 아이보리였다면 무서운 느낌이 덜했을 것이다. 온몸이 검은 흑표범, 흑우, 흑염소, 검은 고양이, 검은 개, 검은 돼지, 검은 토끼, 검은 쥐, 까마귀, 혹은 부분적으로 검은 동물들로 까치, 두루미, 검은머리물떼새 등이 있다.

흔하게 볼 수 있는 종류의 동물인데 색깔만 검정으로 된 경우 뭔가 익숙하면서도 낯선 느낌을 준다. 흑조(黑鳥), 혹은 흑고니(black swan)는 북반구에 사는 우리에겐 다소 낯선 새다. 북반구에는 백조만 서식하며, 남반구에는 백조와 흑조가 모두 서식한다. 13-5의 흑조는 남반구의 호주에 주로 서식하고 있으며 사육이 쉬워서 세계 각지의 동물원에서 널리 기르는 종이다.

검은 민달팽이는 어떠한가? 어른 손가락 굵기 정도의 크기에 반들거리는 검정 몸체를 가지고 있다. 검은 민달팽이는 농작물에 별다른 위해를 가하지 않기 때문에 발견하더라도 그대로 두는 경우가 대부분이다. 그런데 색이 검어서 눈에 잘 띄지 않아 밟히는 경

---

2) 단단한 검은 목재를 얻을 수 있다.
3) 검은 빛의 꽃이 피는 박주가리의 일종이다.
4) 검정 튤립의 종류는 black diamond라든가 queen of night가 있다.

13-4 검은 곰

13-5 흑조

13-6 검은 민달팽이

13-7 떼 지어 있는 얼룩말

우가 더러 있다.

몸통 색이 검정으로만 된 경우보다 검정과 흰색이 섞이면 좀 더 눈에 잘 띈다. 검정과 흰색의 조합은 자칫 촌스럽게 보일 수도 있지만, 자연에서 만나는 검정과 흰색 조합이야 촌스럽다기보다는 자연스럽지 않겠는가.

재미있는 사실은, 검정과 흰색이 번갈아 가면서 나란히 줄무늬로 제시되면 혼란스럽게 보이기 때문에 보호색이 된다는 점이다. 한 마리의 얼룩말만 있을 때는 크게 혼란스러워 보이지 않지만, 여러 마리가 떼 지어 있으면 확실히 혼란스러워 보인다. 개체의 윤곽보다도 하나의 개체에 있는 무늬가 더 두드러지기 때문에 개체를 구분하는 윤곽이 파

13-8 검정 얼룩소

묻히고 여러 마리의 얼룩말이 마치 거대한 한 마리처럼 보이는 착시를 일으킨다.

우리나라에서 검정은 사람들의 머리카락 색이기도 하다. 실제로는 밤색이라든가 옅은 갈색도 있지만, 대체로 젊은 사람들의 머리카락은 검정이다. 염색이 유행을 한다고 하지만 여전히 압도적으로 많은 것은 검정 머리다. 결혼식장에서 혼인 서약으로 듣는 '검은 머리 파뿌리가 될 때까지'라는 구절은 우리에게 익숙하다.

이번에는 먹거리 중에서 검정을 이야기해 보기로 하자. 식료품 중에서 검정색으로는 검은 콩, 검은 쌀, 검은 깨, 오징어 먹물, 흑찰옥수수, 오디, 검은 올리브, 블랙베리 등이 있다. 이러한 검정 음식물은 몸에 유익한 안토시아닌 성분을 함유하고 있어 각종 성인병 예방에 좋다고 알려져 있다. 예전에는 검은 음식은 짜장면이나 김이 거의 전부였지만, 오징어 먹물이 몸에 좋다는 이야기가 널리 알려진 뒤, 오징어 먹물을 사용한 파스타와 볶음밥, 빵 등이 인기를 얻었다.

전자제품에도 검정은 자주 사용된다. 요즘의 TV는 대부분 검정색이다. 전원을 껐을 때 브라운관의 색깔이 검정이어서 TV 전체 색깔도 거기에 맞추어서 검게 나온다. 몇십 년 전, 전원을 껐을 때 브라운관이 회색빛으로 보이던 시절에는 TV 몸체에 갈색도 사용되었고 회색도 사용되었다.

TV를 제외하면 다른 전자 기기와 통신 기기는 초창기 모델이 검정이었고, 이후 다양한 색으로 제품이 출시되었다. 개중에는 파스텔톤과 같이 가전제품에 사용되지 않던 색으로 소비자들의 시선을 끄는 제품들도 생겼다. 검정을 가전제품에 사용한 경우 빛이 잘 바래지 않고 때가 잘 타지 않아 오래도록 사용할 수 있어서 실용적이며, 대체로 집 안의 인테리어와도 무난하게 어울린다는 장점이 있다.

검정은 인테리어에 심심찮게 사용되는 색이다. 가정집 인테리어에도 검정이 유행했던 적이 있었고(지금은 집이 좁아 보이거나 어두워 보인다고 하지 않는 경우가 더 많다. 밝은 색을 선호하는 것도 하나의 유행이다), 사무실이나 상가 인테리어에 검정을 사용하는 경우가 꽤

13-9 검정 전화기

많다. 검정은 공간에 깊이감을 더해 주고 침착하게 만들며 세련된 맛을 가미한다. 다른 색을 돋보이게 하기 위해서 검정을 바탕으로 삼는 경우도 있고, 혹은 흰색 바탕에 검정 가구를 두는 경우도 있다.

예술작품에 나타난 검정

검정을 주된 색으로 사용한 예술에 대해 살펴보자. 검정을 가장 우아하게 드러내는 작품은 먹을 사용하는 한국화 분야다. 한국화는 전통적인 기법과 형식에 따라 그린 그림을 일컫는데, 고요하게 움직이는 정중동을 경험하게 해 준다. 한국화 중에서도 채색을 가미하는 경우가 있지만, 수묵의 사용만으로 그림을 그릴 경우 한번에 붓을 휘둘러서 그리는 일필휘지(一筆揮之) 방식으로 그림을 그린다. 한국화에서는 텅 빈 공간으로서의 '여백'이 중요하므로 그 여백과 검은 먹 사이의 균형과 조화 또한 의미 있는 아름다움을 만들어 낸다.

오늘날에는 한국화, 동양화, 서양화 등의 분야 구분이 무의미할 정도로 재료와 기법, 주제 및 방식에서 겹치는 부분이 많아졌다. 예를 들어, 서양화에서도 여백을 중시했다든가 색채를 절제하고 검정과 흰색만 사용했다든가, 혹은 필력을 느낄 수 있는 붓놀림이 있다든가 하는 식이다. 현대에 들어서서 정신세계의 표현이 서양화의 중요한 주제 중 하나로 되면서 분야 간 구분은 더욱 무의미해졌다.

절제된 표현을 선호하는 현대적 스타일은 캔버스 가득 흰색만 있다거나, 혹은 캔버스 가득 검정만 있는 작품이 출현하게 한다. 혹은 검정 붓놀림을 볼 수 있는 추상 작품들도 많다. 3-10은 폴 에밀 보르두(Paul-Émile Borduas, 1905~1960)가 그린 추상화로 〈구성 33, 또는 버섯(Composition 33, or Mushroom)〉(1957)이란 제목의 유화 작품이다. 얼핏 보면 흰 바탕에 검정 무늬가 있는 것 같지만, 계속 보다 보면 검정 바탕에 흰 무늬가 있는 것 같기도 하다. 그런 식의 뒤바뀜은 보르두가 의도적으로 고안했을 것이다.

13-10 Paul-Émile Borduas. 〈Composition 33, or Mushroom〉(1957).
캐나다 몬트리올 미술관.

검정과 흰색이 만들어 내는 공간의 분위기를 느껴 보자. 넓은 미술관의 흰 벽 위에 100~200호 정도 되는 커다란 작품들이 벽면에 각각 하나씩 걸려 있고, 그 외의 모든 공간은 비워 두었다. 검은 옷을 입은 지인이 그 작품을 바라보고 있다(13-11 참조). 충분한 공간감 때문에 다소 비현실적으로 보이기도 하는 이 광경은 검정이 아니었으면 결코 충분한 무게를 갖지 못했을 것이며, 만들어지지도 않았을 것이다.

13-11 미술관에서 작품을 감상하는 신사

검정은 아주 약간만으로도 충분히 그 역할을 한다. 13-12는 전주 한옥마을의 어느 골목길에서 본 풍경이다. 골목길의 한 구역에 주차하지 못하도록 하는 안내판 같은 것이었는데, 검정 철골조만으로는 삭막하겠다 여겼는지 그 위에 철사로 촛불 형상을 만들어 두었다. 철사 색이 다른 것이었다면 저렇게 선명하고 담백한 그림이 나오지 않았을 듯하다. 마치 허공을 공책 삼아 글을 쓰듯이 철사 인물과 촛불은 최소한의 검정 철사만을 사용해서 충분한 덩어리를 만들어 내고 있었다. 주차를 불허하면서도 그 주변의 풍경을 해치지 않고 이미지를 통한 작은 메시지를 전달하는 여유에 잠시 미소 짓고 갈 수 있었던 골목길이었다.

13-13은 네덜란드 작가가 그린 인물 군상이다. 코넬리스 엥겔즈(Cornelis Engelsz, 1574~1650)의 〈생 아드리앙 시민경비대(La Garde civique de Saint-Adrien)〉(1612)이다. 16세기~17세기 네덜란드의 인물화는 여러 명의 사람들을 그리는 군상이 압도적으로 유행했

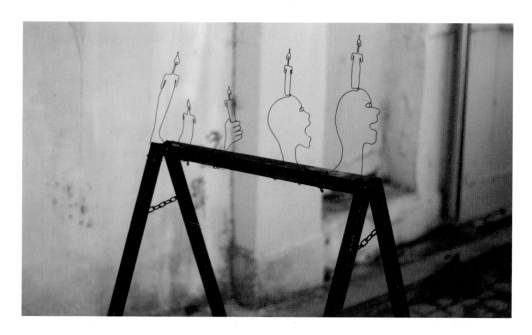

13-12 전주 한옥마을 어느 골목길

13-13 Cornelis Engelsz. 〈La Garde civique de Saint-Adrien〉(1612).
프랑스 스트라스부르 미술관.

다. 군상을 그릴 때 복잡하거나 화려한 색채를 사용하기보다는 검정을 기반으로 갈색을 얹어서 그리는 방식이 보편적이었다.

검정이 사용된 작품들 중에는 특히 장례식과 관련된 것이 많다. 죽음, 그리고 남겨진 자들의 슬픔을 드러내고 전달하는 가장 좋은 색채이기 때문이 아닐까 한다. 에밀 프리앙(Emile Friant, 1863~1932)은 프랑스의 고전적 사실주의 화가다. 그가 그린 작품을 보면 검정이 어떻게 우아하게 슬픔과 비극을 전달하는지 느낄 수 있다. 13-14는 〈만성절(La Toussaint)〉(1888)이라는 제목의 작품으로 어쩌면 프리앙의 대표작품이라고도 할 수 있다. 만성절은 유럽에서 지키는 기념일인데, 하늘에 있는 모든 성인들을 추도하고 찬미하는 축제일로 매년 11월 1일이다. 하늘에 있는 성인을 기릴 뿐 아니라 자신에게 중요한

13-14 Emile Friant. 〈La Toussaint〉(1888). 프랑스 낭시 미술관.

13-15 Emile Friant. 〈La Douleur(Sorrow)〉(1898). 프랑스 낭시 미술관.

사람도 함께 애도한다고 하니, 그림 속의 검은 옷을 입은 사람들은 어쩌면 죽은 가족의 묘를 찾으러 가는 것인지도 모른다. 그런 특별한 날에 구걸이라도 할까 싶어서 한쪽에 앉은 초라한 행색의 거지도 검은 옷을 입고 있다.

에밀 프리앙의 또 다른 작품인 13-15는 한눈에 보기에도 슬픈 장례식이다. 〈슬픔(La Douleur)〉(1898)이란 제목의 작품으로 가족을 잃은 사람들의 마지막 배웅길을 보여 주고 있다.

13-16은 후에 뉴질랜드로 이주한 네덜란드 화가인 페트뤼스 반 데르 벨덴(Petrus van der Velden, 1837~1913)의 작품으로 〈네덜란드 장례식(The Dutch Funeral)〉(1875)이라는 제목의 작품이다. 검은색 관을 밀고 있는 사람들 뒤로 무리가 뒤따르고 있다. 바로 뒤에 두 사람의 부축을 받으며 걸어가는 여인은 가까운 가족이었을 것 같다. 그 뒤로는

13-16 Petrus van der Velden. 〈The Dutch Funeral〉(1875).
뉴질랜드 크라이스트처치 미술관.

어린아이들도 함께 걷고 있다. 소중한 가족을 먼저 보낸 사람들의 아픔은 프리앙의 그림에서 느껴지는 정서와도 닮았다. 동서고금을 막론하고, 죽음으로 가족을 먼저 보내는 아픔은 말을 잃게 하는 깊은 슬픔 아닐까.

이처럼 작가들은 검정을 다양하게 사용했는데, 화파에 따라서는 검정을 색이 아니라고 주장하기도 한다. 특히 인상주의 화가들은 검정을 색이 아니라고 한다. 이들은 그림 속에서 검정색 물체를 표현하려면 다른 여러 색깔들을 조합해서 검정이 느껴지도록 해야지, 정말로 검정을 쓰는 것은 아니라고 한다. 검정은 모든 색깔이 없는 상태, 즉 색깔의 부재가 검정이기 때문에 색이 아니라는 것이다. 특히 인상주의 화파는 물체 자체의 정형화된 고유색을 탈피해서 보이고 느껴지는 대로 묘사하는 것을 중요시했다. 빛을 받아서 반사되는 색은 오전과 오후가 다르고, 석양이 비칠 때가 다르다. 이렇듯 물체가 가진 정형화된 색보다는 시시각각 빛에 따라 변하는 색이 중요했던 이들이기 때문에, '검정은 색이 아니다'는 주장은 한편으로 당연한 것이라 할 수 있다.

반면, 검정을 사랑한 화가들도 있다. 르누아르는 검정을 색의 여왕이라 칭하면서 다른 색의 조합으로 만들어 내는 검정보다는 아이보리 블랙(ivory black)을 좋아했다고 한다. 고흐도 검정을 좋아했는데, 고흐가 활동하던 시기는 인상주의 화파가 득세하던 시기여서 '검정은 색이 아니다. 쓰면 안 된다.'라는 암묵적인 동의가 있었다. 하지만 고흐는 그림에 검정을 쓰는 것을 주저하지 않았고, 동생 테오가 검정의 사용을 염려하는 말을 했을 때에도 흔들리지 않고 검정을 사용했다.

검정은 패션계에서도 사랑받는 색깔이다. 패션 분야 거목들이 검정에 대해 언급한 바를 살펴보면 다음과 같다. 지아니 베르사체(Gianni Versace)는 "검정은 단순함과 우아함의 정수다."라고 했고, 이브 생 로랑(Yves Saint Laurant)은 "검정은 예술과 패션의 만남을 상징한다."라고 했다. 카를 라거펠트(Karl Largerfeld)는 검정은 누구에게나 어울리는 색이라고 하면서 색을 고르기가 어렵다면 검정을 입으라고 충고한다. 검정을 입으면 적어도 중간 정도는 되므로 안전하다는 것이다. 도나 카란(Donna Karan)은 검은 옷이 언제나 어울리고 인품을 강조한다고 말하면서 자신은 밤낮으로 검정 옷을 입는다고 했다.

검정을 감상할 때 직접 방문해서 보기를 추천하는 작품

- 김호득. 〈흔들림, 문득—공간을 느끼다〉. 제주 봄 미술관.
- 박충흠. 제주 봄 미술관.

검정은 고요하고 묵직하며 그 자신만의 우아함을 가지고 있다. 검정만큼 기품 있는 색도 드물다. 제주 봄 미술관의 김호득 작가의 작품은 검정의 기품을 보여 준다. 빛을 통제한 미술관 안에서 눈이 어두움에 익숙해지기를 기다린 뒤 이 작품을 만날 수 있다. 작품의 뒤쪽에는 물속에 작은 모터가 있어서 물결 파동을 만들어 준다. 천이 드리워진 아래쪽은 검은색 먹물이 가득 채워져 있어서 깊은 반영을 보여 준다. 실제로 먹물이 담긴 부분의 깊이는 깊지 않지만, 빛의 양과 조명, 먹물 덕분에 깊은 반영이 이루어져서 물의 깊이도 함께 깊어 보인다.
이 작품을 제작한 김호득 작가는 작가생활을 하던 중 건강 문제로 투병을 하게 되었는데, 미술과 그림이라는 것에 대해 처음부터 새롭게 시작하는 계기가 되었다고 한다. 점, 선, 면에 대해 하나씩 새롭게 상고하면서 만들게 된 작품들은 고요한 깊이를 가지고 있다. 그 깊이의 한 축은 어쩌면 검정이라는 무한한 깊이를 가진 색채가 전달하고 있는지도 모른다.

제주 봄 미술관의 또 다른 방에는 박충흠 작가의 작품이 전시되어 있다. 박충흠 작가는 철판을 하나하나 용접으로 붙여 거대한 피라미드와 원기둥, 원형돔을 만들었다. 철판을 일일이 잘라서 만들었기 때문에 크기나 모양이 동일한 철판은 없다고 한다. 그리고 그 구조물 안에 빛을 발하는 광원을 넣어서 철판의 이음새 사이로 빛이 빠져나오게 했다. 전시장 안에 다른 조명이 없으므로 온통 그 방 안에는 작품에서 비롯된 빛들이 각각의 형상을 퍼뜨리며 뻗어 나가고 있다. 마치 무한한 빛의 우주처럼, 검정은 자신 안에 엄청난 빛을 잉태하고 있다가 하나씩 흩뜨리고 있다.

검정을 감상할 때 인터넷으로 자료를 찾아보기를 추천하는 작품

■ Fred Wilson. 〈Chandelier Mori: Speak of Me as I Am〉. (2003). 미국 애틀랜타 하이 미술관.

의외의 대상에 검정이 사용된 예를 소개하려 한다. 프레드 윌슨(Fred Wilson, 1954~)의 작품 〈샹들리에 모리-있는 그대로의 나를 말하다(Chandelier Mori: Speak of Me as I Am)〉(2003)는 검정 샹들리에다. 프레드 윌슨은 2003년 베니스 비엔날레에 이 작품을 출품하면서, 르네상스 시기의 베니스에서 아프리카 흑인들의 후예가 일정 부분 역할을 담당했음에도 불구하고 저평가된 것에 대해 듣고 이를 기리기 위해 이 작품을 만들었다고 말했다. 보통의 샹들리에가 투명하고 빛나는 크리스탈로 장식되거나 화려한 금색이 사용되는 것과 비교해 보면 전체가 검은 샹들리에는 파격적이다. 현재도 검정 뼈대의 샹들리에가 있긴 한데, 대개 보다 더 심플한 스타일로 만들어진다. 윌슨의 작품에서처럼 곡선을 다수 사용하고 여러 장식들이 부가적으로 사용된 형태로는 주로 유리나 크리스탈의 투명한 빛이거나 흰빛, 혹은 금색 골조의 샹들리에 스타일이다. 물론 오래전의 샹들리에는 나무나 쇠로 만든 것들도 있었고, 그러다 보니 기본 골조가 검정이거나 짙은 갈색인 것도 있지만 형태는 훨씬 더 단순하다. 이후 18세기에 유리 샹들리에가 만들어지기 시작했는데, 유럽에서 가장 많은 유리 샹들리에를 만든 곳은 이탈리아 베니스와 보헤미아라고 한다. 베니스 샹들리에는 특히 여러 가지 색깔이 사용된 유리 샹들리에와 꽃무늬 장식으로 유명했다고 하니, 프레드 윌슨이 베니스 비엔날레에 흑인을 기리기 위한 검정 샹들리에를 만든 것은 여러모로 의미가 있는 작업이었을 것이다.

색의 선호

일반적으로 검정에 대해 남녀별, 연령대별로 어떤 선호 경향을 보이는지 살펴보기로 하자. 우리나라 사람 1,507명을 대상으로 색 선호를 조사했을 때 '검정'을 가장 좋아하는 색으로 꼽은 사람들은 대략 9.4%였고, 이는 색깔별 순위에서 5위에 해당한다. 남성의 경우는 12.2%로 파랑, 초록에 이어 세 번째로 '가장 좋아하는 색'인 것으로 나타났다. 여성은 이보다 선호가 낮아서 7.8%로 7순위 색깔이었다.

이와 대조적으로 재미있는 결과는, 가장 싫어하는 색에 대해 조사했을 때 나타났다. 남녀 전체 결과에서 가장 싫어하는 색에 대한 답변으로 많았던 것은 '없다'(12.4%)였는데, 그다음으로 나온 답변은 '검정'(11.3%)이었다. 남녀로 나누었을 때, 남성은 분홍을 가장 싫어했고 그다음으로 검정'(11.6%)이었다. 여성은 '없음'이 1위였고, 그다음으로 검정이었다.

연령대별로 살펴보면, 여성은 10대 미만에서는 검정을 좋아하지 않지만, 10대와 20대가 되면 약 10% 정도가 가장 선호하는 색으로 검정을 선택한다. 이후 선호도는 계속 감소한다. 한편, 검정을 싫어하는 비율은 여자아이일 때 매우 높고 50대 이상 나이 든 연령층에서 또한 높게 나타난다. 그에 비해 남성은 어렸을 때에도 검정을 좋아하고 20대에도 좋아하지만 30대를 기점으로 꺾이기 시작해서 40대 이후부터 좋아하지 않는 경향을 보였다.

검정에 대한 선호가 가장 높은 것은 자신이 소유한 옷 색깔 중 많은 비중을 차지한 색이 무엇이냐고 물었을 때였다. 실제 옷 색깔의 비중이 어떠한지 알 수 없지만, 가장 많은 비중이라고 보고된 옷 색은 단연코 검정이었다. 검정이 제일 많다고 보고한 사람들은 42.7%, 압도적인 수치였다. 그다음으로 흰색 15.6%, 회색 8.9%로 각각 2위와 3위로 보고되었다.

검정을 좋아하거나 싫어하는 비율　　　　　　　　　　　　　　　　(단위: %)

		10세 미만	10대	20대	30대	40대	50대	60대 이상
여성	선호색	0.0	11.9	10.3	9.4	3.7	3.9	3.4
	혐오색	52.9	5.5	7.7	8.1	12.8	20.8	24.1
남성	선호색	20.0	15.1	17.4	11.0	6.1	6.8	9.0
	혐오색	26.7	11.6	3.8	8.9	19.4	20.5	24.2

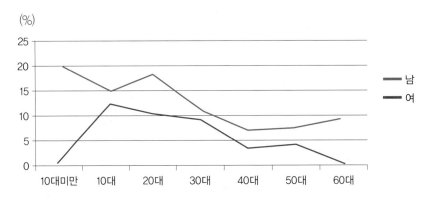

연령에 따른 검정 선호 변화

색의 조화

색채의 결합에서 검정의 역할은 상당히 두드러진다. 그 어떠한 색이 검정과 결합되더라도 검정의 영향을 크게 받고, 검정 옆에 있던 색의 의미는 바뀌게 된다. 빨강이 홀로 있을 때와 달리 빨강과 검정 조합은 강력한 분노와 공격성을 상징한다. 노랑의 경우에도 검정과의 조합은 의미나 기능에 변화를 가져온다. 노랑 하나만 있을 때와 달리 노랑과 검정 조합은 두드러지게 사람들의 이목을 끌거나, 혹은 노랑의 부정적인 의미를 부각시킨다. 노랑과 빨강이 함께 있을 경우에는 삶의 즐거움을 상징할 때가 많지만, 그 옆에 검정이 붙어서 노랑-빨강-검정의 조합이 되면 '이기심'이라는 새로운 의미가 부여된다. 어쩌면 독일 국기(삼색기로 위에서부터 검정, 빨강, 노랑이다.)[5]도 그 색 조합이 국가 이미지에 영향을 준다고 할 수 있다. 일견 더욱 강해 보이는 면도 있고, 장중하고 결연한 느낌을 주기도 한다.

녹색과 검정은 한 화면 내에서 동일한 대상으로 잘 사용하지 않는 조합이다. 이 장의 앞부분에 소개되었던 초록 풀밭 위의 검정 얼룩소의 경우 한 화면이라 하더라도 검정과 녹색이 불편하거나 거북한 느낌 없이 잘 어울렸던 것은 각각의 색이 다른 대상에 있었고 전경과 배경으로 구분되기 때문이다(13-18 참조). 그에 비해 같은 대상에 사용된다면 상당히 서걱거리며 시선을 끌게 된다. 13-17은 폴 에밀 보르두의 〈구성 44(Composition 44)〉(1959) 작품이다. 십자가 형태의 검정-녹색 선은 크고 웅장한 느낌이다. 보르두의 작품은 앞에서 검정 작품의 예시로 소개한 바 있는데, 검정을 주된 컬러로 선택한 것이나 간결한 추상을 선택한 것을 보면 절제된 색깔과 절제된 형태로 의미를 집약하고자 한 것 같다. 검정 위로 녹색이 지나가는 것과 녹색 위로 검정이 지나가는 것은 사뭇 달

---

5) 검정은 '어둠으로부터(from darkness)', 빨강은 '피를 통해(through blood)', 노랑은 '빛 속으로(into the light)'라는 의미가 있다고도 말한다.

13-17 Paul-Émile Borduas. 〈Composition 44〉(1959). 캐나다 몬트리올 미술관.

랐을 것이다. 또한 검정 세로선에 녹색 가로선과 녹색 세로선에 검정 가로선 역시 상당히 다른 느낌일 것이다. 만약 작가가 검정과 녹색에 어떤 의미를 부여했다면, 그리고 그의미 상징이 우리가 공유할 수 있는 보편성을 지녔다면, 작가는 우리 삶에 말할 수 없는 어두움이 널리 퍼져 있더라도 위에서부터 내려오는 생명력으로 넉넉히 덮어 내자고말하는지도 모르겠다. 비록 어떤 생명력들은 어두움에 잠식당하지만 말이다(녹색선의 좌우로 작은 줄기 같은 녹색 선들이 검정에 물들었다).

Chapter 14

금색

Chapter 14
금색

금색 *Episode*

금색에 대한 기억은, 색종이 한 묶음 중에서 '아껴 뒀다가 나중에 써야지' 하다가 결국 못 썼던 색깔이라는 것입니다. 그 이후에 금색은 제게 큰 관심사가 아니었습니다. 그러다가 제 친구가 재미있는 이야기를 해 주었습니다. 금은 다른 어떤 금속과도 같은 취급을 받지 않고 그 자체로 굉장한 값어치를 지닙니다. 왜 그럴까요? 미국 드라마 〈X-file〉을 좋아하던 제 친구는 외계인이 비행접시 연료로 금을 사용하기 때문이라 하더군요. 자못 진지한 얼굴로 이야기를 해 주어서, 전 그날 이후로 금을 볼 때마다 정말 저걸 비행접시 연료로 쓸 수 있을까 하는 생각을 해 보곤 합니다. 그게 가능하다면 연료를 제공하고라도 한번 타 보고 싶어서요. 하하!

금색

금이 특별한 것은 무엇 때문일까? 변하지 않는다는 특성 외에 어떤 유익이 있어서 금이 이토록 특별한 것일까?

금의 색깔을 가진 금색은 빛의 탄생이라고까지 일컬어진다. 노랑과 유사하지만 상징체계에서는 다른 어떤 색과도 유사하지 않다. 금색은 먼셀 색체계에서는 색으로 분류되지 않는다. 붉은 기미의 노랑에 금속성 광택이 더해진 것이기 때문에, 명도, 채도, 색상만으로는 금색을 묘사할 수 없기 때문이다.

14-1 금이 지닌 금색 빛깔

금색의 이름과 종류

금색은 다른 색깔들처럼 여러 가지 종류로 나뉘지 않는다. 금색에 이름이 붙은 경우는 대부분 상업적인 목적이나 마케팅 의도로 이름을 만들어 붙인 경우다. 굳이 금색을 분류한다면, 조금 더 밝고 노란 느낌이 강한 금색과 진하고 갈색 느낌이 나는 금색 정도로 구분할 수 있다. 혹은 다른 색과 달리 금색과 은색은 광택의 정도에 따라 '유광'과 '무광'이 있으므로 반들반들한 느낌에 번쩍이는 광을 가지고 있는지에 따라 나눌 수도 있다.

- 메탈릭 골드(metallic gold): 금속성 금색. 광물 금색의 색
- 올드 골드(old gold): 금색 중에서 다소 어두운 빛의 금색
- 하비스트 골드(harvest gold): 주황빛과 연한 갈색이 감도는 금색
- 골든 옐로(golden yellow): 주황 기미가 살짝 감도는 진한 노랑
- 골든 라드(golden rod): 국화과 식물인 '미역취'라고 불리는 식물의 색깔. 선황색. 진한 금색.
- 페일 골드(pale gold): 흐린 연갈색과 베이지색 정도 되는 금색
- 베가스 골드(Vegas gold): 미국 라스베가스의 건물에 사용된 금색
- 골든 파피(golden poppy): 캘리포니아의 공식 꽃인 진한 노랑 양귀비 색(캘리포니아의 애칭이 'the Golden State'이므로 그런 명칭을 붙이지 않았을까 한다.)

금색의 의미

긍정적 의미	부정적 의미
빛, 태양 깨우침, 지혜, 지식 신성함, 존귀함 변치 않음, 영원함 찬란함, 고급스러움, 화려함 부, 부귀영화 최고, 명예	허영, 사치 세속적

금색의 의미에서 가장 중요한 것은 금빛을 띠는 태양과 같은 어떤 것을 내포하고 있다는 점이다. 금색은 태양의 색이다. 금색은 빛과 깨우침의 상징이며, 고도의 지혜와 지식을 의미한다. 그래서 금색에는 신성하고 존귀한 느낌이 있다.

금색은 금 자체의 의미도 함께 결합된다. 금색의 상징을 살펴보면, 이 상징이 '금'의 상징인지 '금색'의 상징인지 혼란스럽게 보일 때도 있다. 그만큼 금색은 금과 따로 떼어 생각할 수 없다. 금의 대표적인 특성은 비싸고 귀한 금속으로 변하지 않고 다시 재가공할 수 있기 때문에 그 가치가 사라지지 않는다는 것이다. 변치 않는 특성 때문에 결혼과 같은 중요한 약속에서 반지나 시계 등의 예물로 금을 선택하곤 한다. 변하지 않는 것에 대한 갈망은 아마도 유한한 생명을 가진 우리에게는 어쩔 수 없는 본능 같은 것인지도 모른다. 불변에 대한 욕구와 고귀한 가치는 결합되는데, 이를테면 변치 않는 우정, 변치 않는 사랑, 영원한 믿음, 정절 등이 그러하다. 그리고 이러한 가치들은 금빛과 결합되어 더욱 빛나는 것이 된다.

금색이 가장 많이 사용되는 표현 중에 '금빛 찬란하다'는 구절이 있다. 그만큼 금색은 빛나고 찬란한 색깔이다. 일출과 일몰에서 금빛을 제외하면 얼마나 쓸쓸해질까. 바다의 낙조가 '금빛 찬란하게' 물드는 것만큼 감동적인 순간도 없다. 이때만큼은 금색을 '태양

14-2 충남 보령시 무창포 해안의 낙조　　　　14-3 전북 군산의 임병찬 의병장 동상

의 피', 혹은 '태양의 분비물'이라고 잉카인과 아즈텍인들이 믿었다고 하는 것도 일리가 있어 보인다.

찬란한 금색은 종종 고급스럽고 화려한 이미지를 가지며, 화려함이 지나칠 때는 사치나 허영을 의미하기도 한다. 재물로서의 금이 가진 막강한 영향력을 고려하면 그다지 놀랍지도 않은 상징이다. 다만, 다른 색깔들과 마찬가지로 금에도 상반되는 두 가지 상징이 있다는 것을 기억할 필요가 있다. 신성하고 존귀한 의미를 가진 금색은, 반대로 세속적이고 허영이 많고 사치스러울 수도 있다는 것이다.

금색은 최고의 자리, 최고의 경지를 의미하며, 명예로운 색깔이다. 대표적으로 금메달을 들 수 있다. 올림픽을 비롯한 각종 스포츠 경기에서 금메달을 수여하는 것은 그 사람이 최고의 경지에 도달했음을 뜻하는 명예를 상징하는 것이다. 문화계에서 수여하는 상도 마찬가지인데, 영화제를 예로 들면 베를린 영화제에서의 황금곰상, 베니스 영화제의 황금사자상을 들 수 있다. 두 상 모두 최고의 작품에 수여되는 명예로운 상이다.

14-3은 전북 군산시 근대역사박물관 앞에 있는 임병찬 의병장[1] 동상이다. 금빛으로 만든 동상에서 임병찬 선생의 높은 정신을 기리는 후손들의 마음을 느낄 수 있다.

다양한 문화권에 사용된 금색

고대 사회에서 왕권의 신성함과 강력함을 나타내고자 할 때 금색은 없어서는 안 될 색깔이었다. 태양빛을 닮은 금색만큼 강력한 권력을 상징하는 색은 없다. 고대 이집트는 태양신을 숭배했으므로, 왕이 죽었을 때 왕의 시신을 미라로 만들고 황금 마스크를 씌웠다. 황금으로 된 투탕카멘의 마스크는 이집트를 찾은 서양의 고고학자에 의해 발굴되었다.

금색 찬란한 문화를 찾아보면 우리나라 역사 속에서 삼국시대가 있다. 고구려, 백제, 신라 중에서 특히 현재까지 많은 유물이 전해져 내려오는 신라의 황금문화를 빼놓을 수 없다. 신라와 바다를 가운데 두고 접해 있었던 고대 일본 사람들은 자신들의 문명에 비해 훨씬 진일보한 신라를 '눈부신 금은의 나라'라고 불렀다고 한다. 신라는 대략 4세기 후반부터 금을 본격적으로 사용한 것으로 추정된다. 4세기 후반은 신라가 정치적으로 비약적인 발전을 이루고 흥했던 시기이다. 박, 석, 김의 세 성씨가 번갈아 가며 이어가던 왕위를 김 씨가 독점적으로 이어 가게 되었고, 임금을 뜻하는 '마립간(麻立干)'이라는 호칭도 사용하게 되는데, 이는 왕권이 안정되었음을 의미한다. 그리고 고구려의 도움

---

1) 임병찬 의병장은 1905년 을사늑약에 항거하여 의병을 일으켰으며, 전북 순장, 태인, 정읍 등지에서 일본군에 대항하여 싸웠고, 스승인 최익현 선생과 함께 붙잡혔다. 풀려난 이후 다시 의병조직을 만들고 일본군에 체포되어 거문도에서 순국했다.

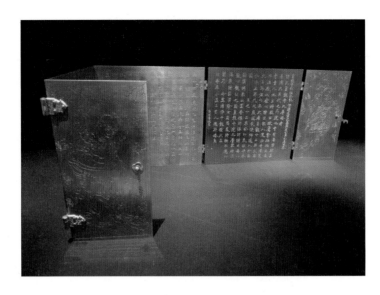

14-4 황룡사 목탑 찰주본기. 경주 국립박물관.

을 받아 전진(前秦)에 사신을 파견하는데, 북방 지역과 교류하던 중에 황금을 사용하는 문화도 유입되었다고 전해진다. 이후 5세기와 6세기 중반에 이르기까지 신라는 금을 사용하는 문화를 꽃피운다. 신라의 왕족과 귀족의 무덤에서 금으로 만든 각종 유물들이 출토되었는데, 금관, 금동관, 금귀걸이, 금동신발 등은 이들이 금을 귀하게 여기고 즐겨 사용했음을 보여 준다.

14-4는 황룡사 목탑 찰주본기라고 불리는 금동판이다. 경주의 황룡사 터에서 출토된 것으로 통일신라시대인 872년에 제작된 것으로 추정된다. 금동판 네 개가 경첩으로 서로 연결되어 네모난 상자가 되며, 맨 왼쪽과 오른쪽의 판은 문고리가 달려 있고 각기 문을 이루는 반쪽에 해당된다. 문에 해당되는 부분에는 불교와 관련된 내용이 있고, 다른 세 면에는 황룡사 구층목탑을 만든 경위와 보수 내용 등이 적혀 있다.

백제의 경우에도 금을 귀하게 여기고 지배층에서 사용한 것을 볼 수 있다. 지금까지 남아 있는 유물 중 금을 사용한 것은 무덤에서 출토된 금관과 각종 금 장신구, 각종 생활용품 등이 있다. 백제의 금속공예품은 섬세하고 정교하며 제작 방법에 있어서도 주조, 투각, 선조, 누금, 타출 등 다양한 기법이 사용된 수준 높은 작품들이다. 이들에게 금색이 얼마나 신성하고 존귀한 의미였을지 짐작하고도 남는다.

조선시대로 넘어오면 공예품 외에도 의복에 금을 사용한 것을 볼 수 있다. 왕이 입는 곤룡포에 금실을 사용해서 가슴과 등, 양 어깨 부위에 오조룡을 붙인 것이라든가, 왕비와 공주의 옷에 금박을 사용한 것을 볼 수 있다.

금색은 이와 같이 왕족과 귀족의 특별한 사랑을 받았던 색이었고, 일반 백성들에게는 사용이 금지된 색이기도 했다. 우리나라 역사에서뿐 아니라 중국이나 유럽의 역사에서도 일반 백성이 금색을 사용하는 것을 금지한 것을 찾아볼 수 있다.

아시아에서 금색이 다수 사용된 지역은 단연 중국이다. 중국은 빨강과 더불어 황색(혹은 금색)에 대한 선호가 대단하다. 건축물의 일부를 빨강이나 금색으로 장식하는 경우가 흔한데, 필자가 중국에 갔을 때 기와지붕이 온통 금색인 경우도 보았다. 정말이지 중국 사람들이 금색을 좋아하는구나 하고 느꼈던 순간이었다.

불교가 중국을 중심으로 크게 융성하면서 금으로 만든 불상도 함께 많아졌다. 금에 대한 선호에 신성한 상징으로서의 금색, 그리고 종교적 믿음이 합쳐진 결과라고 할 수 있다. 크고 작은 각종 금불상은 중국과 아시아에 널리 퍼져 있다. 중국 하이난(海南)의 남산사에 가면 금옥관음각이 있는데, 외부는 도금되어 있고 내부는 순금으로 된 금불상이 있다. 기네스북에도 수록된 세계 최대의 금불상이라 한다. 크기 면에서 압도적인 수치를 자랑하는 중국 허난성 루산(魯山)의 노산대불은 높이 128m의 거대 입상인데, 금불상이 아닌 석불상이지만 표면은 금색이다. 쓰촨의 어메이산(峨眉山)에도 어마어마한 불상이 있는데, 금박 23만 장을 입혀서 만든 사면십방보현보살좌상이 있다. 불상의 머리 꼭대기의 뿔 모양과 손에 든 봉은 순금으로 제작되었다.

또한 미얀마에는 짜익티요(Kyaiktiyo) 황금바위가 있는데, 바위 표면을 황금으로 입혔다고 한다. 바위의 크기가 상당히 커서 높이 7.6m, 둘레 24m에 달하고, 바위 위에 탑이 세워져 있다. 미얀마의 불교 신자들은 자신의 일생 동안 세 번은 그곳에 다녀오기를 갈망한다. 일종의 성지 순례와 같은 의미이며, 며칠이 걸려서 가더라도 그곳을 다녀와야 부처님이 주시는 복을 받을 수 있다고 믿는다.

유럽에서 금색을 많이 사용한 나라로는 프랑스를 들 수 있다. 왕권이 강력하고 예술

14-5 태국의 금불상

14-6 프랑스 낭시 스타니슬라스 광장의 금색 대문

에 대한 심미주의적 경향이 강했던 프랑스에서는 궁전을 비롯한 주요 건물에 금색으로 치장하기를 좋아한다. 베르사유 궁전이나 파리 오페라하우스의 내부가 얼마나 화려한 금색으로 치장되어 있는지는 잘 알려져 있다.

파리에서 떨어진 작은 소도시에도 금색 찬란한 광장이 있다. 낭시(Nancy)는 프랑스 동

14-7 독일 아헨 대성당

부에 위치한 작은 도시이며 '아르누보의 도시'라는 애칭을 가지고 있다. 18세기 건축 문화유산이 많이 남아 있어서 유네스코 세계문화유산에 등재된 곳이기도 하다. 낭시는 작은 도시의 곳곳에 아름다운 광장들이 자리 잡고 있다. 그중 스타니슬라스 광장(Place Stanislas)은 아름다운 금색 대문으로 유명하다(14-6 참조).

유럽의 성당에도 금색이 사용된 것을 볼 수 있는데, 독일의 아헨 대성당(Aachen cathedral)은 아름다운 금빛 내부로 유명하기도 하거니와 독일 최초로 유네스코에서 지정한 세계문화유산이라고 한다(14-7 참조).

오세아니아도 금과 관련이 깊다. 호주는 남아프리카공화국 다음으로 금 생산율이 높은데, 전 세계적으로 금 생산 2위를 할 정도로 많은 양의 금을 보유하고 있다. 그래서 호주를 상징하는 색깔은 녹색과 금색이라 하며, 주로 호주 스포츠 선수들의 유니폼에서 많이 볼 수 있다.

그 외에 현대에서 금색을 가장 많이 볼 수 있는 곳으로 유흥시설을 들 수 있다. 카지노가 많은 마카오에는 금색 인테리어가 두드러진다. 금색을 좋아하는 중국의 영향에다 돈과 부귀를 상징하는 금색을 사용하다 보니 호텔의 내부는 온통 금색으로 치장을 한다.

14-8 미국 시애틀 파이크 플레이스 앞 금돼지상

금색과 돈, 부귀영화가 연결되는 것은 만국 공통이다. 미국 시애틀의 파이크 플레이스 마켓(Pike Place Market) 입구에는 금돼지상이 있다. 시장에서 장사하는 상인들과 그곳에 오가는 손님들이 모두 부자가 되기를 기원하는 것일까. 하여간에 관광객들은 모두 그 돼지 앞에서 사진을 찍고 가는 것을 볼 수 있다.

일상생활에서 만나는 금색

일상에서 만나는 금색은 작게는 여성의 장신구부터 크게는 도시의 야경에 이르기까지 다양하다. 금색으로 된 물체는 글자 그대로 금빛 찬란하다. 서울, 홍콩, 라스베이거스, 밴쿠버 등의 야경과 같이 각 도시의 아름다운 저녁 풍경은 금색과 은색이 두드러진다.

작은 도시에서도 야경은 그 나름대로의 아름다움을 가진다. 혹은 그저 작은 등불만으로도 어둠이 드리워지는 바다를 배경으로 빛나는 금색이 된다.

낮에 보는 풍경 중에서 금색을 찾을라치면, 아무래도 가을이 되어야 할 것 같다. 금빛으로 찬란하게 물든 단풍은 화사하고 아름답다.

동물 중에서 금색은 무엇이 있을까? 우선, 황금박쥐[2]는 금색이 아니다. 황금박쥐는 '동남아시아 붉은박쥐'를 다르게 부르는 별명이며, 우리나라 천연기념물이자 멸종위기 야생동식물 1급으로 지정되어 보호받는 종이다. 2016년에 전남 함평과 무안, 신안 등지의 30개 동굴에서 280마리가량이 서식하고 있다고 보고된 바 있다. 전국적으로도 500여 개체밖에 남지 않은 희귀종이다.

---

[2] 황금박쥐가 유명해진 이유로 동명의 일본 애니메이션이 영향을 준 것일 수도 있다. 1967년에 만들어진 애니메이션으로 우리나라에서도 방영된 바 있고, 필자 역시 〈황금박쥐〉를 보고 자란 세대다. '어디에서 나타났나 황금박쥐'라는 가사의 만화 주제가 유명해서 많이들 따라 부르곤 했었다.

14-9 뉴질랜드 퀸즈타운의 야경

14-10 어느 바닷가의 배 선착장 풍경

14-11 **금색으로 물드는 포도나무**

반려견 중에서 골든 리트리버는 유순한 기질과 사람을 잘 따르는 특성 때문에 북미권에서 많이 키우는 종이다. 골든 리트리버의 털은 밝은 갈색이며, 털에 윤기가 나는 경우 그 광택 덕분에 금색으로 보인다. 포유동물의 털은 멜라닌 색소 때문에 다양한 갈색으로 나타날 때가 많다. 그런데 다른 갈색 동물들은 금색이라 부르지 않으면서 유독 골든 리트리버를 금색이라 부르는 것은 사람들의 관심과 애정을 반영한 까닭일 것이다.

접시를 비롯한 식기는 금색보다 은색이 많지만, 더러 금색 식기를 선호하는 사람들도 있다. 다만, 금을 사용해서 만든 것이라면 가격이 엄청날 것이므로 쉽게 사용하지 못하는 것일 뿐이다. 금색은 클래식한 분위기의 가구를 만들 때 빠지지 않는 색이기도 하다. 갈색, 고동색, 금색은 고급스러우면서 전통적인 격식을 갖춘 느낌을 주고, 쉽게 접근하기 어려운 거리감도 준다.

먹는 음식에 금가루를 뿌리거나 음료에 금가루를 섞는 경우도 있다. 금을 먹는다고 하면 이상하게 들리기도 하는데, 어쨌거나 식용으로 써도 무방하다고 한다. 몸에서 어

14-12 금색 식기

14-13 금색 소파

14-14 햇빛을 받아서 금색으로 빛나는 와인   14-15 페레로로쉐 초콜릿

떤 작용을 하는지는 모르겠지만 말이다. 금가루는 아니지만 금색 주류는 더러 있다. 와인 중에서 금빛이 유난히 두드러지는 경우도 있고, 맥주가 황금빛을 띠는 경우도 있다. 버드와이저(Budweiser) 박물관에 가면 시음하는 시간이 있는데, 설명해 주는 사람이 나와서 버드와이저의 맥주 색깔을 'yellow'라고 하지 말고 'gold'라고 해 달라고 웃으며 요청하곤 한다.

음식 자체가 금색이 아니라면 포장지를 금색으로 쓸 수 있다. 14-15는 금색으로 포장된 초콜릿인데, 어쩌면 이 브랜드는 초콜릿 자체보다 포장이 더 유명한지도 모르겠다. 금빛의 화려한 포장으로 감싼 초콜릿 상자는 받는 사람에게 좀 더 행복한 마음을 안겨 줄 것만 같다.

예술작품에 나타난 금색

세계 미술사에서 금색을 가장 인상적으로 표현한 화가는 구스타프 클림트(Gustav Klimt, 1862~1918)로 평가된다. 클림트는 오스트리아의 화가이며, 특히 관능적인 여성의 이미지와 금박을 사용한 그림으로 널리 알려졌다. 그의 부친이 금세공사이며 판화가였다고 하니, 아마도 그러한 아버지 덕분에 어려서부터 금을 사용하는 것을 친숙하게 보고 자랐을 것이다. 클림트가 활동했던 시기 중 특히 1907~1908년은 '황금시기(golden period)'라고 불린다. 이 때는 작품에 금색 물감과 금박을 다수 사용하였다. 금박이 사용된 작품은 금이 가지는 찬란한 광택이 클림트의 작품 속에 녹아들면서 매혹적이고 신성한 느낌, 혹은 유혹적인 느낌을 전달한다. 황금시기의 대표적인 작품으로는 〈키스(The Kiss)〉(1908)와 〈아델레 블로흐-바우어의 초상(Portrait of Adele Bloch-Bauer)〉(1907)이 있다. 그 외에도 〈유디트(Judith)〉(1901), 〈미네르바(Minerva)〉(1898), 〈베토벤 프리즈(The Beethoven Frieze)〉(1901), 〈생명의 나무(The Tree of Life)〉(1909) 등에 금색이 사용되었고, 관능적이며 우아한 작품들이 탄생하였다.

그림에 금박을 사용한 클림트와 달리, 물감의 색으로 금색을 느끼게 해 주는 작가도 있다. 다름 아닌 우리나라의 변시지 작가다. 필자는 금색의 화가라고 하면 '제주화', '폭풍의 화가'로 알려진 변시지 작가가 떠오른다. 변 화백은 1926년생으로 서귀포시 서홍동 출신이며 제주의 자연을 주된 주제로 독특한 작품 세계를 펼쳤다. 황토색으로 일관되게 표현한 작품들을 가만히 들여다보고 있으면 빛나는 금색이 느껴진다. 작가의 작품은 제주도 기당미술관[3]에 상설 전시되어 있다.

황토색을 사용했지만 그림에서 금색이 느껴지는 작가를 한 명 더 소개할까 한다. 호주의 존 브랙(John Brack, 1920~1999년)이다. 브랙의 작품은 호주 멜버른의 빅토리아 국립미

---

3) 제주도 서귀포시 서홍동 621

술관에 소장되어 있다. 그는 현대인의 모습을 자기만의 개성으로 표현했는데, 〈바(The Bar)〉(1954)라는 제목의 유화 작품과 〈콜린스 거리, 오후 5시(Collins St., 5p.m.)〉(1955)를 소개하려 한다. 먼저, 〈바〉는 에두아르 마네의 〈폴리 베르제르의 바(A Bar at the Fo- lies-Bergère)〉(1882)를 재해석한 작품이다. 아마도 전혀 다른 느낌이어서 마네의 그림을 떠올리는 사람들은 많지 않을지도 모르겠다. 마네의 그림이 1880년대 파리의 술집을 묘사하고 있다면, 존 브랙의 작품은 1950년대 멜버른의 술집 풍경을 전하고 있다. 바에 늘어선 남자들은 거의 동일한 복장으로 술을 들이켜고 있다. 여유가 있어 보이는 사람은 바에 서 있는 여성뿐이다. 그나마 그 여성도 눈 주위에 다크서클이 역력해서 피곤해 보이기는 매한가지다. 그래도 그 여성이 입고 있는 옷이 광택이 죽었지만 금색으로 보이고, 바에 올려 둔 노란 꽃이나 오른편 뒤쪽 배경의 노란 벽이 모두 통일감 있게 금색 상징을 전달하고 있다. 여기서의 금색은 돈과 결부된 고단한 삶의 단면을 전하는 것만 같다.

그리고 〈콜린스 거리, 오후 5시〉는 퇴근하는 근로자들의 모습을 노란색과 갈색으로 묘사한 작품이다. 존 브랙 자신도 젊었을 때 도심에 위치한 보험회사에서 일했었다고 하니 아마도 그 그림에는 화가 자신의 경험이 녹아 있을 것이다. 이 당시의 호주 근로자들은 9시부터 5시까지 일했으므로 오후 5시는 퇴근 시간을 의미한다. 그림 속 인물들은 모두 비슷비슷한 옷을 입고 비슷비슷한 모자를 쓰고, 또 비슷한 표정으로 동일한 방향을 보며 걸어가고 있다. 하루가 길었던지 무표정해 보이는 얼굴들이다. 얼핏 기계의 부속품 같은 느낌을 주기도 한다. 하지만 뒤쪽에 그린 사람들의 무리에 비하면 앞쪽 사람들은 각자의 얼굴을 가지고 있다. 비록 표정은 한결같이 무뚝뚝해 보여도 말이다. 우측 아래에는 살짝 미소를 띠고 있는 두 여인도 있다. 이들은 얼굴이 제법 많이 달라서, '한 사람 한 사람이 가진 고유한 표정과 매력'을 느끼게 해 준다. 작품 전체에는 노란 황토빛이 드리워져 있다. 이들의 생김새로 보아 백인인 듯한데, 노랗게 표현된 것은 석양빛을 받아서 그런 것일까, 힘들어서 누렇게 뜬 것일까, 황금을 쫓는 마음이 올라온 것일까, 아니면 작가의 마음이 황토색으로 가장 잘 전달되었기 때문일까. 돈 때문에 일하는 것이라는 것을 강조하기라도 하듯, 금권을 상징하는 금색으로 모두가 뒤덮였다.

이번에는 우리나라 경남 통영으로 가 보자. 통영시민문화회관 근처에 남망산 조각공

14-16 통영 남망산 조각공원 풍경

원이 있다. 1997년에 조성된 공원이라 하며, 세계의 유명한 조각가 15인의 작품들이 그곳에 설치되어 있다. 그중에서 베네수엘라 출신 작가인 헤수스 라파엘 소토(Jésus Rafaël Soto)의 〈통과 가능한 입방체〉를 금색을 느끼게 해 주는 작품으로 소개하고 싶다. 이 작품은 위에서 아래로 길게 늘어뜨린 비닐 가닥들이 있는데, 작가는 관람객이 이 사이를 걸어 들어가서 시공을 체험해 보도록 권하고 있다. 마침 낙조가 드리우는 시간에 방문했을 때, 그 작품의 비닐들은 모두 금빛으로 반짝이고 있었다. 그 사이를 걸을 때 찬란한 금빛 세계를 걷는 듯한 느낌을 받았다. 이 작품 때문에라도 남망산 조각공원에는 낙조가 드리울 때 가기를 권하고 싶다.

이탈리아 조각가인 아르날도 포모도로(Arnaldo Pomodoro)가 만든 〈구 안의 구(Sphere within sphere)〉는 브론즈로 만든 작품인데, 금빛으로 보인다. 지름이 약 4m나 되는 커다란 구 안에 복잡한 구조물이 있다. 얼핏 보기에 내용물은 기관총 총알다발같이 생겼다. 작가의 의도가 무엇이었는지 모르겠지만, 마치 지구를 닮은 커다란 구는 찢겨지고 틀어지기 쉽다는 것을 보여 주려는 듯하다. 아름다운 금빛 지구는 돈 때문에 혹은 이면에 감춰진 폭력성 때문에 찢기기 쉬운 걸까.

14-17 Arnaldo Pomodoro. 〈Sphere within Sphere〉(2016). 로마 바티칸.

금색을 감상할 때 인터넷으로 자료를 찾아보기를 추천하는 작품

■ Stephan Balkenhol. 〈Sphaera〉(2007). 오스트리아 잘츠부르크.

오스트리아의 잘츠부르크의 카피텔플라츠(Kapitelplatz)에 재미난 조각 작품이 있어서 소개할까 한다. 모차르트의 생가가 있는 잘츠부르크는 색채가 절제된 건물이 대부분이다. 채도가 낮은 아이보리, 크림색, 채도 낮은 노란 갈색, 녹색빛이 감도는 회색 등의 건물이 거의 전부인 작은 도시다. 그런데 그 도시의 광장에 다소 뜬금없어 보이는 금색 구와 그 위에 사람이 서 있는 조각이 있다. 너무나도 현대적으로 보이는 이 조각의 정체는 무엇일까?

다름 아닌, 잘츠부르크 재단(Salzburg Foundation)에서 추진한 미술 프로젝트의 일환으로 설치된 조각상이다. 이 프로젝트는 2002년부터 시작되어 약 10년에 걸쳐 매년 하나씩 작가들의 작품을 도시 곳곳에 설치하는 것이다. 선정되는 작가들은 현재 활동 중이면서 높이 평가받는 유수의 작가들이다. 사진의 작품은 슈테판 발켄홀

(Stephan Balkenhol)의 〈천구⁴⁾(Sphaera)〉라는 제목의 2007년 설치 작품이다. 대략 높이가 9m에 이르는 다소 큰 작품이다. 둥근 황금빛 구와 그 위에 올라선 사람은 우리 자신의 모습, 혹은 인류의 모습인지도 모른다. 황금처럼 빛나는 우주 공간을 동그란 구형으로 보는 것은 그것을 바라보는 사람을 중심에 두었기 때문이다. 우주가 둥글다는 것은 그 우주를 바라보는 사람의 관점 아니겠는가. 그리고 그 우주를 두 발로 딛고 서 있다니. 어쩌면 자연과 사람의 관계를 비판적인 시선으로 풀어낸 것이 아닌가 모르겠다. 그리고 무엇보다도 금색 우주라니. 금색 지구였을지도 모르겠다. 그저 명예로운 색깔이라고 보기에는 그 위에 올라선 사람의 모습이 약간은 위압적이다. 그래서 돈(=금권)으로 뭉쳐진 현대사회, 오늘날의 지구를 밟고 있는 것으로 보이기도 한다. 아마도 다양한 느낌과 색다른 관점, 그리고 각자의 해석을 끌어내는 것이 작가의 의도일 것이다. 작가는 추상이 아닌 구상미술 조각을 만들면서 그 의미에 대한 해석은 무궁무진하도록 만들었다. 즉, 작품의 부분 부분을 뜯어 보면 무엇인지 다 알 것 같은 일상적인 모습인데, 전체를 보았을 때 그 느낌과 의미는 마치 수수께끼처럼 오묘해진다. 그래서 이 작품이 사람들에게 사랑을 받는 모양이다.

색의 선호

우리나라 사람들의 금색에 대한 선호는 높지 않다. 좋아하는 색을 물었을 때 '금색'이라고 답변한 경우는 전체 답변자 중 0.2%에 불과했다. 싫어하는 색을 물었을 때 '금색'이라고 답변한 비율도 0.2%에 불과해서, 색깔로서의 금색은 크게 관심을 끌지 못하는 것으로 보인다.

---

4) '천구(天球)'란 '천공(天空)을 관측자를 중심으로 구형으로 본 것'을 말한다.

금색을 좋아하거나 싫어하는 비율　　　　　　　　　　　　　　　　　　(단위: %)

		10세 미만	10대	20대	30대	40대	50대	60대 이상
여성	선호색	0.0	0.0	0.0	0.4	0.0	0.0	0.0
	혐오색	0.0	0.0	0.0	0.0	0.0	0.0	0.0
남성	선호색	6.7	0.0	0.0	0.7	0.0	0.0	0.0
	혐오색	0.0	0.0	0.0	1.4	1.0	0.0	0.0

색의 조화

　금색과 어울리는 색은 무엇일까? 금색이 지닌 광택 때문에 쉽게 다른 색과 조화되기 어렵지만 극단적으로 어두운 색(검정)과 대조해서 배열할 수도 있고, 혹은 또 다른 빛의 색인 흰색과 나란히 배치할 수도 있다. 유채색으로는 선명한 빨강, 혹은 파랑이 금색과 어울린다. 간혹 금색과 파스텔 톤을 매치하기도 하는데, 금색에 노랑의 속성이 있다는 것을 감안하면 금색과 연분홍도 나쁘지 않은 조합이다.

14-18 파랑 창문과 금색 조명

은색

Chapter 15
은색

은색 *Episode*

제가 유년시절을 보냈던 시기는 1970년대입니다. 우리나라가 조금씩 잘살기 시작하던 때지요. 그 덕분에 저는 제 또래의 여자아이들이 대부분 그랬듯이, 여섯 살 때부터 피아노를 배우면서 자랐습니다. 바이엘을 끝내고 체르니로 진입하고 나면, 꼭 쳐 보고 싶다고 욕심 나는 곡들이 있지요. '엘리제를 위하여'도 그중에 하나구요, '은파'도 그렇게 욕심나는 곡이었습니다. 특히 은파는 검은 건반을 많이 누르기 때문에 화려한 느낌이 있었거든요. 은파의 뜻이 무엇인지도 몰랐지만, 그 단어를 들으면 화려하고 아름다운 느낌이 연상되곤 했습니다.

실제 은파를 보게 된 건, 유년 시절로부터 아주 많은 시간이 흐른 뒤였습니다. 그리고 그 은색은 제가 기억하는 가장 아름다운 색이 되었지요. 까만 밤하늘에 떠 있던 은색 달, 그리고 밤바다에 부서지는 은빛 파도…….

강릉의 경포대에 가면 다섯 개의 달이 있다고 합니다. 경포 호수에 비친 달, 동해 바다에 비친 달, 하늘의 달과 술잔의 달 그리고 사랑하는 사람의 눈동자에 비친 달. 다섯 개를 동시에 본 적은 없네요. 살아가다 보면 언젠가 만날 수 있지 않을까 기대해 봅니다.

은색

은색은 우리나라에서 사용하는 국가표준 색이름(KS 색이름)과 전통 색이름에 포함되기 때문에 색이긴 하지만, 금색과 마찬가지로 먼셀 색체계에서는 색으로 분류되지 않는다. 은색을 내는 것은 색에 포함된 금속의 느낌인 '금속감' 때문이므로 명도, 채도, 색상이 있는 먼셀 기호로 표시할 수 없기 때문이다.

은색은 금속 '은(銀)'의 색이며 회색과 유사하지만 회색과 달리 광택을 지녔고, 대개 중간 명도의 회색보다 조금 더 밝은 색이다. 은색의 핵심인 '은'은 무채색 금속으로 그 표면이 매끈할 경우 거울과 마찬가지로 주변의 모습을 반사하고, 표면이 거친 경우에는 부분적으로 반사광을 가진다. 철, 은, 크롬, 알루미늄, 백금 등의 광택이 모두 은색에 해당되는데, 비교해 보면 밝고 어두운 정도나 톤이 조금씩 다르다.

은색의 이름과 종류

은색 역시 금색과 마찬가지로 그 자체로 종류가 많지 않다. 밝기 차이에 따라 은백색, 은회색, 은흑색 등이 있고, 은색에 가미된 유채색 기미가 무엇이냐에 따라 청색 기미가 있을 경우 은청색 또는 청은색, 붉은 기미가 있으면 은적색, 황색 기미가 있으면 은황색 또는 은갈색, 녹색 기미가 있는 은색은 은녹색이다. 일상생활에서 듣게 되는 은색의 이름은 금색처럼 대개 상업적인 목적으로 이름을 만들어 붙인 것들이다. 이를테면, 은색은 자동차에 많이 사용되므로 자동차의 색깔을 정할 때 다양한 종류의 은색 이름을 지어 사용한다. 한 예로, 현대자동차의 그랜저 IG의 경우, 이온실버(밝은 은색), 루나 그레이(보통의 은회색), 판테라 그레이(어두운 은회색) 등 세 가지가 있다.

문학적으로 광택이 있는 흰색을 은색이라고 표현하기도 한다. 영화스크린을 은막이라고 부르는 것이나 백발을 은발이라고 부르는 것 등이 이러한 문학적인 표현에 속한다. 노인과 관련된 용어에는 '실버(silver)'라는 단어가 종종 사용된다. 노인주거시설을 '실버타운'이라 부른다든가, 노년층 관련 사업을 '실버산업'이라고 지칭하는 것이 그 예다.

은색이 사용된 예를 살펴보자.

- 실버 쓰나미(silver tsunami): 베이비붐 세대가 나이 들면서 노인층이 급격하게 늘어나게 되는 것을 실버 쓰나미라고 부른다.
- 실버 이혼(silver divorce): 나이 든 부부가 이혼하는 경우 우리나라에서 '황혼 이혼'이라 부르는데 서양에서는 실버 이혼이라 한다. 실버 이혼은 55세 이상의 부부가 이혼하는 것을 일컫는다.
- 은혼식(silver wedding anniversary): 결혼 25주년을 일컫는다. (결혼 50주년은 금혼식이다.)
- 은하수(銀河水): 우리나라와 일본, 중국에서 사용하는 말로, 맑은 밤하늘에 보이는 별들의 무리인데 마치 강처럼 보인다고 해서 붙여진 이름이다. 중국에서는 큰 강이라는 의미로 '한수(漢水)'라고 하기도 한다. 서양에서는 그리스 신화에 등장하는 여신 헤라의 젖이 뿜어져서 형성된 것이라는 의미로 Milky Way Galaxy라고 부른다.
- 모든 구름은 은색 선이 있다(Every cloud has a silver lining): 이 표현은 안 좋은 상황에서조차도 긍정적인 측면이 하나 정도는 있다, 혹은 좋은 일을 기다릴 수 있다는 뜻의 영어 속담이다. 구름이 태양을 가렸을 때, 구름의 가장자리를 보면, 태양 빛을 받아서 은색으로 빛난다. 마치 가장자리만 은색 선으로 띠를 두른 것처럼 말이다.
- 은수저를 물고 태어난다(born with a silver spoon in one's mouth): 부유한 집안에 태어난다, 혹은 복을 타고 태어난다는 의미다. 21세기 우리나라에서 부의 정도에 따라 계급을 구분하는 '수저 계급론'은 아마도 이 영어 표현에서 비롯되었을 것이다. 금수저와 은수저, 동수저, 흙수저로 구분하는 것은 개인의 노력 여하와 상관없

이 소유한 부의 정도에 따라 운명이 결정된다는 의미다. 그런데 원래 영어 표현에서 부유한 집안에 태어난 것을 강조하려면 '금수저를 물고 태어난다'고 했어야 하지 않을까? 하지만 식기를 만들 때 은을 쓰는 것은 여러 문화권에서 공통적이다. 정제된 은은 불순물에 반응하므로 은을 사용하는 것이 더 도움이 되기 때문이다.

은색의 의미

긍정적 의미	부정적 의미
빠른 속도감 하이테크놀러지 현대 문명, 현대적 순수, 순결, 절제 밝음, 깨끗함, 정제됨 지혜, 변화	부차적, 이차적 세속적 차가움 경멸스러움

은색은 금색과 항상 쌍으로 묶여 있다. 둘 다 금속의 색깔이라서 그런 면도 있고, 금-은-동으로 연상되는 조합 덕분이기도 하며, '해와 달'을 상징하는 색이기 때문이다. 금색이 태양의 색깔이라면 은색은 달의 색깔이다. 그래서 은색은 금에 비하면 부차적인 색이며 이차적인 중요성을 가진 색이다. 은색은 광물질, 즉 금속의 색상이며 번쩍이는 속성이 있고, 모든 나라의 동전에 사용되므로 '세속적인' 느낌을 준다. 금화보다 낮은 가치를 지닌 은화는 최고가 아닌 어떤 것이면서 세속적이다.

금과 은의 성질과 특성에 있어서도 그러한 차이점은 반복된다. 금은 녹이 슬지 않지만, 은은 공기 중의 가스와 만나서 황화은으로 변하고 검게 된다. 끊어지지 않고 길게 선으로 뽑힐 수 있는 성질인 연성에서도 금이 은보다 우월하다. 색깔이 주는 느낌도 달라서, 금색이 크고 장중하며 둥근 형태를 연상시키는 색인데 비해 은색은 좀 더 작고 각이 졌으며 뾰족한 형태를 연상시킨다. 한편, 은색이 금색보다 더 우월한 것은 속도다. 크고 장중하며 둥근 것보다는 각지고 뾰족한 것이 빠른 느낌을 준다.

은색은 하이테크놀러지의 최고봉을 보여 주는 색이기도 하다. 20세기 중반 우주여행이 세간의 관심을 끌 때에는 우주복을 은색으로 디자인해서 진일보한 기술력을 상징하기도 했다. 은색은 '현대적'인 느낌을 준다. 여러 가지 광물과 금속(철, 알루미늄, 크롬, 니켈, 티타늄, 바나듐 등)이 은색인 덕분이다. 은색과 회색은 기계 문명을 상징하는 대표적인 색상인데, 회색이 무겁고 육중한 기계 문명을 상징한다면 은색은 보다 첨단 기술이 사용된 현대적 기계 문명을 상징한다.

은이 금보다 더 귀중한 가치를 지니고 선택받는 또 다른 순간이 있다. 불순한 물질이 섞여 있는지 알아내는 도구로 은수저를 사용한다. 정제된 은으로 만든 수저는 독이 묻으면 색이 변한다. 이러한 변화는 은이 순수하다는 것을 의미하기도 한다.

무엇보다도 은색이 가지는 가치는 정제되어 순수하다는 것에 있다. 탄광에서 캐낸 은은 여러 가지 다른 광물과 불순물들이 섞여 있다. 그래서 제대로 된 은을 만들기 위해 뜨거운 불 속에서 제련 과정을 거치게 된다. 정제된 은은 순수하며 투명한 광택을 가진다. 은색의 상징성이 순수와 순결, 절제가 될 수 있었던 것은 혹독하게 정제된 은의 특성에 힘입었기 때문이다.

깨끗하고 순수한 은은 마치 밤하늘에 반짝이는 은빛 달과도 같다. 달의 색깔이 불그스름하게 보일 때도 있고 누렇게 보일 때도 있는데, 가장 '달'다운 색깔은 밝게 빛나는 은색이다. 그런데 은색이 정화된 깨끗한 색이기는 해도 그러한 상태가 영속적이지는 않다. 은은 계속해서 관리를 해 주어야 하며, 관리하지 않은 은은 시간이 흐르면 검게 변한다.

은색은 나이 든 사람들에게 자연스럽게 나타나는 색이기도 하다. 짙은 머리색은 희게 변해서 '은발'이 된다. 그래서 은색은 지혜의 상징이 되기도 하며, 변화의 상징이 되기도 한다.

은색은 무채색 계열인 흰색과 밝은 회색의 이미지를 공유한다. 흰색이 차가움을 가지고 있다면, 은색 역시 차가운 속성이 있다. 그래서 여름에 청량감을 주는 장신구로 은

제품만한 것이 없다. 그때만큼은 금보다 은이 더 사랑받는다. 차가운 음료와 차가운 음식 포장에 은색이 종종 사용되는 것도 같은 이유에서다.

다양한 문화권에 사용된 은색

금색과 은색이 있을 때 나쁜 일을 상징하는 것에는 은색을 사용한다. 성경을 보면, 예수의 제자 중 한 명이 자신의 스승을 팔아넘기게 된다. 가룟 유다는 바리새인들이 예수를 잡을 수 있도록 정보를 제공하고 그 대가로 은화 30냥을 받는다. 동일한 값으로 금을 받거나 다른 물건을 받은 것이 아니라 은화를 받은 것은 은이 가지는 세속성을 상징적으로 보여 준다.

여러 문화권에서 은색은 여성적인 것으로 분류된다. 앞서 금-은 관계가 태양과 달의 관계를 상징한다고 했는데, 이를 남성-여성으로 보면 태양이 남성, 즉 금색이며 달이 여성, 즉 은색이 된다. 달의 여신으로는 아르테미스(그리스 신화), 루나(로마 신화, 영어로는 'Diana'라고도 한다), 히비스(이집트 달의 여신)가 있는데 이들을 묘사할 때 주로 은색을 사용한다. 아르테미스는 달의 여신이지만 처녀신으로 살면서 숲과 들판에서 사냥하는 것을 즐기는 사냥의 신이기도 하다. 아르테미스가 대장간의 신 헤파이스토스에게 부탁해서 만든 활과 화살은 은으로 된 것이다.

유럽의 민간전승에 등장하는 늑대인간을 죽일 수 있는 유일한 무기는 은으로 만든 총알뿐이다. 늑대인간은 밤이면 늑대로 변해서 동물과 사람, 시체를 먹어 치우며, 낮에는 인간으로 사는 존재다. 늑대인간의 전설은 흡혈귀로 이어지기도 했는데, 대표적인 소설 속 주인공으로 '드라큘라'가 있다. 드라큘라는 아일랜드의 작가 브램 스토커(Bram Stoker)가 쓴 소설인데, 드라큘라를 죽이려면 심장에 말뚝을 박아야 한다. 이러한 유럽의 흡혈귀 이야기가 사람들에게 인기를 끌면서 미국으로 건너가서 다양한 '뱀파이어(흡혈귀)' 영화와 소설이 된다. 미국에서 흔한 무기가 총이다 보니, 뱀파이어를 죽이려면 은으로 만든 총알을 사용하게 된다.

기독교에서는 중요한 종교적 의식에 은으로 만든 성배(聖杯)와 방울 등의 성구(聖具)를 사용한다. 기독교의 은잔을 가장 유명하게 만든 것은 아무래도 『레미제라블(Les Misérables)』일 것이다. 프랑스 작가 빅토르 위고(Victor Hugo)가 쓴 소설 『레미제라블』에서 주인공 장발장은 빵 한 조각을 훔친 죄로 19년간 옥살이를 한다. 마침내 출소한 장발장이 갈 곳이 없어서 신부의 집에서 하룻밤을 묵게 된다. 그리고 그는 몰래 신부의 은잔을 훔쳐 달아난다. 장발장이 형사에게 잡혀서 끌려왔을 때, 신부는 자신이 은잔뿐 아니라 은촛대도 주었는데 왜 은잔만 가져갔냐고 말하며 그를 감싸 준다.

우리나라의 전통에서 은이 많이 사용된 예로 은장도를 들 수 있다. 은장도는 여성들이 장식용 및 호신용으로 사용한 노리개이자 칼이다. 주로 옷고름에 차고 다니며 칼집이 있어서 칼을 넣어 둔다. 은장도는 원래 남녀 구분을 하지 않고 사용했지만, 점차 여성들이 사용하는 것으로 인식이 바뀌었다. 아마도 은이 가진 여성적 상징과 작은 칼의 크기, 칼집의 화려함 등이 그 이유가 되었을 것이다.

은은 거울을 만들 때에도 사용되는데, 유리의 한쪽 면에 은으로 얇은 막을 씌우면 불투명해지면서 거울에 비치는 상을 반사한다. 이를 은경(銀鏡)이라 부른다.

일상생활에서 만나는 은색

무엇보다 은색이 두드러진 것은 자동차와 가전제품군에서다. 우리나라 차량 색상의 선호도 조사에서 1위는 은색으로 나타난다. 차량 색상에서 은색의 종류가 많은 것은 우연이 아니다. 은색 자동차를 왜 좋아하느냐고 물어보면, 일반적인 대답은 관리의 편의성 때문이라고 한다. 은색에 묻은 먼지는 두드러지지 않기 때문에 세차를 하지 않아도 크게 더러워 보이지 않는다. 더불어 은색이 가지는 미래지향적인 느낌, 하이테크놀러지 이미지가 자동차에 잘 어울리고 속도감을 느끼게 해 준다. 은색은 금색이나 다른 유채색보다 질리지 않기 때문에 한번 구매하면 상당한 기간 동안 보유하는 차량에 사용하기 좋다. 그리고 짙은 색 차량에 비하면 야간에 잘 보이기 때문에 사고를 줄이는 효과도 있다.

고급 자동차에서 은색이 가장 잘 어울린다는 인식은 은색이 갖는 '속도감'과 '금속성' 이미지에서 비롯된다. 포르쉐의 은색 스포츠카, BMW의 은색 자동차, 벤츠의 은색 자동차 등을 두고 '자동차는 은색이 진리'라는 표현이 나온 것이다. 독일의 슈투트가르트에는 벤츠 박물관(Mercedes-Benz Museum)과 포르쉐 박물관(Porsche Museum)이 있다. 둘 다 자동차 회사에서 운영하는 자동차 박물관인데, 벤츠 박물관은 외관도 은색이다. 한편, 벤츠의 은색과 관련된 재미난 일화가 있다. 카레이싱에 출전한 벤츠 자동차가 원래는 흰색으로 출전했는데, 차량 중량이 기준보다 살짝 더 나가는 바람에 차량을 감싸고 있던 랩핑을 벗겨 내었다고 한다. 벗겨 낸 차량의 색은 금속성을 띤 은색이었고, 그 차량이 1등을 하게 되면서 '빠르고 성능 좋은 차=은색'이라는 이미지가 굳어졌다고 한다. 사람들의 취향이 다양해지면서 차량의 색상도 훨씬 더 다양해졌지만, 가장 많은 자동차 색상은 여러 종류의 은색과 회색이라는 점은 변하지 않는다.

15-1 벤츠 박물관 외관

15-2 **은색 포르쉐 자동차**

은색은 가전제품에도 많이 사용된다. 파스텔톤의 주방 가전제품들이 주로 북유럽에서 사용된다면, 대형 가전을 많이 사용하는 북미의 가전제품은 은색이 주류를 이룬다. 가전제품 색상도 유행을 타는데, 북미에서 한때 주방용 가전제품이 대부분 흰색이었던 때도 있었지만, 현재는 주로 은색이 대형 가전제품의 고급 라인에 사용된다.

컴퓨터와 같은 소형 가전제품에도 은색이 사용되곤 한다. 노트북의 외장이 은색인 경우는 다반사다. 애플 컴퓨터의 사과 모양 로고는 초기에 무지개 색을 사용했지만, 이후 상품에 따라 색깔을 바꾸어 단색으로 사용했다. 2000년부터 2007년까지 투명한 느낌의 은색 로고가 사용되었고, 2007년부터 2013년까지는 중간에 칼집이 난 듯한 은색(혹은 매우 밝은 회색) 로고가 사용되었다. 그리고 그 이후에는 다시 단일색의 모노크롬 로고가 사용되고 있다.

음식물 포장에 사용되는 은색은 흔히 차가운 느낌을 준다. 청량감을 높여야 하는 음료의 경우 은색 포장이 좋다. 맥주 캔에서 은색을 그대로 사용하는 것도 같은 이치다. 은색은 그 안에 담긴 음료를 더 차갑게 느끼게 하며, 시원한 맛을 강조하는 효과가 있다.

여름에는 은색 철제 의자에 앉아서 시원하게 맥주를 마시는 것만큼 멋진 피서가 없다. 은색 테이블에 은색 철제 의자는 자칫 싸구려 느낌을 줄 수 있지만, 반면에 '비싸지

15-3 은색 주방가전제품

15-4 더운 여름에 시원해 보이는 은색 의자

않은' 느낌 덕분에 사람들에게 좀 더 친근하게 다가갈 수도 있다.

음식물 중에서 은색은 은단이 대표적이다. 은단은 입 안이 텁텁할 때 먹으면 입 안을 시원하게 하고 입냄새를 없애 주는 데 효과가 있는 의약외품이다. 표면이 은색이며, 작고 동그란 알약 모양을 하고 있다. 은단의 구성성분은 감초, 육계, 건강, 아선약, 정향, 목향 등으로 한약재를 사용한다.

자연물 중에서 은색은 무엇이 있을까? 광물을 제외하면 은색은 별로 없다. 구름 낀 날에 햇빛이 바다에 반사되는 경우, 반사된 빛이 더도 덜도 말고 딱 은색이다. 구름이 없을 때에도 반사된 햇빛을 은색이라 할 수도 있지만, 그때는 조도가 훨씬 더 강렬해서 눈부시고 강렬한 흰색이 된다. 구름 때문에 바다가 전반적으로 회색빛을 띠고 있으면, 구름 너머의 햇빛은 바다 위에 은색 조명을 켜 준다.

15-5 날씨가 흐렸던 어느 날의 제주 삼양 검은모래해변

15-6 충남 보령 무창포 해수욕장

　동물 중에는 은색 비늘을 가진 물고기들이 대표적이다. 은색 비늘의 물고기는 워낙에 많지만, 그중에서도 우리에게 친숙한 것은 은가루를 뿌려 놓은 듯 길고 번쩍이는 은갈치 아닐까? 제주 은갈치는 길게 뻗은 몸 전체가 은으로 덮인 듯하다.

　털 색깔이 밝은 회백색인 경우 은색이라고 부르기도 한다. 회색 여우를 '은빛 여우'라고 한다든가, 은색 긴팔원숭이(silvery gibbon, 밝은 회백색털을 가진 긴팔원숭이), 은색 랑구르(silvery langur, 긴꼬리 원숭이과의 포유류), 은색 마모셋(silvery marmoset, 마모셋 원숭이과의 포유류), 은색 작은영양(silver dik-dik, 영양의 일종) 등이 있다. 그 외에 북쪽 지역에서 기르는 개 종류인 알래스칸 말라뮤트(Alaskan Malamute)도 밝은 회백색 털을 지닌 경우 은색으로 보인다.

예술작품에 나타난 은색

평면회화의 경우, 은색을 사용한 작품을 찾기는 쉽지 않다. 반짝이는 특성이 사라진 은색은 대개 회색 카테고리에 속하기 때문이다. 입체적인 조형물의 경우 의외로 은색이 많은데, 금속을 사용하고 표면에 다른 색 처리를 하지 않은 경우 은색 조형물이 된다.

은색을 사용한 조형물은 때로 마감이 덜 된 듯한 느낌을 줄 수도 있다. 마치 철골조

15-7 캐나다 밴쿠버 박물관 앞 조형물

15-8 호주 멜버른 국립미술관

로 만든 건물에 마지막 마감 색 처리가 되지 않은 것처럼 말이다. 그래서 디테일을 세부적으로 만들거나 압도적인 크기의 조형물로 만들어서 미완성의 느낌을 상쇄할 수 있다. 15-7의 조형물도 세부적인 디테일과 거대한 크기로 완성미를 뽐내고 있다.

건축물도 넓은 의미에서 예술에 포함할 수 있다. 은색을 사용한 건축물은 대개 회색을 사용한 건물에 비해 더 특징적인 면을 가지고 있다. 회색 건물이 네모반듯한 직사각형이 많다면, 은색 건물은 일부러 은색을 사용했다는 것을 알려 주듯 파격적인 형태가 더해지곤 한다. 15-8의 건물은 호주 멜버른에 위치한 국립미술관인데, 비정형적 구조의 외관을 지녔다.

15-9는 존 싱어 사전트의 〈휴식(Repose)〉(1911)이다. 그림 속 여인은 머리를 소파 윗부분에 대고 소파에 깊숙이 앉았다. 복장으로 보아서는 외출을 하고 막 돌아왔거나, 혹은 외출해야 할 것처럼 차려입었다. 흰색 드레스였을지도 모르는 치마는 광택이 느껴지

도록 매만진 작가의 터치에 더불어서 여성이 두른 금빛 숄 덕분에 은색 치마로 보인다. 광택을 가진 것은 아름답고 화려해 보이지만, 그것이 사람을 편안하게 만들어 주지는 못한다. 오히려 화려함은 그 이면에 어떤 것을 감추거나 덮었을 가능성이 있다. 피곤해 보이는 여성의 표정에서 '휴식'이라는 제목은 서걱거리며 겉도는 것 같다. 편안하게 휴식하고 있다는 느낌보다는 휴식이 필요하지만 그저 지금은 지쳤을 뿐이라고 느껴진다.

15-9 John Singer Sargent. 〈Repose〉(1911). 미국 워싱턴 DC 내셔널 갤러리.

색의 선호

우리나라 사람들에게 가장 좋아하는 색이 무엇이냐고 물었을 때, 은색이라고 답한 비율은 1,507명의 남녀 중에서 단 한 명도 없었다. 싫어하는 색을 물었을 때에도 은색을 지목하는 비율은 1% 미만으로 나타났다. 결국 색깔로서의 은색에 대한 관심은 일반적으로 매우 빈약한 수준이라고 할 수 있다.

은색을 좋아하거나 싫어하는 비율   (단위: %)

		10세 미만	10대	20대	30대	40대	50대	60대 이상
여성	선호색	0.0	0.0	0.0	0.0	0.0	0.0	0.0
	혐오색	0.0	0.0	0.0	0.9	0.5	0.0	0.0
남성	선호색	0.0	0.0	0.0	0.0	0.0	0.0	0.0
	혐오색	0.0	1.2	0.8	0.0	0.0	0.0	0.0

색의 조화

은색과 잘 어울리는 색은 유채색 중에서는 청색 계열이다. 특히 어두운 파랑이 은색과 잘 어울린다. 간혹 옅은 파랑도 은색과 조화롭게 어울린다. 은색이 지닌 차가운 성질과 파랑의 차가운 성질은 유사하며, 두 색이 각각 밝음과 어두움을 가지고 있어서 조화를 이룬다. 어두운 파랑 외에도 은색과 청록색, 은색과 보라색 조합도 썩 잘 어울린다. 기본적으로 은색이 차가운 특성을 지녔으므로 난색보다는 한색 계열 유채색과의 조합

15-10 은색과 옅은 파랑의 조화

이 손쉽다.

무채색 중에서는 흰색과의 조합이 좋다. 은색도 여성, 흰색도 여성을 상징하므로 두 색깔은 자매처럼 나란히 있을 수 있다. 금색 역시 은색과 잘 어울리지만, 이 조합에서 은색은 '부차적'이라거나 '2순위'의 느낌을 가지게 된다.

색채의식과
색채치료

Chapter 16

색채의식과
색채치료

색채는 분명히 사람들에게 영향을 준다. 사람에 따라서는 감각적으로 무딘 경우에 자신은 색채의 영향을 받지 않는다고 생각할 수도 있지만, 그런 경우에도 색은 영향을 미친다. 다만, 그것을 자각하는 정도가 약할 뿐이다. 다르게 이야기하면, 날씨가 맑은 날과 흐린 날에 차이를 잘 느끼는 사람도 있고 차이를 잘 느끼지 못하는 사람도 있다. 차이를 잘 느끼는 사람은 컨디션과 기분, 감정, 대인관계에 이르기까지 날씨가 맑은 날에 훨씬 더 좋다고 말한다. 차이를 잘 지각하지 못한다고 해서 실제로 그 사람에게 아무런 차이가 없는 것일까? 햇빛을 많이 (혹은 적게) 쬐었다는 것을 아는 사람이든 모르는 사람이든 그 영향은 동일하게 미칠 것이다. 그러므로 색채의 영향력이 무엇이든, 그것을 우리가 좋은 쪽으로 사용할 수 있다는 전제로 색채의 영향력을 이해하고 알아차리고자 하는 것이 이 장의 목적이다.

색채의 영향력을 이해하고 삶에 적용하는 데 두 가지의 주요 개념이 있다. 하나는 색채의식, 다른 하나는 색채치료다.

· · · ·
색채의식

색채의식은 color consciousness라고 하는데, 자신의 색채에 대해서 깨닫고 아는 것을 말한다. 여기서 중요한 키워드는 '자신의 색채'다. 내 색깔은 무엇일까? 내게 맞는 색깔, 내게 필요한 색깔이 무엇인지 어떻게 찾을 수 있을까?

자, 그럼 다음의 질문을 보고 떠오르는 대로 느껴 보자. 뜬금없는 질문처럼 들리겠지만 말이다.

"나의 삶은 현재 어떤 색깔인가?"

여러 가지 대답들이 있을 수 있다. 그 색깔은 일시적인 것일 수도 있고, 혹은 계속 지속되어 온 색깔일 수도 있다. 자신의 색깔이 어떤 것인지 한 번쯤 스스로에게 물어보는 것. 아마도 자신의 삶에 좋은 이정표가 되어 줄 것이다.

자신의 색깔을 찾는 것을 어렵게 생각할 필요는 없다. 딱히 색이 떠오르지 않는다면, 그저 삶에서 구체적으로 하나씩 풀어 나가기로 하자.

선호하는 색과 싫어하는 색

먼저, 자기가 좋아하는 색이 무엇인지 떠올려 보자. 지금 현재를 기준으로 생각하는 것이 좋다. 예전에 좋아했던 색은 얼마든지 바뀔 수 있다. 지금 현재를 기준으로 어떤 색을 좋아하는가? 그리고 싫어하는 색은 무엇인가?

옷장 살피기

그다음으로 좀 더 구체적인 방법이 있다. 자신의 옷장을 보면서 무슨 색이 가장 많은지 살펴보는 것이다. 옷장을 열었을 때 어떤 색이 보이는가? 옷장 속 옷들 중에서 두드러진 색이 있는가? (겉옷을 중심으로 이야기하는 것이다.) 두드러진 색깔이 있거나 아예 없는 색깔이 있다면 무슨 색인가?

물론 옷을 사러 갔을 때 선택할 수 있는 색깔의 폭이 넓지 않아서 그 색밖에 없었다고 생각할 수도 있다. 혹은 사회생활을 하다 보니 직장에서 무난하게 입을 수 있는 옷이 무채색 계열이거나 톤다운된 청색 계열이라 가지고 있는 옷들이 그런 색에 맞춰져 있을 수도 있다. 그렇다 하더라도, 자신의 옷장에 있는 옷 색깔은 자신의 색깔을 보여 준다. 어떤 사람들은 옷을 고를 때 색깔을 염두에 두지 않고 그냥 편하기 때문에 샀다고 할 수 있겠지만, 그럼에도 불구하고 옷 색깔 중 가장 많은 색깔이 무엇인지 살펴봄 직하다.

한번은 필자가 색채심리를 강의하면서 수업을 듣는 학생들에게 자신의 옷장에서 어떤 색깔의 옷이 가장 많은지 살펴보고, 하나도 없는 색깔 옷을 (너무 비싸지 않은 것으로) 사서 입어 본 후 그 느낌을 서로 적어 보라고 한 적이 있었다. 그리고 그 결과는 상당히 홍미로웠다. 대개 학생들은 하나도 없는 색깔 옷으로 강렬하고 튀어 보이는 원색들을 지목했고, 용기를 내서 그 색깔 옷을 샀다고 한다. 입는 것도 망설이다가 '숙제니까'라고 위안을 하며 입었다는 사람도 있고, 휴일에 집에서만 하루 종일 입었다는 사람도 있었다. 그리고 그 결과, 각자에게 새로운 경험이었다고 한다. 주변의 반응도 신선하다는 의견과 밝아 보인다는 언급이 많았다. 그런 것을 보면, 우리나라 문화는 표현을 장려하거나 각자의 개성을 중요시한다기보다는 담아 두고 억누르거나 혹은 주변의 요구에 자신을 맞추는 경향이 중심이 되지 않나 싶다. 그러다 보니 참았다가 표현할 때 그 표출이 과격하고 조절되지 않는 면이 있을 것이다.

다시 색채 이야기로 돌아가자. 옷에 나타난 색채는 무슨 의미일까?

한 사람의 에너지는 결국 색채를 통해서 표현된다. 색깔의 코드는 우리 마음의 코드와 맞을 때 더 끌리게 되어 있다. 그것이 색깔이든 향기든 소리든, 무엇이든지 우리 마음의 코드와 외부에 있는 것의 코드가 서로 맞을 때 훨씬 더 끌린다. 이것은 '공명의 원리'로 설명할 수 있다.

공명은 소리굽쇠의 울림을 생각하면 이해하기 쉽다. 두 개의 소리굽쇠를 약간의 거리를 두고 세워 둔 뒤, 한쪽 소리굽쇠를 쳐 보자. 그러면 저쪽에 있는 소리굽쇠가 우웅 하고 울리게 된다. 그것이 공명이다. 이와 같이 어떤 주파수를 지닌 에너지는 동일한 주파수를 지닌 환경에서 활성화된다. 영어로는 strike a chord라고 표현한다. 소리굽쇠가 아닌 다른 예를 들어 보면 이러하다. 두 개의 바이올린이 있다. 그중 하나의 바이올린에서 E 현을 뜯는다고 하자. 그러면 근처에 있는 바이올린의 E 현도 진동을 하게 된다. 옆의 바이올린에는 손도 대지 않았지만, 같은 주파수를 가지고 있기 때문에 한쪽에서 어떤 파장을 일으키면 다른 물체도 그 파장에 반응하게 되는 것이다.

우리는 흔히 "저 사람은 나랑 코드가 잘 맞아."라는 말을 하곤 한다. 아마도 어떤 것을 딱 꼬집어 말할 수는 없지만, 심리적인 주파수에서도 비슷한 파장을 사용하는 게 아닐까 싶다. 그럴 경우에는 서로 편안함을 느낄 것이다. 그것이 바로 공명의 원리다. 색채도 빛의 파장이므로 주파수를 가지고 있는 것이라 할 수 있으며 공명의 원리가 적용이 될 수 있다.

특정 색깔의 옷을 입지 않는 이유는 무엇일까? 그 색의 느낌, 영향, 심리적인 주파수가 자신과 맞지 않아서다. 예를 들어, 마음이 가라앉아 있을 때 밝은 색깔의 옷은 쉽게 손이 가지 않는다. 입으려고 하면 뭔가 부담스럽게 느껴지고 불편하다. 어쩔 수 없이 입었을 때에는 뭔가 이질감이 느껴지고 거북스럽다. 그 색의 주파수, 혹은 코드가 자신의 마음 상태와 잘 맞지 않기 때문에 결국 그 색상의 옷을 입지 않게 된다.

한편, 어떤 색을 좋아하지만 그 색깔 옷을 입지 않는다고 하면 그것은 무엇일까? 여러 가지 실제적인 이유도 있겠지만 (그 색깔의 옷이 생산되지 않는다든가, 옷으로 구현된 색깔이 촌스럽게 보인다든가 등) 그 색깔과 관련된 주파수에 에너지가 많이 몰려 있어서 더 활성화되는 것을 원치 않기 때문이다. 좀 더 쉽게 풀어서 설명해 보자. 예를 들어, 어떤 사람이 초록색을 매우 좋아한다고 하자. 그런데 자신이 가지고 있는 초록색 옷은 별로 없다. 초록색 옷을 살 수도 있었는데 안 샀다면, 이미 그 사람에게 초록색 에너지가 많다고 볼 수 있다. 넘치도록 많은 어떤 것에 그것을 굳이 더하고 싶은 사람은 없을 것이다.

정리하면, 어떤 색의 옷을 입지 않는다는 것은 그 색과 관련된 에너지를 사용하지 않거나 혹은 옷 이외에 다른 방식으로 너무 많이 사용하기 때문에 피하는 것이라 할 수 있다.

우리가 색채의식에 대해서 생각해 보는 이유는 모쪼록 균형을 가지기 위해서다. 지나치게 많거나 부족한 부분들을 살펴서 진정시키거나 더해 주는 것, 그리고 그렇게 함으로써 균형을 잡는 것이 목표가 된다.

색깔 일기

색채의식을 가지기 위해서 쓸 수 있는 다른 방법으로 색깔 일기를 쓸 수 있다. 색깔 일기는 어떻게 쓸 수 있을까? 어렵게 생각지 말고, 그날의 기분이나 느낌, 기록을 색깔로 남기면 된다. 구체적인 형태가 있든 없든 상관없다. 그림일기를 그리는데, 색깔 중심으로 표현한다고 생각하면 된다. 초등학생용으로 나오는 그림일기장을 사용해도 되고, 혹은 A4 용지 사이즈의 노트를 사용해도 된다. 종이 크기가 너무 크게 느껴진다면 더 작은 수첩을 써도 무방하다. 매일매일 꾸준히 적다 보면, 자신이 자주 쓰는 색깔들이 무엇인지 보게 되고, 색깔 변화의 흐름이나 규칙 같은 것을 발견하게 될 것이다.

만약 색깔 칠하기가 익숙하지 않다면, 하루를 되돌아보며 자신의 색깔에 대해 적어 보아도 된다. 처음 1주차에는 자신을 중심으로 한 색깔에 대해 기록한다. 오늘은 어떤 색깔의 옷을 입고 어떤 일을 했는지, 그때 자신이 느끼기에 신체적·정신적·정서적으로 어떤 변화나 기억하고 싶은 순간들이 있었는지 기록해 본다.

그다음 2주차에는 첫 일주일 동안 했던 내용들을 그대로 계속 기록하면서, 초점을 조금 더 넓혀서 작성한다. 즉, 자신에 대한 것뿐만 아니라 주변의 색깔에 대해서도 같이 기록한다. 평상시에 자신의 주변에 어떤 색이 있는지 혹은 어떤 색이 없는지 적어 본다. 주변에 있는 색도 중요하지만 어떤 색이 없냐 하는 점도 중요한 의미가 될 수 있다. 실내에 사용된 색이라든가, 조명, 물체, 거리 풍경 등 자신을 둘러싼 주변을 관찰하며 발견한 것을 기록해 본다. 이렇게 주변의 색을 기록하다 보면 색에 대한 감각이 좀 더 키워질 수 있고 관찰하는 능력도 향상된다. 더불어, 자기 내면의 변화나 외부에서 들어오는 감각경험에 대해 더 예민하게 알아차릴 수 있는 능력이 생긴다.

이와 같은 연습은 하기 전에 그냥 머리로 이해하는 것과 실제로 경험하는 것이 매우 다르다. 그러므로 꼭 한 번씩 해 보기를 권한다.

· · · ·
색채치료

색채치료의 목표는 사람들로 하여금 각각의 에너지를 균형 잡히게 활성화시키도록 하는 것이다. '균형'이라는 개념이 중요하다. 심리적·신체적 건강을 위해서는 에너지의 균형이 맞아야 된다. 어떤 요소가 과다하거나 다른 요소는 결핍된 것이 아니라, 대체로 무난하게 충분한 상태를 유지하는 것이다.

색채치료의 목표를 상징적으로 이야기하면 '무지개를 닮기'라고 할 수 있다. 비 온 뒤 하늘에 생긴 무지개를 본 것을 기억하는가? 그림책에서 보던 무지개 모습은 빨강, 주황, 노랑 등 모두 일곱 가지 색을 각각의 띠로 나타낸 모습이지만, 실제 무지개는 색깔 띠가 나눠진 모습이 아니라 매우 부드럽게 색이 연결되어 바뀌는 모습이다. 빨-주-노-초-파-남-보로 나뉜 일곱 개의 색깔은, 실은 7이라는 수를 이상적으로 보았던 뉴턴식 사고 때문에 분류된 것이다. 무지개 색을 여섯 개나 다섯 개의 색으로도 볼 수 있는데, 굳이 남색(indigo)와 보라(violet)를 나누어서 일곱 개 색깔에 맞춘 것이다.

경위야 어찌되었든 여러 가지 색깔로 부드럽게 나누어지는 무지개의 모습은 사람의 마음과 신체가 전체적으로 이상적인 상태를 이루고 있는 것을 상징적으로 보여 준다. 어느 한 가지 색깔에 치우치거나 어떤 색이 없는 것이 아니라 여러 가지 색깔이 골고루 다 있으면서 부드럽게 조화를 이루고 있다.

색채 휴식

휴식에 대해 이야기하려고 한다. 몸과 마음이 쉬고 회복해서 다시금 에너지를 발휘할 수 있도록 도와주는 것, 그것이 휴식의 목적이다. 현대사회에선 쉬는 것도 쉽지 않다. 잘 쉬는 것조차 모두에게 숙제가 되는 시대다. 어디에 여행을 가거나 집에서 TV를 보더라도 완전히 쉬는 것이 아닌 경우도 있다. 충분히 이완된 상태가 아니라면 더욱 그러하다. 몸이든 마음이든 여전히 긴장이 남아 있는 상태라면, 엄밀한 의미에서의 휴식은 충분하지 않은 셈이다.

긴장을 완전히 내려놓고 쉬는 상태가 휴식인데, 몸을 긴장시킬 수 있는 정신의 활동, 이를테면 습관적인 생각, 염려, 불안 등을 떠올리지 않는 상태라야 가능할 것이다. 그러한 상태를 누리기 위해서는 어느 정도 연습이 필요할 수 있다. 그때 할 수 있는 연습의 하나로 '마음 고요히 하기'가 있다.

먼저, 조용한 장소를 찾아서 편안하게 앉거나 눕는다. 그리고 눈을 감는다. 주변 상황이나 신경 쓰던 것들을 가능한 한 다 내려놓고, 자신에게 집중한다. 이제 자신의 감정을 한번 살펴본다. 감정이 어떠한지, 힘들었다면 '많이 힘들었구나.' 하고 마음으로 쓰다듬어 준다(자신을 스스로 쓰다듬어 주지 않으면 어떤 곳에서도 제대로 위로를 받을 수 없을 것이다).

그런 다음, 몸의 긴장을 풀도록 한다. 몸의 부위마다 힘을 주고 몇 초간 유지한 뒤 힘을 빼면, 그 부분은 완전히 이완되어서 쉴 수 있다. 발가락 끝에서부터 힘을 꽉 줬다가 몇 초 후에 풀고, 그렇게 힘을 줬다가 푸는 부위를 점점 위쪽으로 올라가면서 하나씩 진행하도록 한다. 다리와 무릎, 엉덩이, 등, 가슴, 어깨, 팔, 손, 목, 얼굴 등의 순서로 진행한다. 우리 몸에는 의식적으로 쓸 수 있는 근육이 굉장히 많기 때문에 긴장을 줬다가 어느 정도 유지한 뒤 풀게 되면, 훨씬 더 편안하게 이완된다는 것을 경험하게 된다. 몸이 완전히 이완되었다면, 그냥 편안하게 숨을 쉬도록 하자. 코로 들이마시고 입으로 내쉰다. 이렇게 하면서 자신의 가슴 부위에 마음을 집중한다. 내 가슴 부위에 나비가 한 마리 쉬고 있다고 상상해 보자. 그 나비는 우리가 숨을 들이쉬고 내쉴 때 조금씩 더 날개를 펼친다.

상상 속에서 그 나비가 날개를 온전히 다 폈다면 이제 나비를 관찰해 보자.

나비의 크기는 어떠한가? 그리고 나비의 색깔은 무엇인가? 나비에 대한 자신의 느낌은 어떤가?

우리 상상 속에서 그 나비를 천천히 관찰해 보도록 한다.

만약 나비가 날아간다면 그 모습을 지켜보다가, 날아간 곳으로 내 마음도 같이 따라서 날아간다고 상상해 보자. 나비가 날아서 도착한 그곳은 어디 혹은 어떤 곳인가?

나비 찾기를 할 때 유의점이 있다. 일부러 머릿속에서 '나는 이렇게 생각해야지' '이런 나비를 떠올려야지'와 같은 의도를 가지지 않도록 한다. 떠오르는 나비가 어떤 모습이든 평가하거나 비판하지 않도록 한다. 있는 그대로를 수용하는 것이 가장 좋다.

이미지가 자연스럽게 떠오르면 다행이고, 만약 아무것도 떠오르지 않는다면 쉬었다가 다음에 시도해 보면 된다. 이미지가 자연스럽게 떠오르지 않는다고 해서 걱정할 일은 아니다. 억지로 할 필요는 전혀 없다.

나비를 충분히 봤으면 그 이미지는 사라지게 하고, 눈을 뜨고 다시 일상으로 복귀한다. 이 연습은 그렇게 끝맺음을 한다.

이제, 나비의 의미에 대해 살펴보기로 한다.

색채치료에서는 나비 이미지를 중요시한다. '나비'는 '한 사람의 자아가 가지고 있는 잠재력'의 상징이다. 나비는 그 자체로서 자아라고 볼 수도 있고, 영혼이라 할 수 있다. 고대 그리스어로 '사이키(Psyche)'는 자기(Self), 영혼(Soul)이라는 뜻을 가지고 있는데, 나비라는 뜻도 있다. 그래서 나비가 가진 상징이 바로 그 사람의 자아, 영혼이 된다.

나비는 영적인 특성을 나타내며, 변형, 변화, 자유를 상징한다. 나비는 번데기 시기를 거친 후에 모습이 달라지는 완전변태 과정을 거친다. 즉, 이전과 확연하게 달라지는 상태로 전환되므로 변형, 변화, 자유를 상징하는 것이다.

앞서 설명한 연습대로 몸에 긴장을 풀고 천천히 호흡을 하면서 가슴으로부터 나비를 떠올렸을 때, 그 나비의 모습과 날아가는 장소는 상상하는 사람의 상태에 대해 알려 주는 역할을 한다.

나비의 색깔은 현재 그 사람이 표현하고 있는 에너지다. 나비가 날아가는 장소에 색깔이 있었다면, 그 색깔은 진정한 자신이 되기 위해서 표현해야 하는 에너지의 색깔이다. '날아간다'는 것은 결국 그 사람이 앞으로 도달해야 하는 목표지점을 향해 가는 것이기 때문이다. 예를 들어, 나비가 날아갔던 곳은 굉장히 크고 푸른 언덕이었다고 해 보자. 그 장소의 색깔이 초록색이었다면, 앞으로 그 사람에게는 초록색 에너지를 좀 더 해 주어야 한다.

나비의 색깔이 어떤 의미일까 파악하기 위해서는 앞서 각 색깔별 상징을 다시 한 번 더 보는 것이 도움이 된다. 이때 하나의 색깔에도 상반된 상징이 있었다는 것을 기억할 필요가 있다. 그러므로 '이 색깔의 나비는 이런 뜻이야.' 하고 1:1 방식으로 해석하는 것은 지양해야 한다.

색채의 역사

자서전을 쓰듯이 자신이 살아온 인생을 한눈에 조망할 수 있도록 색채 역사로 만들어 본다. 색채의 역사를 만드는 방법은, 과거로부터 현재에 이르기까지 자신의 살아온 발자취를 되돌아보면서 그 기억들을 색으로 정리하는 것이다.

먼저, 자신의 첫 기억으로 떠오르는 색깔이 있다면 그것부터 시작하면 된다. 기억나는 색깔을 중심으로 자신에게 특별한 의미가 있었던 색들을 정리해 본다. 한 가지 방법은 컬러칩을 사용하는 것이다. 조그마한 네모 컬러칩들을 만들어 놓고 기억에 있는 색깔들을 쭉 붙여 나가는 것[1]이다. 유아기부터 시작해서 아동기, 청소년기, 청년기, 장년기 순서로 기억하는 중요한 순간 혹은 사건들의 색을 붙여 나간다. 그렇게 하다 보면 처음엔 별다른 기억이 떠오르지 않더라도 어느 순간 기억나는 것들이 꽤 많아지기 마련이다.

색에 대한 선호가 변화했던 경험도 분명히 있었을 것이다. 특히 좋아하는 색은 극적으로 변화하기도 한다. 개인의 색채 역사를 찾다 보면 자주 듣는 이야기 중 이런 이야기가 있다. "어렸을 때 전 정말 분홍색을 너무 좋아했었어요. 그래서 무조건 분홍색이었어요. 가지고 있던 가방, 신발, 옷, 머리띠……. 전부 다 분홍색만 사 달라고 했었지요. 그러다가 사춘기가 되면서 분홍색이 지긋지긋하게 싫어졌어요."

이와 같이 좋아하는 색의 변화는 단순히 색 취향에 국한된 변화라기보다는 그 사람의 정신과 감정에 생긴 변화와 함께 움직이는 것이다. 그래서 색채의 역사를 통해 자신을 돌아보는 것이 의미가 있다. 다른 각도에서 자신을 살펴보는 기회를 주기 때문이다.

색채에 따른 개인 역사를 한눈에 바라볼 수 있도록 정리를 하면, 중간중간 특정 색깔의 시대들이 나올 것이다. 특정 색깔이 싫었던 시기가 있다면 왜 싫었는지, 무엇 때문에 싫었는지, 어떤 기억들이 있는지 등을 돌아볼 수 있다.

전체 색채의 역사를 살펴봤을 때 주조색이 있다면 무엇인가? 전혀 사용되지 않은 색도 있는가? 각각의 색이 사용된 시기의 경험들을 다시 기억해 볼 때 좋았거나, 힘들지만 의미 있었거나, 혹은 다시 돌아가고 싶을 만큼 그리운 시기라면, 지금 현재 그 시기에 해당되는 색깔들을 더 보충해 줄 수 있다.

색 보충을 어렵게 생각할 필요는 없다. 가장 손쉬운 방법은 자신의 주변 환경을 조금 바꿔 주는 것이다. 소품을 통해서든 인테리어를 통해서든, 혹은 옷이나 소지품 등을 통해서 바꿀 수 있다. 벽지 색을 바꾸는 것과 같이 큰 변화가 있다면 좋겠지만, 그렇게 하기 어렵다면 자신에게 필요한 색깔을 큰 종이 위에 칠해서 벽에 붙여 보도록 한다. 종

---

1) 컬러칩은 색종이를 오려서 사용해도 된다.

이가 조금 두꺼우면 색을 칠하기가 더 좋다. 그렇게 붙여 두는 것만으로도 색의 효과를 느낄 수 있다.

색깔만 사용해서 자유롭게 그림 그리기

미술치료 분야에서 가장 많이 사용하는 첫 번째 방법은 자유롭게 그리기다. 자신이 원하는 대로, 하고 싶은 대로 그릴 때 우리 마음을 가장 잘 들여다볼 수 있다. 색채에 대한 어떠한 제한도 없이 자유롭게 표현하도록 한다.

필자에게 미술치료를 받았던 내담자 중에, 뭔가를 표현하려고 하면 머릿속에서 생각이 너무 많아서 쉽게 표현이 되지 않던 여성이 있었다. 자신의 마음에 여러 가지 억압적인 생각도 많았다. '이것을 이렇게 그리면 내가 너무 건강해 보이지 않을 것이고, 저건 저렇게 하면 안 될 것 같고. 오늘은 이것을 좀 해야 하는데, 표현이 잘 안 되려고 해.'처럼 생각이 너무 많았다. 그래서 필자는 그 여성에게 "오늘은 어떤 형태를 그리려고 하지 마시구요, 색깔만으로 그림을 그려 보세요. 원하시는 색깔을 먼저 선택해 볼까요?"라고 제안했다.

그 내담자는 커다란 붓으로 색을 칠하기 시작했다. 곧이어 4절 도화지(4절만 하더라도 크기가 큰 편이다)를 2~3장씩 붙여서 색깔을 칠하기 시작했다. 나중에 그녀는 그날의 작업이 정말 많은 것을 표현하게끔 도와줬노라고 말했다. 어쩌면, 색깔만 칠하는 과정에서 억눌려 있던 감정들이 조금 더 수월하게 나온 게 아니었을까 생각된다.

색채 호흡

또 다른 방식을 하나 더 살펴보자. 이번에는 색채 호흡이다.

색채 호흡도 역시 편안하게 앉거나 누운 상태로 진행하도록 한다. 몸의 긴장을 가능하면 풀도록 한다. 그런 뒤, 자신의 호흡이 편안해지도록 기다린다. 코로 숨을 들이마시고 입으로 내뱉으면서, 천천히 규칙적으로 호흡을 하는 상태가 되도록 한다. 그렇게 된 후 이번에도 상상력을 발휘한다. 상상 속에서, 자신에게 필요한 색깔을 들이마신다고 떠올려 보자. 예를 들어, 자신에게 따뜻한 노란색의 기운이 필요하다고 한다면, 숨을 들이

마실 때 정말 깨끗하고 아름다운 노란색이 내게로 들어온다고 상상하는 것이다. 만약 색깔을 들이마신다는 것이 잘 떠올려지지 않는다면, 그냥 따사로운 햇볕 아래에서 숨쉰다고 상상하는 것으로도 충분하다. 그 햇살 아래에서 숨을 쉴 때마다 햇빛 속에 가득한 태양 에너지가 자신의 몸속으로 들어간다고 믿으면 더 좋다. 그렇게만 하더라도 색채 호흡에서 얻으려고 하는 효과와 동일한 효과를 누릴 수 있다.

상상 속에서 뭔가를 하는 것과 실제로 우리가 그것을 경험하는 것은 사실 별 차이가 없을 수 있다. 색채 호흡을 했을 때 좋은 것은 우리 안에 좋은 에너지들이 좀 더 쌓인다는 것이다. 태양 속에 있는 밝고 따뜻하며 생명력 가득한 에너지가 자신에게 들어온다고 상상해 보라. 그 상상만으로도 좋지 않은가?

부록

색 선호 결과

본 결과는 필자가 2014~2015년에 우리나라 남녀 1,507명을 대상으로 색채 선호에 대해 질문하고 얻은 결과다. 이들의 거주 지역은 서울이 42%, 경기도가 40%이며 18%는 그 외의 지역이다.

당신이 가장 좋아하는 색은 무슨 색입니까?

순위	남녀 전체		남자		여자	
1	파랑	22.2%	파랑	31.5%	파랑	17.1%
2	초록	11.3%	초록	12.4%	분홍	11.9%
3	보라	9.8%	검정	12.2%	보라	11.7%
4	빨강	9.7%	빨강	11.0%	초록	10.8%
5	검정	9.4%	보라	6.4%	흰색	9.1%
6	분홍	8.2%	노랑, 흰색	5.8%	빨강	8.9%
7	흰색	7.9%			검정	7.8%
8	노랑	6.6%	어두운 파랑	3.9%	노랑	7.0%
9	주황	3.6%	주황	2.8%	주황	4.1%
10	연두	2.5%	연두	2.1%	연두	2.7%
11	어두운 파랑 (남색, 군청색)	2.5%	분홍	1.5%	갈색 (베이지)	2.4%
12	갈색	1.7%	회색	1.5%	어두운 파랑	1.7%
13	회색	1.2%	민트	0.9%	민트	1.2%
14	민트 (연한 하늘)	1.1%	갈색	0.6%	회색	1.0%

순위	남녀 전체		남자		여자	
15	자주	0.7%	금색, 자주, 없음	0.4%	자주	0.9%
16	파스텔톤	0.5%			파스텔톤	0.7%
17	없음	0.4%			없음	0.4%
18	금색	0.2%	파스텔톤	0.2%	금색	0.1%

당신이 가장 싫어하는 색은 무엇입니까?

순위	남녀 전체		남자		여자	
1	없음	12.4%	분홍	13.1%	없음	14.2%
2	검정	11.3%	검정	11.6%	검정	11.1%
3	분홍	10.0%	빨강	11.0%	갈색	10.0%
4	갈색	9.1%	회색	9.2%	회색	8.4%
5	회색	8.7%	노랑, 보라	8.8%	분홍	8.3%
6	빨강	8.3%			노랑	7.7%
7	노랑	8.1%	없음	8.6%	빨강	6.8%
8	초록	6.2%	갈색	7.3%	초록	6.7%
9	주황	4.9%	초록	5.4%	보라	6.5%
10	흰색	2.4%	주황	3.9%	주황	5.4%
11	고동색 (어두운 갈색)	2.3%	흰색	2.6%	형광색	2.7%
12	파랑	2.1%	파랑, 어두운 갈색	2.1%	어두운 갈색	2.5%
13	형광색	1.9%			흰색	2.3%
14	연두	1.4%	어두운 파랑	1.3%	파랑	2.2%
15	어두운 파랑	1.3%	자주	1.1%	연두	1.7%

16	민트	1.1%	연두	0.9%	어두운 파랑	1.3%
17	자주	1.1%	금색	0.6%	자주	1.2%
18	은색	0.3%	은색, 형광색, 민트	0.4%	민트	0.4%
19	금색	0.2%			은색	0.3%
20	파스텔톤	0.1%			파스텔톤	0.1%
21			파스텔톤	0.2%		

미술관 소개

이 책에 소개되거나 추천된 작품들이 소재하고 있는 미술관은 다음과 같다.

우리나라

경주 국립경주박물관   http://gyeongju.museum.go.kr/
대구 대구미술관   http://www.daeguartmuseum.org/
통영 전혁림 미술관   http://www.jeonhyucklim.org/
원주 뮤지엄 산   http://www.museumsan.org/
제주 김영갑 갤러리 두모악   http://www.dumoak.co.kr/
     제주 봄 미술관   http://www.jeju-bom.com/
     제주 현대미술관   http://www.jejumuseum.go.kr/
     기당미술관   http://www.gidang.seogwipo.go.kr/

미국

Atlanta	High Museum of Art	http://www.high.org/
Baltimore	Museum of Art	https://artbma.org/
Boston	Museum of Fine Arts	http://www.mfa.org/
Buffalo	Albright–Know Art Gallery	https://www.albrightknox.org/
Philadelphia	Museum of Art	http://www.philamuseum.org/
Seattle	Seattle Art Museum	http://www.seattleartmuseum.org/
Washington DC	National Gallery of Art	http://www.nga.gov/

캐나다

Montreal	Museum of Fine Arts	https://www.mbam.qc.ca/en/
Ottawa	National Gallery of Canada	https://www.gallery.ca/
Quebec	Musée national des beaux–arts du Québec	
		https://www.mnbaq.org/en
Toronto	Art Gallery of Ontario	https://www.ago.net/
Vancouver	Vancouver Art Gallery	http://www.vanartgallery.bc.ca/

〈유럽〉

네덜란드

Otterlo	Kröller–Müller Museum	http://www.krollermuller.nl/

벨기에

Bruges	Musée Arentshuis	https://www.visitbruges.be/en/arentshuis

독일

Stuttgart	Kunstmuseum	www.kunstmuseum-stuttgart.de/
	Mercedes-Benz Museum	https://www.mercedes-benz.com/en/mercedes-benz/classic/museum/
	The Porsche Museum	http://www.porsche.com/museum/en/
Nürnberg	Neues Museum Staatliches Museum für Kunst und Design in Nürnberg (뉘른베르크 현대미술관) http://www.nmn.de/	
	Albrecht-Dürer-Haus 미술관 http://www.museen.nuernberg.de/duererhaus/	
Weil am Rhein	Vitra Design Museum	http://www.design-museum.de/de/informationen.html

오스트리아

Vienna	Kunsthistorisches Museum Wien (미술사 박물관) https://www.khm.at/en/	
	Wien Museum Karlsplatz	http://www.wienmuseum.at/en.html
	Freud Museum	www.freud-museum.at/en/

프랑스

Metz	Centre Pompidou-Metz	http://www.centrepompidou-metz.fr
Nancy	Musée des Beaux-Arts de Nancy http://mban.nancy.fr	
Strasbourg	Musée des Beaux-Arts de Strasbourg http://www.musees.strasbourg.eu/	
Strasbourg	Musée d'art moderne et contemporain(근현대미술관) http://www.musees.strasbourg.eu/	

호주

Melbourne	National Gallery of Victoria	http://www.ngv.vic.gov.au/ State Library of Victoria https://www.slv.vic.gov.au/
Tasmania	MONA(Museum of Old and New Art)	http://www.mona.net.au/Tasmanian Museum and Art Gallery http://www.tmag.tas.gov.au/

뉴질랜드

Auckland	Auckland Art Gallery Toi o Tamaki	http://www.aucklandartgallery.com/
Christchurch	Christchurch Art Gallery	http://www.christchurchartgallery.org.nz/

본문에 실리지 않은 추천작품

빨강

■ Lee Krasner. 〈Combat〉(1965). 호주 멜버른 국립미술관.

호주 멜버른 국립미술관에는 잭슨 폴록(Jackson Pollock)의 부인인 리 크래스너(Lee Krasner, 1908~1984)가 그린 〈전투(Combat)〉라는 작품이 있다. 잭슨 폴록이 추상 표현주의 화가로 워낙 유명해서 그의 부인은 상대적으로 덜 유명했지만, 리 크래스너도 제2차 세계대전 이후 활동한 미국 화가들 중 주요 인물이다. 〈전투〉는 제목이 암시하듯 커다란 캔버스에 강렬한 빨간 색채가 사용되었고, 소용돌이치는 듯한 선의 움직임을 느낄 수 있다. 빨간 선 사이 여백은 밝은 오렌지색으로 메워졌는데, 형광 느낌이 드는 오렌지색 때문에 전체적인 화면에서의 긴장은 더 높아진다. 이 '전투'가 제2차 세계대전인지 삶의 면면을 지칭한 것인지 심리적 내면을 묘사한 것인지, 혹은 그 모두를 조금씩 대변하는 것인지 모르겠지만, 따뜻하고 밝은 색상들 간의 긴장과 충돌을 강력하게 묘사했다는 것은 확실하다. 이 작품 앞에서는 누구나 역동적인 긴장과 형언하기 힘든 불안을 느끼게 될 것이며, 그러한 영향의 핵심에는 색채가 자리 잡고 있다. 이 작품이 흑백이라면, 훨씬 다른 느낌을 가지게 될 것이다.

■ Alma Thomas. 〈Red Rose Cantata〉(1973). 미국 워싱턴 DC 내셔널 갤러리.

이 작품도 빨강을 사용한 추상화인데, 방금 소개한 〈Combat〉와는 느낌이 사뭇 다르다. 미국 화가 알마 토머스(Alma Thomas, 1891~1978)의 〈Red Rose Cantata〉(1973, 캔버스에 아크릴)는 크기가 제각각인 여러 개의 빨간 조각들로 이루어진 추상화다. 바탕의 흰색과 강렬한 대조를 이루면서 한없이 생생한 느낌을 준다. 테두리의 짙고 어두운 갈색 나무 액자까지 완벽하게 잘 어울리는 작품이다.

■ Ian Hamilton Finlay. 〈La Hutte d'Adorno〉(1986~1987). 스트라스부르 근현대미
술관.

나무를 사용한 조각 작품에서도 빨강은 자못 어울린다. 스코틀랜드 출신 작가인 이
안 해밀턴 핀레이(Ian Hamilton Finlay, 1925~2006)가 만든 이 작품은 〈아도르노 오두막
(La Hutte d'Adorno)〉이라는 제목을 가지고 있다. 이안 해밀턴 핀레이는 주된 직업이 시
인이며 글 쓰는 작가이고 미술가이면서 동시에 정원 조경을 디자인하는 정원 디자이너
였다. 그가 다양한 방면에서 활동했던 것처럼, 작품에도 서로 다른 재료와 느낌이 어우
러져 있다. 나무와 철골조의 형태는 분명 이것이 오두막이라는 것을 알려 준다. 서로 다
른 재질의 재료들은 아마도 이안 핀레이가 꿈꾸고 생각했던 바, 자연과 인간의 열정이
서로 상생하는 모습을 보여 주는 것 같다.

■ Richard Lindner. 〈Telephone〉(1966). 독일 뉘른베르크 현대미술관.

리차드 린드너(Richard Lindner, 1901~1978)는 독일계 미국 화가다. 독일에서 태어나
30대 초반부터 파리에서 출판사 삽화가로 일했고, 이후 40대에 미국으로 건너가서 뉴욕
맨해튼에서 패션잡지 『보그(Vogue)』와 『하퍼스 바자(Harper's Bazaar)』의 일러스트레이터
로 일했다. 그런 경력에 힘입어 전업 작가가 된 50대부터 주로 팝아트 작품을 남겼는데,
그의 그림에는 만화 같은 인상을 주는 화려한 색깔의 의상을 입은 남녀가 등장한다. 그
림 속의 남녀들을 살펴보면, 리차드 린드너가 패션잡지 일러스트레이터로서 얼마나 감각
적이었을지 상상하고도 남을 것만 같다. 이들의 옷차림은 소위 '아방가르드하다.' (아방가
르드는 원래 군사용어로, 본 부대에 앞서 선봉 역할을 하는 전위 부대를 일컫는 말이다. 패션에서
아방가르드라고 하면 기존의 것과 차별을 보이는 새로운 개념을 일컫는다. 예술에서도 마찬가지로
아방가르드는 모더니즘에 대한 비판에서 나온 예술 개념이며, 다다이즘, 초현실주의, 미래주의 등
이 해당된다.) 이 작가의 〈전화(Telephone)〉도 같은 맥락에서 그려진 작품이다. 그림 속
남녀는 서로에게 전화를 하는 것 같은데, 현란한 색깔과 단순화된 형태 덕분에 한눈에
팝아트 느낌이 난다. 리차드 린드너는 '기계적인 입체파(mechanistic cubism)'를 구축한 화

가라고 평가 받는데, 대상을 분해하여 여러 면을 동시에 묘사하는 입체파(큐비즘)이면서 좀 더 기계적인 느낌을 주고 있기 때문에 기계적인 입체파라고 불린다.

분홍

- Pablo Picasso. ⟨Le Peintre et son modele dans l'atelier⟩(1963). 프랑스 퐁피두 메츠 분관.

분홍과 초록은 꽃과 같은 자연물에서 자주 볼 수 있는 조합이지만, 인공물에서는 잘 사용하지 않는 조합이다. 그림 속에서 분홍-초록이 사용된 예도 흔치 않지만, 피카소의 작품 ⟨작업실의 화가와 그의 모델(Le Peintre et son modele dans l'atelier)⟩(1963)에서 볼 수 있다.

주황

- Jörg Immendorff. ⟨Readymade de L'Histoire dans Café de Flore⟩. 뉴질랜드 오클랜드 미술관.

독일의 화가 요르그 임멘도르프(Jörg Immendorff, 1945~2007)가 그린 유화 작품 ⟨카페 드 플로어에서 만들어진 역사 이야기(Ready-Made de L'Histoire dans Café de Flore)⟩는 전체 바탕에 칠해진 주황을 통해 화면에 말할 수 없는 긴장과 생동감을 표현하고 있다. 카페에서 만나 함께 와인을 마시는 사람들은 어느 누구도 웃고 있진 않다. 약간 불편해 보이기까지 한다. 사실, 이들은 작가가 흠모하는 예술가들로서 맨 좌측 초록 모자를 쓴 사람부터 죠셉 부이(Joseph Beuys), 마르셀 뒤샹(Marcel Duchamp), 에른스트 루드비히 키르히너(Ernst Ludwig Kirchner), 오토 딕스(Otto Dix) 그리고 탁자에 얼굴을 갖다 대다시피 한 사람은 막스 베크만(Max Beckmann)이다. 시선이 교차하지 않는 이 사람들은 비록 가까이 앉아 있지만 각자의 예술 세계에 깊이 빠진 사람들이다. 이들에게 와인을 서빙하는 사람은 임멘도르프 작가 자신일 수 있다. 일종의 헌정 그림 같은 것인데, 화면 전체를 감싸고 있는 주황은 위대한 예술가들에게 바치는 헌정의 마음 아닐까.

- Teja Astawa. 〈The confused war〉(2013). 제주 현대미술관 2015년 특별전시 '아시아, 아시아를 이야기하다'

인도네시아의 테자 아스타와(Teja Astawa)의 〈혼란한 전쟁(The confused war)〉(2013)은 가로, 세로 각각 2.4m의 커다란 작품인데, 전쟁의 혼란함은 주황색 배경에서 더욱 증폭되고 있다. 다른 색채는 절제되고, 화폭에서 압도적으로 사용된 색채는 주황이다. 사람들이 입은 겉옷이나 달리는 말이 주황이고, 하늘이 주황이며 심지어 야자수 나무의 잎사귀까지도 주황이다. 역동적이고 두근두근하는 느낌, 불안하며 움직이는 느낌은 주황색과 함께 커져 간다.

- 沈敬東. 〈Wounded person〉(2012). 제주 현대미술관 2015년 특별전시 '아시아, 아시아를 이야기하다'

중국 화가 썬진둥(沈敬東)의 〈상처 받은 사람(Wounded person)〉(2012)은 보색 대비로 주황을 더 강조한 작품이다. 이 사람의 몸은 전체 주황색인데, 흰 붕대를 감고 있고, 주황색 사람을 더 두드러지게 하는 배경은 파랑이다. 무엇 때문에 얼마나 많이 다친 것인지는 모르겠지만, 위급한 상태겠구나 느끼게 해 주는 색깔이다. 붕대만 두른 저 사람은 옷을 벗고 있으니 파란 공기에 닿은 살들이 얼마나 더 춥게 느껴질까 싶다.

노랑

- Michel Tuffery. 〈Povi Christkeke〉(1999). 뉴질랜드 오클랜드 미술관.

이 작품은 뉴질랜드 출신 작가인 마이클 터프리(Michel Tuffery)가 만든 설치작품이다. 〈Povi Christkeke〉(사모아어로, 번역하면 '크라이스트처치 황소')라는 제목의 이 작품은 1999년에 제작된 것으로 팝아트의 영향을 받아서 음식물 포장재를 활용하여 만든 거대한 황소다. 철제 통조림 깡통을 펴서 그것으로 황소를 만들었으므로 어쩌면 작가는 자연을 떠난 인간의 섭생에 대해 이야기하고 싶었는지도 모른다. 이미 식탁 문화와 삶의 방식이 자연에서 유리된 현대인의 삶을 철판 소재와 그 위에 덧입혀진 인위적 색채를 통해 보여 주고 있다. 그렇게 바라보면, 작품에 사용된 노랑과 빨강은 경고와 금지의 의미를 전달한다고도 이해할 수 있다. 또한 번들거리는 유광 표면에 사용된 원색의 빨강과 노랑은 싸구려, 인위적, 인공물의 느낌을 전달한다.

■ Andy Warhol. ⟨Brillo Box⟩(1964). 미국 워싱턴 DC 내셔널 갤러리.

⟨브릴로 박스(Brillo Box)⟩는 팝아트의 거장 앤디 워홀(Andy Warhol)의 작품이다. 흰색 브릴로(Brillo)가 많은데, 노랑 브릴로도 드물지 않게 보이는 편이다. 브릴로는 비누 상표다. 앤디 워홀이 자신의 스튜디오를 팩토리(factory)라고 부르면서 그에 걸맞는 대량생산 작품을 제작한 것 중에 첫 작품이 바로 이 브릴로 박스다. 이후 케첩 박스인 하인즈 박스, 주스 제품인 델몬트 박스 등도 만들었다.

녹색

■ 이소영 저(2016). 『모지스 할머니, 평범한 삶의 행복을 그리다』. 서울: 홍익출판사.

아웃사이더 아트의 아름다움을 느끼게 해 주는 작품들이 가득 실린 책이다. 본문에서 매티 루 오켈리의 작품을 소개했는데, 모지스 할머니도 마치 오켈리처럼 늦은 나이에 독학으로 그림을 그리기 시작해서 잔잔하고 따뜻한 작품들을 남긴 분이다. 이분은 70대에 그림을 처음 시작했다고 하니 '인생은 60부터'라는 표현은 정녕 맞는 말이 아닌가 싶다. 모지스 할머니의 그림에도 녹색은 풍부하게 사용되었다. 야외의 일상생활과 풍경을 그린 그림들이 다수인 까닭도 있지만, 그 마음에 녹색 기운이 풍부해서 그렇지 않았을까 싶다.

파랑

- Pablo Piccaso. 〈Woman with Bangs〉(1902). 미국 볼티모어 미술관.
- Pablo Piccaso. 〈The Tragedy〉(1903). 미국 워싱턴 DC 내셔널 갤러리.

여기에 소개하는 작품 두 점은 파블로 피카소의 청색 시대 작품들이다. 첫 번째 작품은 〈뱅 머리를 한 여자(Woman with Bangs)〉(1902)이며, 두 번째 작품은 〈비극(The tragedy)〉(1903)이란 제목의 작품이다. 여자 혼자 있는 〈뱅 머리를 한 여자〉의 경우 그 여인의 자세는 정면을 향하고 있지만 눈은 반쯤 감은 듯하고,[1] 입술은 앙다물어서 그런지 약간 비뚤어져 있다. 〈비극〉의 세 사람은 가족 같은데, 남자와 여자는 고개를 숙인 채 눈을 감고 팔짱을 끼고 있다. 웅크린 듯 팔짱 낀 자세에서 날씨가 춥게 느껴지는데, 유독 맨발이라는 점이 두드러져 보인다. 슬퍼 보이는 아이의 표정 역시 이들의 불행을 보여 주는 것만 같다. 지독한 가난이 이 가정을 뒤덮은 것일까, 차가운 바닷바람을 맞으며 서 있는 가족에게서 파란 절망이 느껴진다.

보라

- Mattie Lou O'Kelly. 〈Morning Glories〉(1977). 미국 애틀랜타 미술관.

녹색에서도 소개한 바 있는 매티 루 오켈리의 작품을 하나 더 나누고 싶다. 제목은 〈나팔꽃(Morning Glories)〉(1977)인데, 오켈리는 같은 제목, 같은 주제로 여러 점의 작품을 남겼다. 때로 나팔꽃은 파랑과 빨강이기도 했고, 또 다른 경우에는 자주색이기도 했다. 이 작품에서는 보라와 파랑으로 묘사되었다. 보라는 원래 화려한 느낌이 있긴 하지만, 어두운 보라도 화사한 느낌을 줄 수 있다는 것을 이 작품에서 느꼈다. 마치 소박한데도 예술가로서의 엄청난 명성을 누렸던 오켈리처럼 말이다. 오켈리는 자신의 유명세에

---

1) 필자는 이 여인의 눈에서 만화가 고행석님의 구영탄이 떠올랐다. 그러고 보면 구영탄은 풀린 듯한 눈으로 얼마나 놀랍도록 빠른 공을 던지는 투수인가!

대해서 생각하지 않는다고 하면서 "저는 그냥 저일 뿐이에요. 전 대체로 상당히 수줍어요."라고 말했다. 그러면서 날씨가 나쁠 때는 그냥 불행하고 날씨가 좋으면 그림 그리기를 좋아한다고 말했는데, 이러한 그녀의 말에서 느껴지는 느낌과 그림에서 보이는 소박한 화려함이란 결코 모순되지 않아 보인다.

흰색

- Wayne Thiebaud. 〈Cakes〉(1963). 미국 워싱턴 DC 내셔널 갤러리.

이번에는 다른 느낌의 흰색을 만나 보자. 웨인 티보(Wayne Thiebaud)는 미국의 화가로 비슷한 시기의 앤디 워홀이나 리히텐슈타인(Roy Lichtenstein), 로버트 라우선버그(Robert Rauschenberg)와는 다른 자신만의 스타일로 팝아트 장르를 걸어간 사람이라고 할 수 있다. 〈케이크(Cakes)〉는 웨인 티보의 대표작 중 하나라고 할 수 있다. 여러 개의 케이크들은 먹음직스러워 보이면서도 이상하게 먹지 못할 가짜처럼 보인다. 케이크가 놓인 테이블은 푸른빛이 감도는 흰색이고 배경 역시 흰색인데, 이렇게 푸른 느낌의 흰색이 식욕을 떨어뜨리는 것일까? 아래쪽이 주황 계열의 색감이었으면 분위기가 또 달랐을 것이다.

회색

- Manuel Rodriguez Lozano. 〈The Holocaust〉(1944). 미국 필라델피아 미술관 2016년 특별전시.

죽은 사람을 표현할 때 회색만큼 호소력 있는 색조가 있을까. 멕시코 화가인 마누엘 로드리게즈 로자노(Manuel Rodriguez Lozano, 1896~1971)의 〈홀로코스트(The Holocaust)〉(1944) 역시 회색의 호소력으로 죽음을 묘사한다. 중앙의 묘비석 위에 옅은 회색으로 된 죽은 남자의 시신이 있고, 그 주변으로 슬퍼하며 팔을 벌린 여인들이 있다. 화면 우측의 두건을 쓴 인물 두 명은 몸 색깔도 흐린 회색이다. 이들은 아마도 사자(死者)를 데리러 온 저승사자인 듯하다. 몇몇 여인들은 하늘을 쳐다보고 있는데, 자비와 위로를 바라는 듯 표정이 간절하다. 하지만 회색빛 하늘은 어떤 답을 주는지 알 수 없다. 죽은 자의 부활을 원하는 것이라면, 그 바람대로 될 것 같지가 않다. 작품에 나타나는 어둡고 비극적인 분위기는 배경의 검정으로부터 한층 더 무겁게 드리워진다.

■ Bea Maddock, 〈Figure seated〉(1968). 호주 태즈매이니아 호바트 미술관.

회색 인물이 가지는 슬픔과 무게는 간결하게 절제된 묘사에서도 드러난다. 비아 매독(Bea Maddock, 1934~2016)은 호주에서 널리 알려진 예술가로 주로 판화 작업을 많이 했다. 그녀의 〈앉아 있는 인물(Figure Seated)〉(1968)은 연필과 유화, 아크릴을 사용했다. 머리를 감싸고 고개를 푹 숙인 채 앉은 인물의 자세에서 우리는 이 사람이 뭔가 깊은 고뇌에 빠져 있음을 직감할 수 있다. 더군다나, 회색 구조물(낮은 담벼락? 콘크리트 계단? 회색 벤치?)에 회색 인물이 앉아 있으니 말하지 않아도 그 느낌이 전달된다.

권영걸, 김현선(2011). 쉬운 색채학. 경기: 도서출판 날마다.

금동원(2012). 전통색, 오행과 오방을 내려놓다. 서울: 연두와 파랑 출판사.

김경미, 조용규(2004). 색채연구. 서울: MJ미디어.

김미지자 역(1994). 색의 비밀. 경기: 보고사.

김민경(2010). 김민경의 실용색채 활용. 서울: 예림 출판사.

김용숙(2008). 컬러 심리 커뮤니케이션. 서울: 상명대학교 미래예술연구소.

김용숙, 박영로(2007). 색채의 이해. 서울: 일진사.

김재경 역(2015). 베티 에드워즈의 색채이론. 서울: 도서출판 비즈앤비즈.

김정해(2011). 좋아 보이는 것들의 비밀, 컬러. 서울: 길벗 출판사.

김진한 역(1996). 색채의 영향. 서울: 시공사.

김화중 역(2003). 색채심리. 서울: 동국출판사.

문은배(2005). 색채의 이해와 활용: 컬러리스트 완벽 대비를 위한 최고 이론서. 서울: 안그라픽스.

문은배(2011). 색채 디자인 교과서. 서울: 안그라픽스.

박영순, 이현주, 이명은(2007). 컬러 디자인 프로젝트 14. 경기: 교문사.

박현일, 최재영(2006). 색채학 사전. 서울: 도서출판 국제.

배은경 역(2014). 무지개에는 왜 갈색이 없을까?. 경기: 아트북스.

변종철(2005). 빛과 색: 자연이 빚어내는 연금술. 경기: 살림 출판사.

신기라 역(2014). 컬러, 그 비밀스러운 언어. 서울: 시그마북스.

안희정 역(2015). 그림이 보인다. 서울: DnA 출판사.

양억관, 타카하시 이와오 공역(2000). 색채의 본질. 서울: 물병자리 출판사.

이상효(2005). 색을 사랑한 뮤즈: 화가 이상효와 못다 한 음악과 그림 이야기. 경기: 음악세계.

이영희 역(2002). 색의 유혹 1, 2. 경기: 예담 출판사.

장희창 역(2003). 색채론. 서울: 민음사.

정여주 역(2004). 색의 신비. 서울: 학지사.

정종미(2001). 우리 그림의 색과 칠: 한국화의 재료와 기법. 서울: 학고재.

정진국 역(2000). 색채: 그 화려한 역사. 서울: 까치 출판사.

최승희, 이명순 공역(2002). 색채, 환경, 그리고 인간의 반응. 서울: 도서출판 국제.

한국색채학회 편(2001). 색색가지 세상. 서울: 도서출판 국제.

인명

내용

저자 소개

주리애(Juliet Jue)

미술치료 전문가(미국 ATR-BC)이자 아마추어 화가이며, 한양사이버대학교 미술치료학과 교수다. 'Art as therapy'와 '생명에 대한 시선, Life on Earth'라는 제목으로 두 번의 개인전을 열었다. 2013년과 2014년에 SSCI 학술지에 주 저자로 두 편의 논문을 게재하였고, 2017년에 단독저자로 SSCI 논문을 게재했다. 2015년과 2016년에 Marquis Who's Who의 인명사전에 등재되었고, 2016년 영국 케임브리지 국제인명센터(International Biographical Centre: IBC)의 인명사전에도 등재되었다. 저서로는 『미술심리진단 및 평가』(학지사, 2015), 『미술치료 요리책: 요리처럼 배우는 미술치료 레시피 130』(2판, 아트북스, 2014), 『청소년을 위한 미술치료: 사례를 통해 알아보는 미술치료 이론과 기법』(공저, 아트북스, 2014), 『미술치료학』(학지사, 2010) 등이 있다.

이메일: julietj@hanmail.net

블로그: http://blog.naver.com/julietjue

색즉소울
색채심리 안내서
Color is Soul

2017년 9월 20일 1판 1쇄 발행
2024년 1월 25일 1판 3쇄 발행

지은이 • 주리애
펴낸이 • 김진환
펴낸곳 • (주) **학지사**
　　　　04031 서울특별시 마포구 양화로 15길 20 마인드월드빌딩
대표전화 • 02)330-5114　　　팩스 • 02)324-2345
등록번호 • 제313-2006-000265호

홈페이지 • http://www.hakjisa.co.kr
페이스북 • https://www.facebook.com/hakjisabook

ISBN 978-89-997-1370-5 93180

정가 25,000원

이 도서의 국립중앙도서관 출판시도서목록(CIP)은 서지정보유통지
원시스템 홈페이지(http://seoji.nl.go.kr)와 국가자료공동목록시스템
(http://www.nl.go.kr/kolisnet)에서 이용하실 수 있습니다.
(CIP 제어번호 : 2017022188)

출판 · 교육 · 미디어기업 학지사

간호보건의학출판 **학지사메디컬** www.hakjisamd.co.kr
심리검사연구소 **인싸이트** www.inpsyt.co.kr
학술논문서비스 **뉴논문** www.newnonmun.com
원격교육연수원 **카운피아** www.counpia.com